遗珍逸文

老浙大期刊集萃

许高渝　徐有智

马景娣　胡志富　编著

浙江大学出版社

ZHEJIANG UNIVERSITY PRESS

序

今年是浙江大学建校120周年。如果把这个有着百年悠久历史的一所大学比喻为一户大户人家，在历经漫长岁月的浸淫和演变而至今仍然日新月著，那么这户人家一定是根基深厚、家底殷实，并拥有丰富的传家藏品。120年的浙大同样如此。在过去的岁月里，由于一些有心者的细心开掘和梳理，使一代代耕耘者精心经营的众多传世之宝，通过各种不同的平台，传播布达至全世界，从而让这所百年名校享有今日之辉煌。

本书所汇集的68种各类刊物是我们在浩如烟海的典藏中，历经多年收集整理的。收集的这些刊物是浙江大学，包括其前身学校浙江省立甲种工业学校和浙江省立甲种农业学校，以及后来分别改名为浙江公立工业专门学校和浙江公立农业专门学校的师生或校友，在1919年至1949年这30年间创办出版的。读者从这些数十年乃至上百年前出版的刊物里，可以看到当年众多开拓者辛勤耕耘所留下的足迹以及他们用心血灌浇的硕果；可以看到老浙大学科专业的历史演变轨迹。发现并首次全面展示这些刊物，将为当下学校校史研究特别是学科史的研究注入新的动力，将会大大丰富和拓展目前校史研究的内容和范围，提供一个过去鲜少为人关注的研究路径和视角。因此本书出版的意义在于，既填补了现在校史研究整理工作的空白，也为广大读者深入了解浙大学科专业演进发展提供了一份宝贵的资料。

出版物，特别是连续性出版的刊物，包括综合性期刊、科技类期刊是人类文明的一个重要组成部分。它具有显明的时代特征和文化价值，与一个国家科技文化发展水平和文明在整个社会的影响是相辅相成、密不可分的。在这些出版物中，其中作为人文社会学科和自然科学类刊物是人们发表最新科学研究成果的阵地，是交流科学思想、促进科学进步的窗口，也是记录知识创新思想以及科学技术演化历史最为有效的和最为系统的载体之一。

据研究者文献考证，世界上最早的科技期刊萌芽于17世纪中叶。1665年1月5日创办于法国巴黎的《学者杂志》（*Journal des Scavans*）和1665年3月6日创办于英国伦敦的《哲学汇刊——世界各地有创造才能者当前的探索、研究和劳动的若干总结》（*Philosophical Transactions of the Royal Society*）是世界上最早的两本科技期刊。[①]前者是法文期刊，在报道一些新书出版动态信息的同时，也发表物理、化学和解剖学实验以及气象观测记录，解释有关自然现象等文章；后者是英文期刊，发表的内容涉及天文地理学的科学发现、观测记录，科学考察记录以及关于地球寒冷历史研究的新观察、新实验等方面，其在报道研究进展，公布科学发现，普及科学知识、推动科学发展方面，起到了巨大启蒙作用，1776年后改名为《英国皇家学会会刊》，连续出版至今，是世界上连续办刊时间最长的科技杂志。

中国最早科技刊物的起源，受到了中国传统新闻出版文化和中西出版文化交融的影响。创刊于清乾隆五十七年（1792）八月的《吴医汇讲》，是迄今所知中国最早的医学科技类期刊。而由英国传教士马礼逊于1815年8月5日在马六甲创办的《察世俗每月统记

---

① 姚树峰，王睿.中国近现代科技期刊的起源和发展[J].武警工程学院学报，2006（4），22（2）：79—81.

传》，是中国第一本文理综合性的中文期刊。其文字采用竖排，木板雕刻、竹纸雕版印刷，中式线装书式，标志着西方的期刊出版形式第一次正式传入我国。①

尔后于清光绪二年正月（1876年2月）创刊于上海的《格致汇编》（*The Chinese Scientific Magazine*）为西方传教士和中国科学家合编最早的综合性自然科学期刊。②这些刊物的出现无疑对清末近代科技在中国的启蒙产生了积极影响，促进了近代科学在中国本土的萌芽，并推动中国近现代科技期刊从低级到高级、从少到多、从简单到复杂的逐渐演进发展。

值得一提的是1915年由中国科学社创办的《科学》月刊。该刊秉承以"阐发科学精义及其效用为主"的宗旨，是留学生社团所办延续时间最长的科技期刊。中国科学社迁回国内后，又于1933年创办《科学画报》，旨在把"普通的科学知识和新闻输送到民间去……"，"把世界上最新科学发明事实现象应用理论以及于谐谈游戏都介绍给他们，逐渐让科学变成他们生活的一部分"，为在古老中国土地上传播科学民主思想起到了开　代先风之影响。③

那么，在浙江大学120年的办学历史中最早创办的科技期刊是哪一家呢？根据我们所收集的老浙大刊物的资料，发现迄今最早创办的一份科技类期刊，是创办于1919年的《报国工业会会刊》。

《报国工业会会刊》系浙江省立甲种工业学校的教师校友发起成立的"报国工业会"的会刊，时任校长许炳堃为此撰写了发刊辞。他在阐述刊物创办的由来时写道，"汉唐以还，著作尤汗牛充栋，试检历代艺文、经籍各志及各种书目以观，其专言工业者，亦寥寥罕睹"，因此，他认为在"文化日新，思想日进，潮流勃发，继长增高"的时代，亟需一份沟通对"人生日用所需一刻不可离

①②③　姚树峰，王睿.中国近现代科技期刊的起源和发展[J].武警工程学院学报，2006（4），22（2）：79—81.

之工艺"智识的刊物。他说,这是工业家的职责,也是从事工业教育专家的使命,同时是实施工业救国抱负的一个途径。他祈求《会刊》以其"蚊负之力""一得之愚,贡献社会,藉效嚆引,"启发民智。

尽管,这一《会刊》因诸多原因,只出版了六期便停办了,但这一刊物作为浙江大学前身工科类专业最早出版的学术刊物,因其发表的各类介绍工业、工艺、工厂等专业知识的文章,在社会上有很大影响,其所宣扬的工业救国、实业救国的思想为后来者所传承。从这个意义上讲,这个刊物不仅作为倡导近代中国工业革命的思想先驱,而且作为百年浙江大学的学术魄宝而载入史册。

科学类期刊作为大学知识创新思想传播的重要窗口以及大学学科专业演化历史记录最为系统的载体之一,其在学校办学中具有重要作用。在本书所收录的众多刊物中,该类期刊(包括纯学术类和综合类中有较多学术文章的刊物)几乎占三分之二,这与当时浙大专业设置和学科发展密切相关,也体现了当时浙大的使命和办学宗旨:培养人才,创造知识,服务国家。

创办于1929年的《蚕声》是国立浙江大学农学院蚕桑系同学会出版的一本科学类刊物,其办刊时间长达十年之久,是目前我们收录刊物中办刊历史最悠久的一本刊物。它创办的背景是,为了挽救作为世界第一蚕业大国的中国其蚕业之危机,编者在发刊词中写道:"同人等目睹近年来蚕丝界之危机,有岌岌不可日之势;因于课余之暇,将研究讨论之结果,付梓问世,名曰《蚕声》",以图"共策进行,使中华蚕丝,仍足驾法意日本诸国而有余,则幸甚矣!"《蚕声》结合浙江的蚕业资源特色,发表了大量振兴中国蚕丝业的文章,例如《中国蚕业往何处去》《今后蚕业改良之方针》《抗战建国中之蚕丝业》《浙江省海宁崇德桐乡三县桑苗调查报告》等等,"以研究所得","以文字鼓吹","贡献社会,借镜于他国之蚕丝业，毅然以起衰救敝为己任"，"则小而一省蚕业之复兴，大而一国实业之复振"，《蚕声》成为国立大学在这一学科领域创办最早的有着鲜明地域特色的科技期刊之一。

上世纪三四十年代是浙江大学学术期刊蓬勃发展的重要时期，也是国立浙江大学各方面发展的奠基时期。学校对期刊，尤其是学术类期刊的出版工作十分重视，大力鼓励师生创办刊物。其中创办于1930年的有两个刊物：《土木工程》和《文理》，1932年有《国立浙江大学季刊》，1933年又有《电机工程》和《化工》两种刊物问世，1934年《国立浙江大学科学报告》出版，1935年也有两份期刊创办，即《机械工程》和《工程季刊》，1937年上半年创办的则有《史地杂志》、《国立浙江大学季刊》（与1933年的《国立浙江大学季刊》同名）、《国立浙江大学农业季刊》三份期刊。其中部分刊物，如《土木工程》《电机工程》《化工》《机械工程》《工程季刊》《国立浙江大学科学报告》等在中国大学科学期刊发展史著作里均有不同程度的介绍，《电机工程》更被确认为"我国高校创办最早的一份电机工程期刊"，在其出版12年后，才有由其他大学创办的同类期刊问世。

尤其值得称道的是，在抗日战争艰苦岁月里，在浙大举校西迁颠沛流离之时，老一辈的浙大学者教书不忘救国，不因西迁物质乏匮和印刷困难，继续出版或创办众多的学术刊物，如《工程季刊》《电工通讯》《化工通讯》《化学通讯》《土木通讯》《浙大园艺》《病虫知识》《农业经济学报》《国立浙江大学师范学院院刊》《思想与时代》《史地杂志》《国命旬刊》《国立浙江大学文学院集刊》等数十种学术刊物。当时浙大几乎所有的院系都办有自己的学术刊物，许多著名科学家和人文学者，如王淦昌、苏步青、束星北、谈家桢，钱穆、梅光迪、张其昀、张荫麟、谭其骧等，均在这些刊物上发表过学术论文和讲演文章，可见当年浙大研究风气之浓，学术水平之高，"东方剑桥"之谓，实至名归。

当然在这些刊物中有必要提一下的是，现在浙大师生每周能够看到的《浙江大学校报》的前身《国立浙江大学校刊》，包括后来改名的《国立浙江大学日刊》和复刊。本书收集了当年创办的老校刊和油印的《国立浙江大学浙东分校周刊》，它是浙大办学历史的见证。

《国立浙江大学校刊》创刊于1930年2月22日，为校方办的一份时政类综合刊物，其办刊的目的，就是记述交流学校内部的情形，因"当时学校的三个学院分处在两个相离很远交通又不很便利"，信息不明又不通，故需要校刊，互相交流传达各方面的情形，同时也让"外间同情于本大学愿意赞助本大学发展"。刊名先后由蒋梦麟校长和于右任先生题写，创刊号的发刊词由蒋梦麟校长撰写。

1936年4月25日竺可桢校长莅校后，同年9月1日《国立浙江大学校刊》更名为《国立浙江大学日刊》，由他为《日刊》题写了刊名并撰写了发刊词，他希望缩短校刊的出版周期，认为"一周首尾的时间距离，似乎太远了"有"明日黄花之感"，"周刊固可通其声气，但比起日刊来，究有不逮"。《国立浙江大学日刊》出版至1937年6月29日共发行225期，后因学校西迁而一度中断出版，直到1938年12月5日以《国立浙江大学校刊》（复）名义复刊，竺可桢为此撰写了复刊弁言刊登于复刊第1期上。竺可桢在复刊弁言中写道，"今秋本校迁来宜山，校务继续推进"，"爰决定十二月起，重复编行校刊，其体例大抵多乃前轨"，他"尤愿假斯刊之恢复，益发挥全校共力合作与爱校报国之精神，期使本校日见精进，对国家为多量之贡献。"复刊后的校刊曾因印刷困难在1940年6月至1943年4月期间由铅印改为油印，可见在西迁期间学校办学条件是何等恶劣，办刊条件是何等艰苦。

校刊是学校发展的历史见证，它对学校的发展和一些历史事件有详细的记述,如《竺新校长今晨莅校视事》《浙东分校筹备始末》《本校同学发起鲁迅先生追悼会》《国立浙江大学宜山校舍被炸纪实》《日本无条件投降,本校学生狂欢大游行》等,许多著名教授关于时局的演说或学术讲演都不时在专载栏里加以刊登。校刊"旨在保存本校史料,为今后撰述校史之所取资",其历史价值弥足珍贵。

本书按收录的资料内容分为上、下两编:上编"期刊经纬",包括综合类、学术类、其他类三类期刊,每类期刊按各期刊的内容和创办时间先后排序,展示了刊物的封面(不少为创刊号或名人题字),并简要介绍了各类刊物的内容,包括办刊者、出版年月、办刊宗旨、刊期、主要栏目、要文篇名、办刊情况等方面的信息,同时为了真实地反映这些刊物创办的时代背景、办刊宗旨、出版特色、编辑方针、出版功能和社会影响以及刊物的政治立场和科学思想,我们还原文载录了这些刊物的发刊词、创刊辞,包括复刊词、复刊辞以及序言、序文等方面的文章,相信使读者能够详细了解各个时期、各个学科、各种团体对科学的认识和主张、刊物的历史背景和它重要的学科价值,了解刊物出版对推动学校发展、专业演变、学术交流以及普及科学、传播知识和服务国家的积极作用。一些发刊词或序言、序文,修辞严谨、行文规范、声韵和谐、词藻华丽、出神入化,既是一篇优美的科学论文,更是一幅幅科学历史的画卷,不仅具有重要的科学史价值,而且充分展示了老一辈浙大学人深厚的人文造诣和科学素养,读来令人饶有兴味、叹为观止!

本书下编"逸文精选",选录了书中所载部分刊物中一些有代表性的文章,共计49篇。根据文章内容分列四个专题:第一专题"校院史述",收录了10篇有关浙江大学前身求是书院创办到新中国建立前浙江大学校史沿革的文章。这些文章的作者几乎都是名人大家或者是这段历史的亲历者、见证者,他们叙述,真实可信,有很高的权威性，对我们后来者来说，它提供了一份有关浙大校史方面知识，没有加工过的原汁原味的绿色食料。编者作为曾经的校史整理和研究者，编写过的关于浙江大学校史的图书中很多内容都源自于此。因此，这些文章对于现在读者或者校史研究整理者来说是弥足珍贵的。第二专题"治校之道"，收录了部分校院长在其任内在各种不同场合对师生发表的讲话或演讲文章，论述他们对办学治校的思考。第三专题"为学精论"，收录了十余篇当年在浙大任教的名师大家的讲演文章。这些文章或纵论天下大事，或评述时局危难，或介绍治学心得，或教导为人处事，让读者在拂去历史尘埃之后，感受这些名师大家渊博的专业知识和深厚的人文底蕴。第四专题"学府小记"，收录了若干篇刊载在这些刊物上记述各个不同时期、不同场合学校生活的文章，这些文章如实地再现了当年学生生活的方方面面，以及他们的学业生涯、人生思考和理想追求。

学校出版的刊物，尤其学术刊物是学科成熟的一个重要标志，它是我国科学文化发展历史的缩影，代表着一种最富创造力的科技学术文化现象。本书所收集的这些老期刊，既是学校重要的文献宝库，又是浙大学科发展历史组成部分，有其重要的学术价值和史学价值。本书所收录的期刊及其内容的展示，仅提供了一份基础性的资料，编著者将本书作为献给母校120周年校庆的一份薄礼，旨在抛砖引玉，十分期待有更深入的研究论著面世，共同促进浙大学科史和浙大校史的研究迈向新的阶段。

此为序。

编　者

2017年4月

目　录

130 ┃ **其他类刊物**

下编　逸文精选

165 ｜　校院史述

上编：期刊经纬

综合类期刊

《报国工业会会刊》

该刊由报国工业会编辑部编。创刊于1919年，为浙江省立甲种工业学校同人经过数年酝酿建立的报国工业会的年刊。1919—1923年和1925年共出版6期，1924年因发行特刊而未出年刊。后因许炳堃校长兼会长患病，后又出国考察，以至与校务疏远，报国工业会随之停顿，会刊未继续出版。

该刊设有论说（言论）、研究、译述、调查、讲演、记载、文

苑、杂俎、会务报告、通讯、附录等栏目，其中论说（言论）、研究两栏为每期必有。会刊往往以与学校有关的照片为始。

第一期登有许炳堃会长撰写的发刊辞、莫善诚等四人祝辞和朱苍许的《省立甲种工业学校之沿革》。"论说"一栏载有《我报国工业会之真精神》（陈世觉）、《重心说》（李子馗）、《抵制日货之感想》（张云瑞）等3篇文章，"研究"栏有《马力谈》《力织平布机之装置法》《绉地织物制织法》《写真织概要》《蒸汽之性质》等文，"译述"栏有《棉之丝光工程》，"调查"一栏有3篇调查：《南通大生织物公司调查录》《武林铁工厂调查录》和《染料业之现在与将来》。刊末为附录，有本会章程、会员录、职员录、大事记和会计报告。

发刊辞
许炳堃[①]

浙江省立甲种工业学校新旧诸同人为会于杭州报国寺之工校礼堂，以联络群谊，沟通智识，名曰"报国工业会"。因地立名，不别取夸辞美称以为缘饰，示实也。兹会之设，酝酿者已数年，洎本年中，始草定规章，实行筹备，逾月而始告成立，又逾月而第一期会刊始发行，示慎也。削稿既竟，司编纂者以发刊辞请炳堃，辞不获，谨作而言曰：於乎！凡事无易图，而学术为尤甚，要贵真积力久，始有所得，岂可以苟焉已乎？吾会诸同人学识经验，粗有心得，今兹之刊，盖其发轫，继继绳绳，发挥光大，皆惟吾同人之积学是赖，斯吾同人

---

① 许炳堃（1878—1965），字挺甫，号缄甫，别号潜夫，浙江德清人。1910年11月，浙江省立中等工业学堂成立，被聘为监督（校长）。1912年4月，浙江省立中等工业学堂改名浙江公立中等工业学校，任校长兼附设机织传习所所长。1920年秋，工校升格为浙江省公立工业专门学校，仍任校长。1922年1月赴欧美考察高等教育和丝绸工业，1923年4月回国。1924年1月因病辞职。

所当共勉者也。抑又有进者，放言之易，不若摭实之难。古代经书，自《周官•考工记》外，专言工业，盖不数觏。汉唐以还，著作尤汗牛充栋，试检历代艺文、经籍各志及各种书目以观，其专言工业者，亦寥寥罕睹。晚近文化日新，思想日进，潮流勃发，继长增高，或纵谈政治，或详稽伦理，而独于人生日用所需一刻不可离之工艺，转若以泛常视之，鲜有能潜心研究者。此非他人之咎，而工业家之咎也。夫事有专职，学有专攻，吾辈既从事工业教育，则兴起振导，勉覆一篑。以开为山之先声，讵非吾辈之责欤？间尝默察时势，权衡夫国与国相竞之理。窃谓救国虽多途，而工业为其一。结绳以降，重译所通，盖未有不恃智创巧述以为立国之基者，其可以偏废乎？同人等不自量其蚊负之力，欲以一得之愚，贡献社会，藉效喤引。私冀一时才智之士，咸稍敛其精神，于吾人生活切要所在，加以研求。意者识时之彦，亦有取于斯欤。若其文字之陋劣，资料之浅薄，吾会同人深用自恧。所愿四方博雅君子，取其意而略其词，时赐南针，藉匡不逮，则又吾会诸同人所同深盼望者也。（1929年11月）

《浙江省立甲种工业学校校友会年刊》

该刊由浙江省立甲种工业学校校友会编辑和发行，浙江印刷股份有限公司印刷，大32开，全刊152页，于1920年6月出版。

该刊分言论、学术、调查、记述、文艺、小说等栏目。"言论"栏目刊登的文章有《"物质文明"和"精神文明"》（倪维熊）、《论吾国之染织业》（张佑盛）和《教育谈》（郭平）。"学术"栏目所占篇幅最大，有《提花机之种类及附属品》（徐公达）、《织物用线比重之求法（王祖章）、《织物用纤维之鉴别法》（杨经荣）、《棉纱与丝之直径》（吴志浩）、《法国式络丝机之主要运动》（张祖尧）、《美国捻丝机与法国捻丝机之优劣比较观》（王斌）等16篇文章。"记述"栏中刊出了《本校的概况》《中国织物沿革史略》和《拳术谈》等3篇。"文艺"和"小说"栏目分别有7篇和4篇作品。附录载有本校校友会章程、组织大纲和全体职员一览表。

发刊辞

许炳堃[①]

校友会之设，所以竺厚气谊，辅勷群德，其事与横舍之训督，相剂而相成。吾校诸校友既为会于去年之秋，复于今夏发刊兹编，以衵所得，匪曰衒异，示征实也。文字间或有愆忒，概存其真，冀以就正于大疋闳达之前，绳削匡直，裨益后进云尔。草创伊始，会员中之著籍工校弟子者，咸踊跃投稿，浩汗夥颐，限于篇幅，不无遗珠之憾。附识于此，用昭梗概。

（1920年6月）

《浙江公立工业专门学校校友会年刊》

该刊由浙江公立工业专门学校校友会编辑和发行。为《浙江省立甲种工业学校校友会年刊》的续刊，因学校易名而更改为此刊名。刊期亦继续前刊，故为第二期（1921年6月出版）。全刊共264页，仍分言论、学术、调查、文艺等栏目。

---

① 许炳堃（1878—1965），字挺甫，号缄甫，别号潜夫，浙江德清人。1910年11月，浙江省立中等工业学堂成立，被聘为监督（校长）。1912年4月，浙江省立中等工业学堂改名浙江公立中等工业学校，任校长兼附设机织传习所所长。1920年秋，工校升格为浙江省公立工业专门学校，仍任校长。1922年1月赴欧美考察高等教育和丝绸工业，1923年4月回国。1924年1月因病辞职。

"言论"栏目刊载了刘光宇的《中国工业不能发达的原因》一文。"学术"栏中有《棉布经纬线之计算法》（译文）和《棉纱支数之检查机械》《力织机装置之注意》《漂白粉效力增进法》《麦杆之染色》等4篇文章。"调查"一栏刊载的是《津浦铁路济南机厂概况》。"文艺"栏目登有诗词、散文、随笔多篇，如《新柳》《秋夜即事》《敬

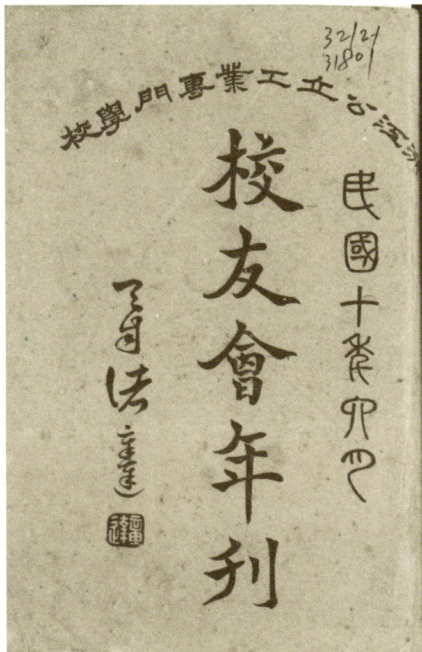

告同胞》《偶成》；《树有感》《寻梅》；《留别同学》《新秋有感》《春江晚眺》；《书斋漫兴》《春日雨后散步》；《时辰钟》《慈母行》；《雪人儿》《吊同学》等；小说有《义牛》《伪鬼》《一个可怜的少年》。"报告"一栏载有该校十周升级纪念展览会报告（共20项，161页）以及校友会评议部第二届议事一览表、校友会成绩报告书、校友会物品名称数量领用现存表、校友会收支总结报告清单等。

《浙农》

该刊由浙江省立甲种农业学校校友会编辑。大32开，共200页，仅存的第一号出版于1921年7月。

刊物首页为校友会成员的集体摄影，次页为夏震武先生题写的甲种农业学校校训"勤俭明恕"（周友山校长立）和夏氏的校训

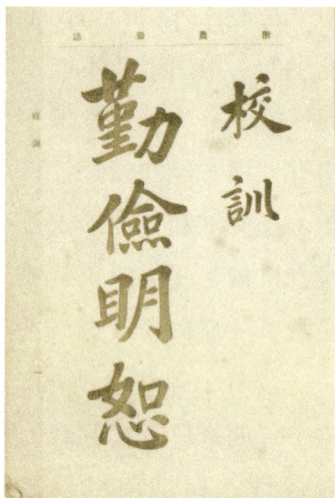

释。随后是"沿革"和"讲演"栏目，分别载有浙江省立甲种农业学校沿革以及蔡孑民先生和马一浮先生的讲演词。"论著"和"学艺"栏刊载了与该校学科有关的研究文章，如《论林业与矿业的关系》《我底农业改造观》《兽医与农业的关系》《兽医与军事的关系》。"学艺"栏目刊登了《笕桥药材志》《玫瑰花之研究》《制造果胶》《梨酒制造法》《桉树造林法》《乌桕之造林法及制油法》《隙地栽桑之利益》《马之服役年限》《家畜寄生虫》《驱除害虫刍言》《兽医警察》，计20篇，72页。"调查"一栏刊有《义乌今年小麦的调查》《山东农业之调查》《浦江烧石灰之调查》等3个报告。该刊还设有诗词和小说栏目，刊出了一些文学作品。之后的60页登载的是甲种农业学校校友会章程（共十条）和校友录（分职员部、前任职员部和学生部），刊末为英文短论和英文汉译（共10页）。

《浙江公立工业专门学校学生自治会刊》

　　该刊由浙江公立工业专门学校学生自治会编辑社编辑，学生自治会贩卖股发行，大利金石书画印刷社印刷；以研究工业新技术为宗旨。

　　第一期于1922年9月10日发行出版，共89页，定价大洋一角六分。刊有《煤之化学研究及工业之关系探讨》《化学方程式之平衡法》《光和化学能力（译述）》《物理一斑》等文。另外，亦登载关于自治和人生探讨的文章，如《我对于新青年的忠告》《自治——希望》《教育问题与自治之真义》《何谓工程家》等。该期还介绍了汉阳铁厂以及日常生活常识（触电急救法），刊登了实习报告和一些文艺作品（《一封私信》《一个车夫的家庭》《梦奇》《雪后游湖》等），刊末为编辑者言和浙江公立工业专门学校招考简章。

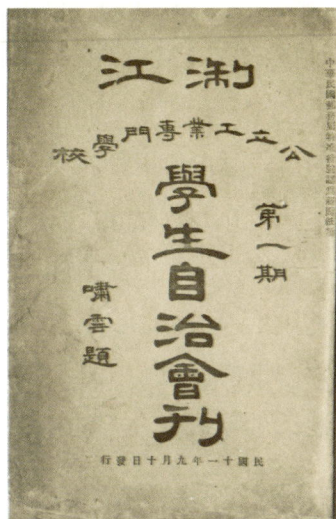

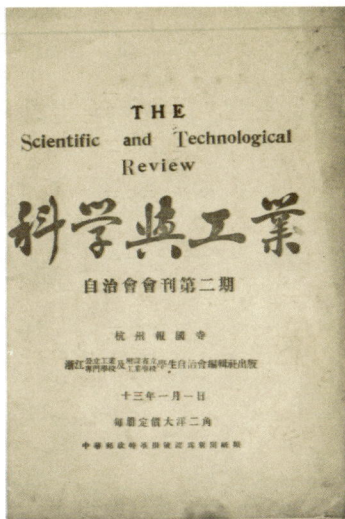

　　第二期因稿件内容均属科学和工业类别，故改名为《科学与工业》，由于排印问题，延至1924年1月1日出版。该期共200页，

定价大洋二角。收录的文章有：《捷径馐输问题之简易解析法》（蔡昌年）、《国产桐油之研究》（余世杰）、《擒雷器》（楼钦忠）、《电化学发达史略》（张辅良）、《铁道上之信号略述》（王鄂铧）、《钢锭及铸成物之损害：其原因及救济方法》（徐凤超）、《化学概论》（方仁煦）、《泰利儿氏驭电器》（谢鼎）、《滤过与洗涤》（张景良）、《发电厂设计大意》（楼钦忠）、《周期律之研究》（孔宪舜）、《直流制与更流制之比较》（王鄂铧）、《欧战中之军用毒气》（张垣）、《有机化学发达之重要史略》（马绍援）等。萧猛撰写的《杭州工业之一斑》详细叙述了杭州市的丝绸、棉纺、织布、电气、钢铁、火柴、肥皂、皮革、造纸等工业。

《浙农新声》

该刊由浙江省立甲种农业学校学生自治会编辑出版。旨在通过汇集学生平时研究所得，以养成研究习惯，为今后服务社会奠定基础。仅见一期（1923年4月出版）。

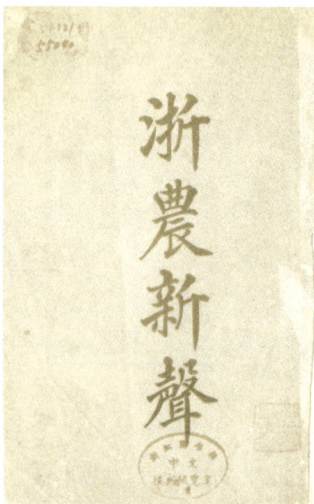

该期出版时正值甲种农业学校成立十周年，故在刊首除刊登发刊辞和时任校长高维魏先生的序文外，还刊登了校歌、十周年纪念歌、祝词，以及由校外人士撰写的《农校十周年纪念会参观记》等来稿。全刊主要栏目有论著、研究、调查、转载、余载。"论著"栏有《发展林业之计划》（马本中）、《整顿上虞农业之管见》（顾公德）、《对于农业改良的意见》（俞廷翰）、《农村经济救济的私议》（胡标清）等4篇文章。"研究"一栏共有13篇文章，其中有《甘蓝栽培法》《白蜡虫培养法》《葡萄象鼻虫之研究》《土壤硝化作用盛衰关系之条件》《树种阴阳关于造林之得失》《果树不结果之原因》等。"调查"栏内的文章有《南洋树胶事业之调查》《江山县林业之调查》《东阳县森林现在之状况》《赴寿昌县防治牛疫记》。"转载"一栏仅有署名"拙樵"的《樟树造林法》一篇。"余载"栏目的文章主题多样，既载有《植林的意义》《螟虫》等与农林业相关的文章，也有《自治的必要》《人生在世究竟为什么》一类论说文，以及《中秋夜踏月观涛记》等散文。刊末为附录，载甲种农业学校自治会章程和自治会系统表。全刊120页。

发刊辞

本刊编者

　　本刊定名曰《浙农新声》，故本刊之主体即为浙农同人全体。凡本刊所发表者，皆为浙农同人所思所言所行之事，浙农同人思想而复杂也，则本刊之内容亦必复杂，浙农同人之程度而参差也，则本刊之形式亦必参差。际兹社会淆乱百度纷更的时代，处此三二百青年薮集的地位，其所意想所主张原不能尽同，而揆诸今日"发展个性""思想自由"的通例，其所意想所主张者亦不妨各异。然则，本刊乃浙农同人的一幅自然写真画，固无用其装饰了。

　　本刊何为而发乎？浙农同人平日所思念所研究的心得，不敢自私，不敢自信，对内欲以之互相切琢，共求进步，对外欲以之互相讨论，请益高明，爰本斯旨，定本刊之目的如下：

　　（A）应用农林兽医的教科智识，以图适合于农民实际生活。

（B）揭发"农民生活"及"农村改造"诸问题，以期国人共起研究。

（C）输入世界农林兽医事业的新智识，以促进吾国人之实业运动。

序

高维魏[1]

今兹为我校成立满十周之期，既刊专册以为纪念，而诸学子亦集其平日研究之所得，名曰《浙农新声》，将付剞劂而请序于予。予维欧风东渐，国人知非振兴实业无以自救，然眩于近利，大都惟工商是骛，而以农为迂缓。欧战以还，彼以工商立国者，亦知食粮不足，国无以自存，民无以相保，乃亟谋农业之复兴，然积重难返，更张非易。未若吾国自古以农为本，根蒂深固，虽二十年来浮慕欧化，侧重工商，幸国民生活之重心犹未移易，及今改图补牢未晚，深识之士竞以农村立国之说相提倡，良有以也。诸学子在学校之时期甚短，而负社会之责任綦重，今能以所得而著录成篇，以养成研究之习惯，他日服务社会当亦能体察精严，改进农村之组织。呜呼！丁兹农业剥复之际，诸学子宜知所自处矣。本刊虽瑕瑜互见，要为试作，当为识者所深谅，望赓续钻研，渐臻完美之域，庶不悖学以致用之旨焉。（1923年4月21日）

---

[1] 高维魏（1886—1968），字孟徽，浙江杭州人。毕业于日本东北帝国大学农科，1918年起历任浙江省立甲种农业学校教员、农科主任、农场主任，1921年12月—1923年12月任该校校长，1925年1月—11月出任甲种农校升格后的浙江公立专门学校第二任校长。

《工声》

第一期由浙江公立工业专门学校学生自治会编辑出版，第二期因学校更名为浙江公立工业专门学校及附设省立工业学校，故负责编辑出版的学生自治会亦随之更名。该刊每半月一期，定价大洋二分。16开，每期13页，内容分言论、科学、校闻、实业、消息等项。

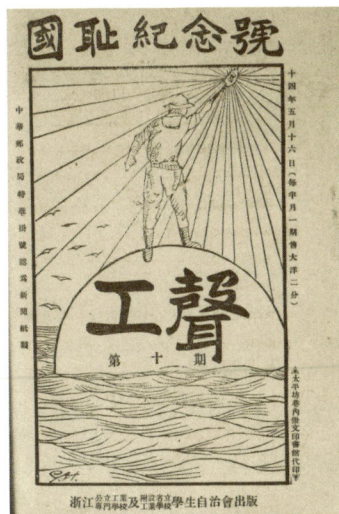

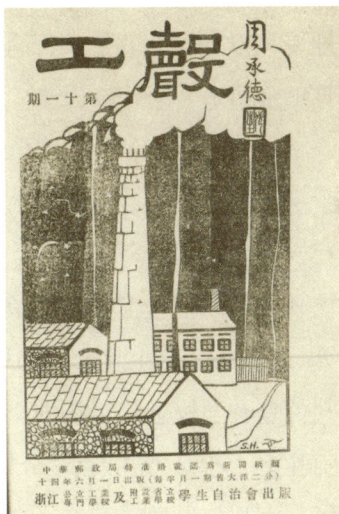

第一期在1924年5月1日出版。收入第二期的文章有：《杭垣有通行汽车之一日》《化学工程与五官器》《工程事业之将来》《肥皂工业》《本校之劳动纪念日》《化学小说》；第三期除刊出许前校长《离校底训词》外，另载有《说工》（曹斌）、《化学工厂地点之选择》（张辅良）、《旅沪一星期》（楼钦忠）等文，《肥皂工业》《化学小说：白金戒指》两文为连载；第四期除连载《化学工厂地点之选择》《肥皂工业》和《化学小说》外，另有《水力发

电之利益》（楼钦忠）、《近世电学之学说》（吴增书）、《本校无线电台之好消息》（楼钦忠）、《新智囊》（朱有澂）等文；第五期刊登了《直流电机工作时发生困难之原因及其补救办法》（吴增书），另刊登了学校的招考简章和关于学校七月九日之二大典礼的消息。第九期和第十期分别为1925年5月1日出版的劳工号和1925年5月16日出版的国耻号。收入第九期的文章有：《工业学生与劳资问题》（沈开圻）、《劳工训练问题》（陈嗣虞）、《中国底劳工今日应有的觉悟》（虞克懋）、《深夜》（翁如），小说《神圣欤罪人欤》（丁灏）、《素春的手套》（周炳），并刊有《浙江公立工业专门学校及附设省立工业学校学生自治会章程》。1925年6月16日出版第十二期后该刊继续发行情况未详。

《工业学生自治会会刊》

该刊由浙江公立工业专门学校甲种及五年期学生自治会编印。仅存第一期，16开，126页。于1926年1月1日出版。

刊首登有学校全景、礼堂、工场外景、图书室、力织工场、电机实验室、金工场、化学分析室等8幅照片。随后是梁叔撰写的发刊辞。该刊分科学、言论、文艺、小说、校闻和调查等栏。"科学"栏目内载有文章23篇：《汽轮机之效率及其机内之耗损》（许德纪）、《平织Tappet之近似形》（徐家修、陈普贵）、《平罗织之Tappet》（郑惠然）、《普通机械厂采用的钢之硬淬及软化法》（鲁光浩）、《力织机飞梭及轧梭之原因》（杨幼宾）、《直流发电机之故障及修理之略说》（陈达斌）、《电动机之利益》（张惟渭）、《本校山本式力织机梭箱变换运动及变换之状态》（孟安甫）、《力织工场实习报告一节》（吴存模）、《棉织物写真染法》（孟安甫）、《六枚变化组织之Negative Tappet》（陈大铨）、

《组织变化之一例》（高崇 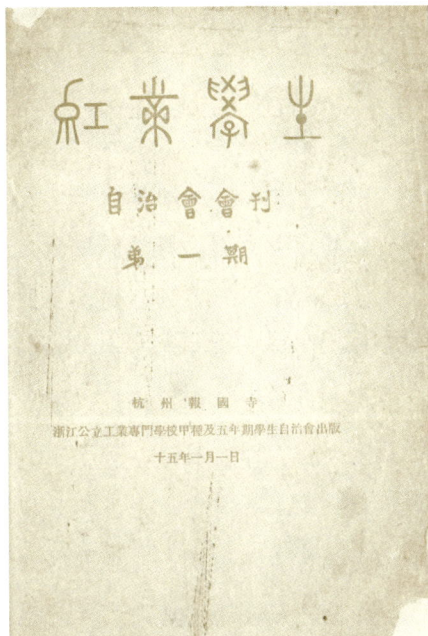 垚）、《爽口香水及口香糖 之造法》（傅志宏）、《中 算杂谈》（枕霞）、《数学 零拾》（徐邦宁）、《铁矿 砂中纯铁质之检定法》（沈 澄年）、《各种原动机之比 较》（梁叔）、《回转轮》 （任邦义）、《冲击汽轮之 实效率》（任邦义）、《交 流发电机之同期法》（张惟 渭）、《二相五线式配电 法》（杨俊逸）、《棉布之 毛织物化》（陈普贵）、《汽涡机起震动之原因及其检查修正法》 （龚树春）。另刊有五位老师的讲演记录：谢宅山先生讲电厂设 计、王季梁先生讲人造丝概论、张寰镜先生讲交流铁道电动机、金 鹤侪先生讲学染色者用直接染料上色应注意之问题、郑觉君先生讲 酒精与世界液体燃料之将来。"言论"栏刊登了《论吾国工业幼稚 之重要原因》（张绅）、《我不满目前的青年几项》（虞克懋）、 《如何振兴中国工业》（鲁光浩）、《求学与运动》（王良初）等 4篇文章。"文艺"和"小说"栏分别载有9首诗词、6篇散文和2篇 小说。"校闻"栏刊登的是钱启忠（子美）事略，钱为该校五年期 一年级生，因五卅惨案发生，其痛心国事，于6月10日写下绝命书 后自沉钱江。"调查"栏载有对浙江各县电灯公司的调查。

发刊辞

梁　叔[①]

近之立国于大地者，欲称雄天下，不在战争，而在实业；故数十年来，莫不汲汲焉研究物质，且日利用自然，思有以发展其实业范围。我国夙以地大物博见称于世，徒以不知利用之故，遂不得不为列邦发展实业之尾闾，历史上种种奇耻由是成焉，国民之穷蹙亦日益列焉。当时虽有一二有志之士，欲扩充实业以为振兴之基，终以助之者寡，孤掌难鸣；况关税之权操诸列强，即有长才亦苦无用武之地。自五卅惨案发生后，国民受制较深；有志之士，裂眦奋呼，较前益甚；于是沪上乃有国货维持会之组织。此虽爱国热忱发乎天性，亦不得不谓为国民觉悟，与夫实业前途之佳音也。虽然，发展实业，决非少数人所能举；必使国内人民感具实业观念，与实业知识，然后倡之者易，和之者众，虽有大力，莫之能阻。苟非然者，虽有人为之倡导，听之者亦将漠然若秦越之不相涉；如此而望实业之发展，实无异操一豚蹄，持一盂饭，而祝瓯窭盈篝，汙邪满车也，是又乌可幸获者乎。今环顾国内，虽不乏有志实业之士，然无实业观念者正复不少。丁斯时也，吾侪志在工业，自应负引导之责，以故学虽浅陋，不敢缄默；今年秋，同人等适有自治会组织出版一科，因有兹刊，发表言论，兼及所志，或亦增进人民实业观念之一道乎。倘能副吾所求，则兹刊之行为不虚矣。（1926年1月1日）

---

① 梁叔为方朝梁笔名。方朝梁，字任叔，浙江嘉兴人。1924年起就读于浙江省立工业专门学校，1928年毕业于浙江大学电机工程系。

《工专学生》

　　该刊由浙江公立专门学校学生自治会出版部编辑。1926年1月出版第一期（共136页）。该期刊首登有浙江公立专门学校学生自治会成立大会摄影以及发刊词和友恭撰写的刊首语。正文分论述、专载、科学（附工艺）、译述（附实习）、文艺、校闻六栏。"论述"栏刊出了《经济政策之可怕》等3篇文章；"专载"栏登载的是《工科学生应有的觉悟》一文（原作为美国麻省理工大学科歇尔教授向该校四年级学生的讲话，由本校钱昌祚教授翻译）；"科学"栏目中有光德坤、柳升荣、周祖训、戴尚文、程祥德、方以矩、王声孚等7人撰写的论文，"译述（附实习）"载有3篇译文和1篇实习报告。"文艺"一栏登有4篇作品，其中有小说和诗歌。"校闻"中报道了新年同乐会盛况。

　　该刊仅存一期。

发刊词
本刊编者

　　我们的能力薄弱，是无可讳言的；我们的学识浅陋，更是不难知道的。具备"能力薄弱""学识浅陋"双重条件的出版品——《工专学生》，不能得着读者诸君的热烈的欢迎和同情，也是我们早料到的。我们既然知道自身的微弱，又看透了对方——读者诸君——的态度，更何必自寻烦恼说些话来讨人厌呢？啊！我们不敢相信《工专学生》是高深学术的记载，却也不是袒护官舍方面的机关报，它是供我们表现思想，发挥学业和记载事实的唯一出版品。它的内容是：论说、科学、校闻等类。

　　研究自然科学的同学，在研究期中，每日为"自然科学万能"这句话所笼罩，很容易忽视实际现象，可是自然科学，又全是用来解决实际问题的，所以不能解决实际现象，决不能肃清实际问题。好比中国的实际问题是要解决"穷"，要想由穷转富，非振兴实业不可，这句说话，差不多是从戊戌政变（光绪廿四年）以后直到现在，无论其为农为工为商或为官吏，若不是蠢然无知，莫不如是说的。真是一句老生常谈！可是目前的中国，竟穷到总统府缺文具费的程度，这就是要解决"穷"的实际问题，不先解决"穷"的实际现象的原故。救"穷"，要振兴实业，固然是句名言，但是实现这句话，非先办到关税自主不可，因为关税的高低，是实业振兴的致命丧和生活素，所以要解决中国"穷"的实际问题，须先做到关税自主的实际现象。许多研究自然科学的同学，学识极宏硕，经验也很丰富，因为轻视决解实际问题的实际现象的原故，结果总是所学非所用，或所用非所愿，因之在研究时代具有的热烈救国救民的大志，顿成泡影，不知不觉堕入悲观的境地，多么可惜啊！《工专学生》的论说一栏，专载实际言论，空泛论调，是不许容留的，以冀收效于万一。

我们觉得知识不是专利品，也不是个人用以自豪的奢侈品，当然我们不肯把我们私有的些少知识，当做"版权所有"，"待价而沽"的宝货，很实在的确切的写出来给大家看看，并且很希望读者诸君的批评和指示我们自己察觉不到的错误。《工专学生》的科学栏，就是我们最近研究所得的发挥。

"好的总是少的，我们总是要好的"这是列宁一篇名著的题目的说话。我们极端相信我们学校的不坏，不过我们总是不知足的要它比好的更加好，同时也希望一切学校跟着我们学校一起好。《工专学生》的校闻栏，专登载本校学生生活一类的消息，恳求大家下痛切的批评：不好呢，我们设法避免，改良；好呢，我们当更进一步的求精。

《工专学生》的内容如是，《工专学生》的目的如是，希望读者诸君切实的批评指点，同时更希望我们的同学爱惜它，为它努力，它是我们的代表呢。

《国立第三中山大学工学院学生会会刊》

该刊由国立第三中山大学工学院学生会编辑。封面刊名为蒋梦麟校长所题，32开，116页。该刊原希望每月刊行一期，但因经费问题无法做到，故以会刊名义于1927年11月出版。因国立第三中山大学在次年更名为浙江大学，此会刊成为唯一的一期。

刊首载有发刊辞（编者）、李熙谋和王梦曾先生的序文。"论坛""科学"两栏刊有《今日之科学即来日之工程》（赵陈风）、《快乐与进取》（朱缵祖）、《为什么要学工程　怎么样来学工程》（孙潮洲）、《我国工业不能发达之一原因》（潘炳天）、《工业与劳工》（许国光）、《橡皮在光中氧化之现象》（裘锸）、《电力输送线建筑中经济之一瞥》（孙潮洲）、《中国电车事业之概况》（陈瑞炘）、《钢镉分析法》（敬平）、《科学常识》（邱承得）、《实业上应用"同期变向机"和"同期电动发电机"的比较》（汤兆恒）、《谈电》（范敬平）、《放射性物质——镭之概述》（陈建启）等文。马寅初先生演讲《中国之经济组织》刊于转载栏内。"文艺""杂俎"栏有《中秋夜游西湖记》（陈荫榖）、《一个有志向的青年》（CQ）、《暴雨》（沈鼎三）、《离家有感》（曹郁）、《金缕曲》（宿梅），以及《予治国学之经过》（陈荫榖）、《给妈妈的一封信》（克白）、《名画的反映》（许世瑄）等。"院闻"栏有《军用地收回》《庆祝本院成立大会之盛况》《设立消费协作社》《计划全院自来水》等等。

刊末附有学生会章程、十六年度本院学历、学生会本届职员一览，以及出版股职员名录、刊登广告简章、编辑余墨。

发刊词

本刊编者

出版物的精神，当然逃不了它所从出的机关的模型，工学院发表刊物，多少总带着几分学工业的人的作品的特别点，因为这一个原因，所以本刊首重关于工业的科学。

一国所以能强，全视乎战斗力的雄厚与否，要战斗力雄厚，自然要有又多又好的枪炮，讲到枪炮，便不得不首先提倡工业了！

考查我们中国关于工业上的原料，委实是甲于全球，山西一省所产的煤，已足够全世界二百年的消费，其余大冶所产的铁，铜官山的铜，也都是十二分道地，至于水力发电，仅用巫峡的水，已可以发生四百余万马力，比较日本高出三倍以上。制造枪炮的原料，绰乎有余，不可不谓得天独厚。

讲到工业的要素有四种，劳力，资本，原料三种以外，还需要最重要的智识和技能，以上三种，我们中国虽说不十分充足，也还马马虎虎地及得来格，讲到第四种，便不得不说是"空空如也"了。

十九世纪的时候，大家都喊着商战商战，说是商业战不胜别一国，便不能立足在国际竞争的舞台上做一个动员，时至今日——十二分用劲的一个时至今日——便又不得不向上面商战的商字商量商量，暂时改一个工字了。虽说商战是还须继续努力的向前战斗着哩！

工战是这个样子要紧，国人却偏偏短少了工业智识和技能，这时候便不得不由我们学工业的人来负这个重大的责任，既负了责任，便要如何地去研究工业学识，如何想法子普及工业学识，为了这个问题，我们发行了这个月刊。

我们学校自从革新过之后，学识丰富的教员，真是"不尽长江滚滚来"，一切设备，也与经济时间成了对象，极短时间的机械，抵了极长时间的人工，当事者，夙兴夜寐，不遗余力，同学们也都是笃志向学，不堕院风（关于这一节请参看李院长的序）。尤其使得我们十二分感激的，便是诸父老的热烈地信仰我们学校，和诸教授肯时常在刊里发表宏论，同我们一起研究和讨论。

工学院几百同学，当然不能够一个鼻孔里出气，免不掉略异其趣，关于这一点，我们的刊里便增加了论坛、文艺、杂俎、美术等栏，备诸同学自由发表思想和艺术。（1927年11月22日）

序

李熙谋①

吾校从艺徒班进而为中等工业学校，由中等工业学校添加专门部，再由专门部改为大学本科。中间缔造之时间，虽历十六年余，然考其进步，自不可谓不速。今届专门部自改组大学以后，全体同学尤能发奋向学，似大家都抱着"须求不愧为大学学生"之决心，这真是吾们学校现在之好现象，亦是前途无限之希望。

吾校自创办到今，最是觉得美中不足的，就是缺乏一种定期刊物。从前专门部同学会刊行《工声》一期，自后无以为

① 李熙谋（1896—1975），字振吾，浙江嘉善西塘镇人。美国麻省理工学院电机工程硕士、哈佛大学哲学博士。1927年国立第三中山大学成立后，出任工学院首任院长。1938—1942年再度应邀担任国立浙江大学工学院院长。

继，因之吾校内部情形，不能使一般社会人士了解。学校的精神，缺乏一种相当机关足以表现出来，使人人都能看见，教职员与同学们除讲堂上授课时外，绝少研究讨论之机会。尤其是一般同学，富于思想及爱好文学者，无宣泄发表之场所，实足阻碍其思想之发展。因此种种，吾们学校内空气，似非常沉闷，非常郁结，非常静寂的。天天上课，日日上讲堂，而对于思想言论，则绝无一些表示，好似孩提之时，只能听人家讲话，不能自己发表意见。故吾校全体教职学生，都包括在内，似又非常幼稚的。

为纠正上述种种弊病起见，在学校一方面曾有组出版委员会之决议，由学校教职员，与学生会出版股合作，草章早已拟定，出版物分半月刊与半年刊两种。半月刊之内容为学校校务进行状况，毕业同学消息，学生会务报告等。半年刊之内容，则为学术专著，译著，及毕业同学在工程界服务之心得，著述等。但是章程虽已拟定，而组织手续尚未着手进行，乃在此功课百忙之中，大学部学生会有定期月刊之出现，吾校十数年来所不足，而引为憾事者，已成过去之事迹，其可喜为何如？

但是吾们应该记得的，即凡百事物其创始也不甚难，其持久而善终也则不甚易。在一件事情创始的时候，若能预谋永久的计划，则方有善终的希望。学生团体之刊物，其最关重要之要素，当不外经济与材料。主持月刊者，第一步应预计经济之来源，及来源之数量，然后定月刊篇幅之长短。材料之选择，当注意于有兴趣、有价值之文字，贵精而不在多。尤应注意于下列各点：（一）采登重要校务布告，及校务之进行。（二）注意毕业同学服务状况。（三）选载关于讨论或研究学术之文字。（四）避免批评个人或意气争执之记载。吾知主持月刊诸同学，都大学部好学端谨之士，能以热诚创始于前，必能以毅力善终于后，固无庸吾之多言，惟吾对于此月刊永久继续存在之希望，无限关切，故不觉辞费也。

学校预定之出版委员会当然不能因此而中止。他日成立之后，除半年刊外，月刊或半月刊之工作，或由学生会担任，或与学生会合作，自可日后另定办法。惟在此委员会成立之前，大学部全体同学能本讨论学术，宣扬校誉之精神，为学校整个的辟一宣情达意之论坛，这吾们不特应该额手庆其产生，且馨香祝其万岁也。

《国立第三中山大学教育周刊》

该刊由国立第三中山大学秘书处编辑发行，每周星期六出版，每期20页以内。16开，定价大洋三分。该刊于1927年10月1日创刊，1928年3月终刊，共出版25期。1928年4月起改名为《国立浙江大学教育周刊》，刊期另起。

该刊文章中有教育述评、问题研究、法令规则、布告、资料等。第一期刊出刘大白的《从浙江省政府教育厅到国立第三中山大学》和《国立第三中山大学办理浙江大学区教育权限规程》等文。其他各期的"教育述评"栏有《现代教育的几个问

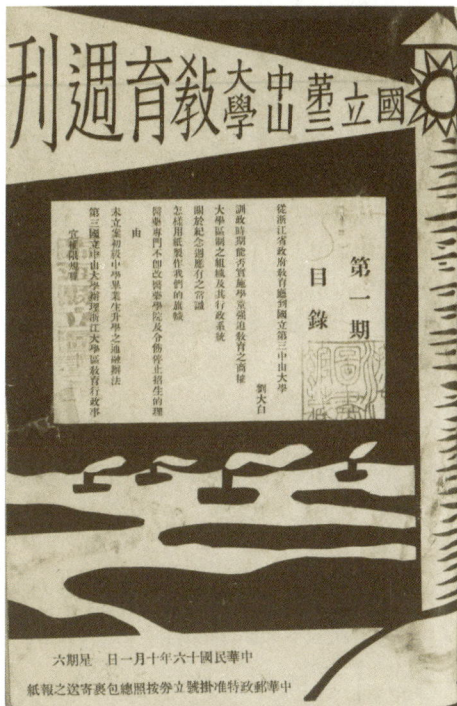

题》《小学教育漫谈》《全民教育与中国》《中国职业教育的需要》等。"问题研究"有《划分市与县教育经费之权限》《教育与宗教》《教师与教学》《除官场积弊》《县教育行政兴革观》《小学的卫生运动》《修正国立第三中山大学权限规程的经过》《农业科学的发轫点》《奖励招资兴学的办法》等。涉及第三中山大学的布告、法令、规则有：《第三中山大学图书室借书规则》《国立第三中山大学秘书处办事细则——处理图书规则》《国立第三中山大学编印每周归档文卷类目办法》《国立第三中山大学秘书处征集中等以上各校校舍平面图办法》等。关于省、市、县的布告、法令、规则有：《省立中等学校教育佣金标准》《政府机关人员不得兼职》《教会学校不得作宗教的宣传及强迫学生参加宗教的仪式》《关于小学教育解释七条》《各县市管理私塾办法标准》《浙江省立各教育机关支用预备费规则》《县视学暂行条例》《各教育机关的钤记标准》等。"资料"有《国立第三中山大学职员俸给表》《国立第三中山大学处理文卷计划书》《浙江省立中学附小主任会议纪要》《调查师范毕业生状况》《十六年度学校历》《党化教育讨论会记事》等。第二十五期载有《筹备文理学院计划》一文，详细列出了学院开办费和各学门一览。

《国立浙江大学教育周刊》

该刊由浙江大学秘书处编辑出版，事务主任室发行。周刊，每周星期六出版，1928年4月起至1929年7月共出版68期。每期页数一般在20页上下，最少的仅10页，个别的多达30余页，一些专号的页数更多，浙江大学区教育概况号（第四十一期）210页、教育参观报告号（第四十六和第四十七期）分别有101页和92页，最后一期（第六十八期）98页。前四十期为16开本，第四十一至第六十八期为32开本，定价大洋三分。

设有教育述评（或称论著、著述）、专载、译述、政闻、附录等栏目。"教育述评"中有《修正大学院的组织》《大学制之研究》《大学院提倡语体语文》《人格教育中的道德问题》《厉行义务制教育》《确定师范教育制度》《国术在健康教育中的地位》《职业教育与职业指导》《提倡女工补习教育》《学生与军事训练》《普及农化教育》《旧道德与新教育》《初中入学试题中的国语问题之研究》《初中入学中之常识问题》《十六年全省初中算术科入学试题的研究》《小学教职员的生活问题》等。"专载"栏登有中央、省、市和浙江大学颁布的条例、法规。其中有《浙江大学区私立中小学补充条例》《修正中华民国大学院组织法》《大学区组织条例》《中华民国大学院大学生委员会组织条例》《浙江大学区高级中学科目学分暂行标准》《浙江大学区中等以上学校校务报告办法》《浙江大学区私立中小学补充条例》《浙江大学区高级

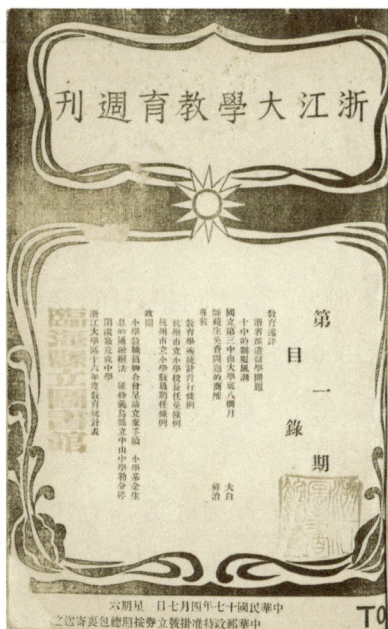

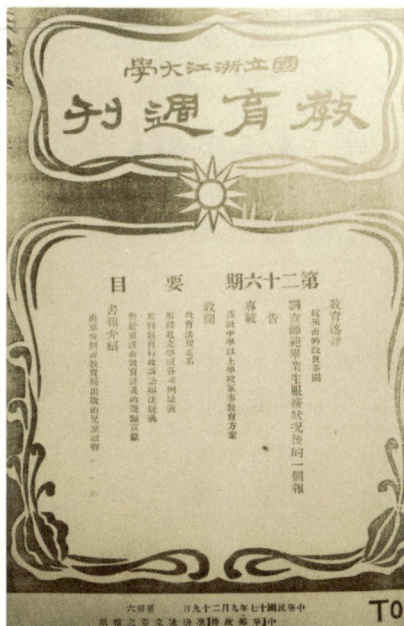

中学国民训练科要旨及课程标准》《浙江大学区市县设立中等学校办法》《浙江大学区中学指导选科办法》《浙江派遣留学办法大纲》《华侨大学暂行条例》《杭州市私塾设立条例》《汤溪县补助区立私立小学经营办法》《修正杭州市立小学经济公开办法》。在"政闻"栏目中有对各地执行教育条例的指示、各地教育状况信息的报导等，如《提倡国货服装》《省中附小免收学费》《统筹统支县教育经费》《小学校长不得兼任区教育委员》《调查各县职业教育及实业状况》《学校应注意休息锻炼》《释县志体例》《民元以来浙江官费留学生学科人数表》《浙江大学区十六年度官费留学生学科人数统计表》《分发中等学校立案表式》《解释教委任期之疑义》等。

第四十一期浙江大学区教育概况号的内容全面丰富，有机关沿革、组织及行政系统、统计概况、教育经费、过去的工作、今后的计划；对文理、工、农三学院的课程纲要、过去成绩和将来计划，以及教育法规和各院章则均有详尽叙述。第六十八期将该刊曾刊载的全部重要法令进行了梳理。

《国立第三中山大学工学院月刊》
《国立浙江大学工学院月刊》

由工学院月刊编辑股编辑，干事股发行，青白铅石印出版社印刷。月刊销行国内外，每期印数达2000册之多。第一至三期为赠阅，第四期起零售，每册铜元十二角，全年十册（因假期有两个月停刊），总价小洋四角。每期20~30页不等。

月刊"以传布院闻，沟通毕业同学的消息"为重要使命。第一期刊名为《国立第三中山大学工学院月刊》，由蒋梦麟校长题写，1928年3月出版，李熙谋院长为该刊撰写了发刊辞。该期设有言

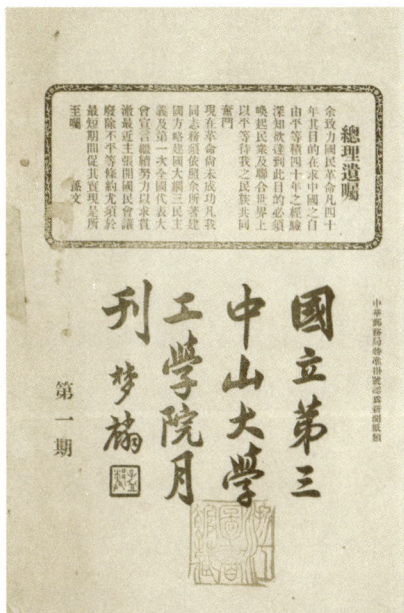

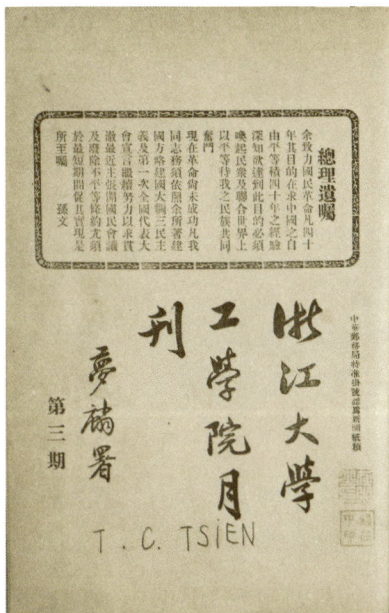

论、学术、院闻、毕业同学通讯、文艺等栏。"言论"栏载有《欧美诸国之工程科学刊物》（杨耀德）一文；"学术"栏中有两篇论文：《江墅二处水质之化验》《虎林公司染炼用水之分析》；"院闻"中报道了军用借地及附近公地之收回、本院设备之补充、新聘教员等消息；在"毕业同学通讯"栏有《告浙江公立工业专门学校毕业同学书》和《与甲乙种毕业同学的一封信》。另设"文艺"栏内有《新诗概论》《游孤山偶笔》等。刊末为附录，载有《评议会章程》《图书馆公开阅览规则》《图书馆借阅图书规则》《体育委员会章程》。

1928年4月学校改名，故月刊自第二期起随之更名为《浙江大学工学院月刊》，后又因浙江大学奉命冠名"国立"，月刊再次易名为《国立浙江大学工学院月刊》，封面上均印有蒋梦麟校长题写的刊名。1930年2月22日，浙江大学创刊《国立浙江大学校刊》后，该月刊在出版第二十期后停刊。

更名后的各期月刊仍保留学术、院闻、通讯（通信）、文艺四栏，言论、附录栏也依旧在多期设立，另外还根据每期不同内容加设了调查、杂俎、讲演、记载、警钟栏目。封底印有广告。

发刊辞（《国立第三中山大学工学院月刊》）

李熙谋[1]

自从工学院成立而后，匆匆忙忙的一学期时间，已经终了；区区数十页的月刊小册，才将第一期付印；办事底竭蹶情形，不问可知；这一学期内的工作成绩，不足为外人道，亦可想而知了。然而这短时间的工作，微乎其微的成绩，和将来无穷的希望，确有略举大概报告社会底必要。因为工学院是国立的，附设的高级初级职业学校是省立的，形式上是政府的教育机关，实质上是民众共同设立的教育机关，所以我们的天天设备讲授训练，和同学们的天天用功练习，多是为社会而工作。在许多同事，固然以教育为天职，许多同学，亦不是读书求名，谋个人的富贵；勘进一层说：同在这个广泛的互助的社会中间，努力进行。所以我们的思想行动，必须随时发表，报告社会，希望社会热烈地批评指导；更希望我们的工作，和社会上的工程事业，饱和融洽，呵成一气，实现民生主义的科学化，万不肯闭门造车，在报国寺的土山圈里，造一个小小的世外桃源。但是要想和社会事业，水乳交融，那么这一本月刊小册，不是沟通消息的邮筒，连环合锁的关键么？至于一千数百人的毕业同学，一方已为社会的建设分子，一方仍为母校的同根花萼，双方联结，尤足为镕成一片的重要成分，月刊内的同

---

[1] 李熙谋（1896—1975），字振吾，浙江嘉善西塘镇人。美国麻省理工学院电机工程硕士、哈佛大学哲学博士。1927年国立第三中山大学成立后，出任工学院首任院长。1938—1942年再度应邀担任国立浙江大学工学院院长。

学消息一栏，不是连锁同化的工具么？现在寒假已开始了，在这数点梅花，春回大陆的时候，月刊杂志，恰将出版；他日科学的建设事业，如果蓬蓬勃勃地布满中华，一如春风鼓荡的普遍九垓，无微不至，那么这本月刊小册，亦算是宣传春讯的驿使梅花吧！（1928年1月15日）

《国立第三中山大学劳农学院周刊》

该刊由位于浙江杭州笕桥的国立第三中山大学劳农学院编辑发行。每周星期一出版，定价大洋一分，邮资一分。每期一般为8页。

第一期于1927年12月12日出版，至第十二期止。第一期的要目有：《本院组织大纲》《本院农场之扩充》《派赴上海购办农具机器经过情形报告》《农民联欢大会志略》《本院园艺系工作报告》《本院图书馆新书目录》《本院图书馆启事》。其他各期主要内容

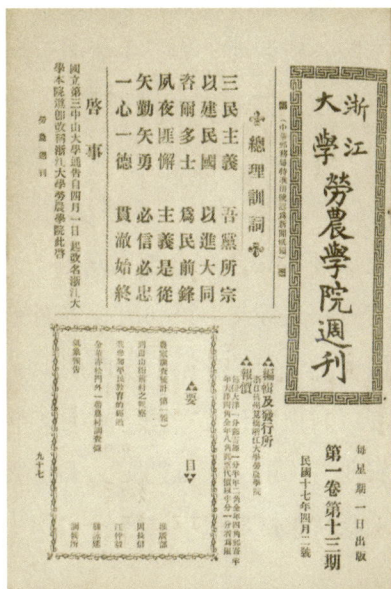

为颁布国立第三中山大学劳农学院条例、报道院闻及气象消息，也刊载农业试验及农村调查报告，介绍农业生产知识，并有大量统计资料。

第十三期起，因国立第三中山大学改名为浙江大学，该刊亦相应改名为《浙江大学劳农学院周刊》。

《浙江大学劳农学院周刊》
《国立浙江大学农学院周刊》

由位于浙江杭州笕桥的浙江大学劳农学院编辑发行。系《国立第三中山大学劳农学院周刊》更名后续刊物，刊期与前刊连接。先后出版33期，即第十三期（1928年4月2日出版）至第四十五期（1928年12月30日出版），第四十六期后易名为《国立浙江大学农学院周刊》，该刊于1930年2月因学校统一出版《国立浙江大学校刊》而停刊。

该刊主要内容有本院公函、上级文件、校院颁布的规则通告、本院各项活动（如卫生清洁运动、体育运动会、国庆纪念等）或会议报道、院属农场进展汇报、外出参观旅行或参加治虫等活动纪实、各类调查报告、讲演、各项统计资料、每周气象报告等。在第十九、二十、四十二等期报道了学院开展的反日运动，其中有《学院反日出兵会致全国民众电》《反日出兵会宣传大纲》和《国耻与劳农》等文。该刊出版多期专号，如治螟专号（第二十六期）、国庆纪念专号（第三十四期）、济安半周纪念专号（第三十八期）等。刊物也刊登一些学术类文章或译文，如《美国之运输事业与其农业》（第三十五期）、《显微镜下之遗传质》（第三十七期）、《改良农村之初步设施》（第四十二期）。

《浙大周刊》

该刊由浙江大学工学院学生会出版股编辑出版，经理部发行。

创刊号于1928年6月6日出版，内容有院长序、发刊辞，以及论坛、文艺、院闻三个栏目。在"论坛"栏中的文章有《送给本刊的几样礼物》（徐幼初）、《关于创刊号的几句话》（陈荫毅）、《工程师的人生观》（张可治）、《工业学者底新使命》（朱慧生）、《浙江工学院学生会之过去现在与将来》（同素）；"文艺"栏中有《消逝》（邵象华）、《我不能奔逃》（沈鼎三）、《浪淘沙》（周殿抢）、《心血之田》（瑷瑷）；"院闻"一栏汇集了关于学院的教学科研的消息：化学研究及材料试验所近况、下学年起可实行学分制、本院第一次国语演说竞赛记事；刊末载有《浙江大学工学院学生会章程》。第二期于6月12日出版，共40页，封面由画家尹庚设计，价格零售大洋一角。该期增加了"科学"栏目，登载了吴心如博士的《化学光线（放射或射线）》和吴玉麟硕士的《电子工程之大意》。在创刊号出版之前，工学院学生会出版股于5月30日出版了五卅专号，载有《国耻与国民性》《五卅惨案的意义和给我们的教训》《从五卅想到学生军》《从自己做起》等文。该刊中止日期未详。

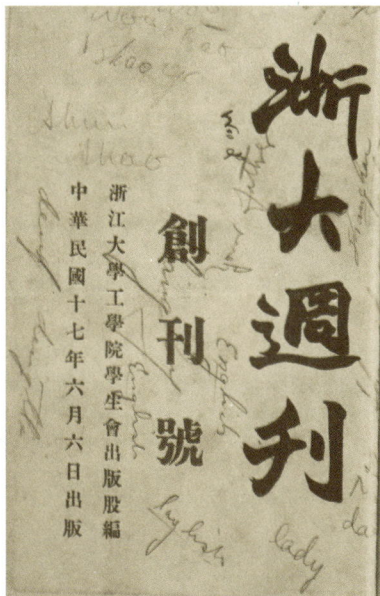

序

李熙谋[1]

时间一天一天过去得很快的。大学的学生，四年修业，一转眼，即已过去，方冠平顶，长袍博带，是大学毕业的学士了。时间确是过去容易，但是学业之长进，却是与时间的过去，适成反比例。大学的毕业生，在名义方面看，好像是很容易求得的，但是在实际方面着想，的确是不容易的。不幸我们现在的青年，外面受强邻帝国主义经济势力的压迫，内面受恶劣环境的熏染，随时随地，有移动我们求学目标的引诱物，随时随地，有阻止我们前进的障碍物。我们青年学生，处此外祸煎迫，声色迷引，奢华煽惑的中间，讲求大学学生实际的工夫，的确是不容易中之更不容易的事情了。

但是我们亦时常听人家说过"时势造英雄""英雄造时势"等话。怎么叫作"英雄造时势"呢，就是有一等人，能克服环境，而不为环境所克服。此等人，即可称为造时势的英雄。在不能安心求学的环境中，一方面不忘外祸的可怕，热烈参加爱国运动，一方面刻苦忍心，与消磨青年志气的恶势力抵抗，而同时研究探讨，对于大学生的生活与工作，未曾中止或间断。此等青年，方有克服环境的能力，有此能力，当然亦能担负改造时势的重任。孟子有云："舜何人也，予何人也，有为者，亦若是。"此数语，最足以兴起我们青年担负事业的责任心。工学院同学，在济南惨案发生之后，自动成立学生军，每天早晚二次，操练无间，为日后对外战争，干城御侮的预备，其精神与志愿，已深可敬佩。近几天内，更将出版周刊一

---

[1] 李熙谋（1896—1975），字振吾，浙江嘉善西塘镇人。美国麻省理工学院电机工程硕士、哈佛大学哲学博士。1927年国立第三中山大学成立后，出任工学院首任院长。1938—1942年再度应邀担任国立浙江大学工学院院长。

种，为学问讨论，意思交换的机关。第一期的稿子，不久即将付印，编辑主任余君绍忠，嘱予书数语，附于篇末。予深感大学学生责任之重大，同时亦感觉到青年求学环境之不良，在诸同学参加讨论之刊物中，得有机会，加入一些意思，当作互相勖勉的谈话，是十分荣幸快乐的一件事，故十二分不客气的，拉杂谈谈。诸同学都是建造中华民国的一木一石，克服环境，改造时势，是在诸同学努力赶去而已。（1928年6月4日）

发刊词

（一）

今天是本刊呱呱坠地的一天，乳佣似的编者本应说两句吉利话讨讨大人的喜欢。可是这孩子却也作怪，从坠地到现在，直哭个不休不息，乳佣虽察出他是在哭着要奶吃，虽给予他许多许多的奶，虽竭一身之奶来养这个灵活可爱的孩子，但孩子的食量委实太大，乳佣委实不能供给他以完全的食料呵！想来同孩子最亲爱的大人们是应当给予他以充分的营养的资料的吧？大人们却不曾说什么！

有人说："孩子呱呱地哭是带着忧患以俱来的先兆，如不赶早地使他养料充足，使他体格强壮，或许竟有夭折的危险，就是侥幸能长成了，也只是一个沉浸在忧郁的境地中的消极的青年吧！"消极的人决没有什么大作为！乳佣在低低地想着；同时烦闷轻轻地来压住她的心头。大人们却不曾说什么！

最亲爱的父母为什么不爱这孩子了？孩子的前途真渺茫黑暗呵！乳佣流着热情的泪在哭泣了。孩子也似乎在说："既不爱我，何必生我呢？"大人们看着这幕悲剧的断片，又不曾说什么！

呵呵！大人们！！残忍的大人们！！！做父母的决不应熟视无睹地让诞生不久的孩子仍归虚幻吧？乳佣终于只说了这末

了的一句。

（二）

发刊词，发刊词，简直是发哀词吧？失去父母之爱的无告的孩子似的周刊，前途委实没一线光明！编者只好引一句古语"敝帚自珍"来请同学们当周刊为敝帚，给予它以敝帚之珍吧！但是，珍字多少总带些"爱"的意味，我们既对于它有了爱，我们就应当予以相当的期望勖勉和警戒。我们期望它的是能够在社会上做一番大事业，立一个好名誉，能够代表它的父母——是大人，有的人说是本院全体同学——的精神。我们要勖勉它的是要和社会恶势力竭力奋斗，不要被软化掉。我们要警戒它的是不要沉浸在悲哀之中自己减少自己有作为的锐气。末了，我们要以父母自居，绝对保护和培植这个诞生不久的孩子——周刊——呵！

《劳农》

该刊由国立浙江大学劳农学院学生会编辑。其创刊号于1928年11月出版，据编者在"卷后语"中称，该号原本应在四、五个月前问世，由于负责付印的同学在接洽印刷的过程中将稿件不慎遗忘在公车上，全部丢失，故不得不延迟了好几个月才最终出版。

创刊号共74页，除卷头言和卷后语外，载有《建设浙江森林计划书》《改善农业之我见》《林业改进之管见》《养天花圣草为肥料报告书》《马铃薯病虫害防治法》《现代青年应有的觉悟》《农场管理法之我见》《旅宁纪略》等文和诗歌、散文等文学作品。

该刊后续出版情况未详。

卷头言

王锡祥①

如果开天辟地的是盘古，不知他经过几许的劳苦，而后才有了世界。

世界上的万物——山峦江海，草木禽兽，……——最初都是由无而有，慢慢地被创造者创造出来的。

我们不信地广人众，土地肥沃以农立国的中华农业，就不会现出光明来？！不过世间没有不劳而获的事情。先前未经一番耕耘的劳苦，哪儿有稻粱黍麦的收获！未经一番栽植之劳，决不会有艳花美果的。

啊啊！我们要用劳力去换稻粱，以汗血来和乳酪同饮。我们要存着耐劳的精神，不畏艰难的决心，高唱"劳农"的壮歌！努力地开荒播种！使荒芜的土地变成良田，衰颓的农村，有发达的转机。这便是我们的愿望，也便是我们的使命！

我们都是牙牙学语的婴孩，自然免不了"量薄识浅"；但我们有的是耐劳的精神，有的是满腔的热情。我们相信惟有改良农业才能救中国的贫困，惟有受了科学的洗礼者，才能指导农人。

可爱的读者哟！倘能指正错误，锡以南针，便是我们的莫大荣幸！（1928年7月10日）

---

① 王锡祥，浙江衢县（今衢州市）人。1931年毕业于浙江大学农业社会学系。

《国立浙江大学校刊》
《国立浙江大学日刊》

　　《国立浙江大学校刊》于1930年2月22日创刊，每周一期，共发行272期，刊名先后由蒋梦麟校长和于右任先生题写，创刊号登有蒋梦麟校长撰写的发刊词。每周星期六出版，设有特载、布告、法规、会议录、公牍、校闻、学生生活、体育、演讲、论述、专载、文艺、图书课公布、统计、附录等栏，每期有16~20页。1936年9月1日起更名为《国立浙江大学日刊》，竺可桢校长题写刊名，并撰写了发刊词，《日刊》至1937年6月29日共发行225期。《日刊》篇幅缩小至8页，栏目名称虽有所更动，但总体内容仍包括布告、校闻、讲演、学生生活、文艺等方面。后因全校西迁，学校校刊曾一度中断出版。1938年12月5日以《国立浙江大学校刊》（复）名义复刊，竺可桢校长撰写的复刊弁言刊登于复刊第一期。此阶段页数后来仅剩4页，因印刷困难曾于1940年6月—1943年4月间改铅印为油印，同时也未严格按周出版，有时半月甚至一个月才出版一期，一月出版一期时，每期有12页以上。1943年4月10日，

复刊一百一十八期起重新改为半月出版一期。1947年3月3日，学校复员杭州，由郑宗海代校长撰写了发刊词。1947年4月19日起，改为每3日发行一次。《校刊》（复）自1938年12月至1948年5月共发行182期，内容以消息报道为主。1948年6月7日起周刊再度改为《国立浙江大学日刊》（复刊新），但不久因纸张问题，自复刊新十四号（1948年6月22日）起又改为每周一、四两日出版。1949年5月4日杭州解放，复刊新共发行139期。《国立浙江大学校刊》和《国立浙江大学日刊》（含复刊）均发行过特刊。如1933年1月7日的新年特号、1947年4月1日的校庆特刊等。

发刊词（《国立浙江大学校刊》）

蒋梦麟[①]

　　浙江大学最初成立的时候［民国十六年（1927）八月，名称尚为国立第三中山大学］，因为试行大学区制，就兼管了浙江省的教育行政。到去年七月底大学区制结束，中间整整地经过了两年。在这个时期内，我们虽出版过一种教育周刊，但是性质重在行政方面政令的宣达和教学的指导，没有把本大学内部的情形记载上去；此外，工学院和农学院虽各自有他们的半月刊和旬刊等等，可是记载的范围又只能限于本院；所以在这个校刊出版以前，本大学还没有一种记载整个内部的情形的刊物。上学期将近终了的时候，校务会议决定了一个本大学的出版计划，这个校刊，便是那个计划中的出版物之一种。

　　这个校刊，我们早已感觉到是必要的，因为，这两三年来，外间注意本大学的，不断地来询问我们内部的各种情况，有了这

---

① 蒋梦麟（1886—1964），原名梦熊，字兆贤，号孟邻，浙江余姚人，1902年考入浙江省立高等学堂，后赴美获哥伦比亚大学博士学位。1927年，出任浙江临时政治会议委员兼秘书长，筹备大学。同年7月至次年4月任国立第三中山大学校长，1928年4月—1930年7月担任浙江大学首任校长。

个校刊，自然比随时随事地说明要详备一点；就是本大学各学院的教职员和学生，因为三个学院分处在两个相离很远交通又不很便利的地方，平日又忙于各自的工作，除了本院的情形时时接触以外，对于其他各院的一切详细情形，不免也有不甚明了的地方，这个校刊出版以后，各方面的情形便可随时互相传达了。

这个校刊，现在还是一种周刊，我们希望在很短时期内，依于材料的充实，能够改为三日刊。将来要发表的材料愈多了，或许改为日刊也说不定。

在这个校刊里面，我们只是一些片段零星的记载，恐怕不会有什么鸿篇大著，也不想拿什么理想上的计划，作纸面上的宣传。本来，浙江大学怀抱的一点希望，就是不尚虚华，不装门面，切切实实地一步一步地做去，替中国的大学教育多立下一个实在的基础。我们的校刊，自然也本着这种精神，只有一些朴实的记述了。

我们希望在这个校刊里面，能够看得出一点本大学内部的逐渐充实，一点一滴地在那里进步，使得外间同情于本大学愿意赞助本大学发展的，看了这一点一滴进步的方向，充分地加以助力；全校的教职员和学生，都本着这个一点一滴进步的方向，共同朝着这个方向努力；使得本大学怀抱的一点希望，能够逐渐实现。那便是中国教育之幸，也便是我们发行这个校刊的本意了。

发刊词（《国立浙江大学日刊》）

竺可桢[①]

民国十九年二月二十二日，本刊的前身，校刊（周刊）第

[①] 竺可桢（1890—1974），字藕舫，浙江绍兴东关镇（今属上虞区）人。1909年，考入唐山路矿学堂学习土木工程。1910年，竺可桢公费留美学习，1918年获得哈佛大学博士学位。1936年4月—1949年5月任浙江大学校长。

一期发刊的时候，蒋前校长梦麟在发刊词里曾经说到："这个校刊，现在还是一种周刊，我们希望在很短时期内，依于材料的充实，能够改为三日刊。将来要发表的材料愈多了，或许改为日刊，也说不定。"六年后的今日，我们不曾经过三日刊阶段，而越

级似的改为日刊了。本校发表的材料，虽然比起六年前来要充实，但相差也并不多。我们每日只出版一张，出版次数虽增，而篇幅是比较以前的周刊是减少了。我们为什么要越级似的出版日刊呢？这最大的原因：是因为本刊的内含，一部分属通告校闻，一周首尾的时间距离，似乎太远了，明日黄花之感，讵所能免？复次，本校三学院分在两处，全体师生，接触机缘较少，周刊固可通其声气，但比起日刊来，究有不逮。因之，为缩短时空的距离，而增益其效用起见，我们便改周刊为日刊了。

诚如蒋前校长在发刊词中所说的："我们希望在这个校刊里面，能够看得出一点本大学内部的逐渐充实，一点一滴地在那里进步，使得外间同情于本大学愿意赞助本大学发展的，看了这一点一滴进步的方向，充分地加以助力；全校的教职员和学生，都本着这一点一滴进步的方向，共同朝着这个方向努

力；使得本大学怀抱的一点希望，能够逐渐实现。那便是中国教育之幸，也便是我们发刊这个校刊的本意了。"日刊仍本此旨，为朴实地表曝本大学的希望，和其逐渐之已实现者，更凭此一点一滴的进步，使校外人士，愈增其同情与赞助，校内的教职员学生，更日求本大学内部的充实与孟晋，斯不仅本校之麻，抑亦本刊之幸。

本刊出版次数既然增多，一周篇幅的总计，自然较前此增广不少，除掉一部分属通告校闻外，另一部分则供为教职员学生发表生活记录研究心得的园地，我们希望在这里面，也能同赴于上述的意义，桴鼓相应，而得到很圆满的结果。

复刊弁言（《国立浙江大学校刊》）

竺可桢①

国立浙江大学校刊，创始于民国十九年二月，原系周刊。二十五年五月，余来长本校，以周刊篇幅有限，于九月起改为日刊，凡皆以宣达校闻，通内外之声气也。去年十一月，本校迁建德，为灵通时事消息之需要，乃汇每日所得之要讯，印为浙大日报，而重要校闻，间或附丽其后，原有日刊遂告中缀至是。今岁在泰和学期，循行无改。惟日报性质迥异，学校行政与教学上进行消息，每苦无从充分公布。以致对内对外，俱有不能互通声气之缺憾。

今秋本校迁来宜山，校务继续推进。鉴于国内各界，多有欲明本校情形而无由；而对全校师生，亦不能无传达校务之刊物。爰决定十二月起，重复编行校刊，预定每周发刊一次，

---

① 竺可桢（1890—1974），字藕舫，浙江绍兴东关镇（今属上虞区）人。1909年，考入唐山路矿学堂学习土木工程。1910年，竺可桢公费留美学习，1918年获得哈佛大学博士学位。1936年4月—1949年5月任浙江大学校长。

其体例大抵多仍前轨；主要为记载本校各部分之进行消息，间亦酌布重要文件与讲稿。榷言其旨：一则使学生于校情更多明了，且以增进师生间之沟通；二则俾教职员详悉各部分校务，借为观摩合作之一助；三则期散处之毕业校友得时闻母校消息，且还以其现状借本刊以告诸同学；四则国内各大学多有校刊，本校亦以此为与各大学学术机关互通消息之资；五则本校以时局关系而西迁，仍得因此刊传达校况于浙江；在桂为时不久，复需向广西各界以文字代口舌之宣导；而扩而言之，实亦向全国各界作忠实与继续之报告，而进求其匡导焉。

方今敌氛犹张，国步多棘，国家犹以巨费维持若干大学；凡大学之师生，安得不及时倍自奋励？吾人于此，尤愿假斯刊之恢复，益发挥全校共力合作与爱校报国之精神，期使本校日见精进，对国家为多量之贡献。幸我同事同学，对此刊共予爱护，时惠材料，助其充实。则本刊所以惕厉策进之效，固犹有过于对内联络对外宣导之使命也。

发刊词（复员杭州后的《国立浙江大学校刊》）
郑宗海[1]

复员伊始，百废待兴，烽火虽高，弦歌犹继，树人之计百年，庇士之椽千数。辟画经营，端资群力；匡济艰难，尤须合作。唯兹校刊，凭尔流传。消息动静，得以览观，广益集思，兼为策应。当兹春回湖上，春意方融，而本刊适于此时重与世人相见，虽篇幅殊短，而寄望殊多，爰缀数言，聊资发轫。

---

[1] 郑宗海（1892—1979），字晓沧，浙江海宁人。美国威斯康星大学教育学学士和哥伦比亚大学师范学院教育学硕士。长期在国立浙江大学任教，曾任教育系主任、教务长、师范学院院长、龙泉分校主任、研究生院院长、代理校长。

复刊弁言（《国立浙江大学日刊》）

本刊编者

本刊于前二十五年九月一日创刊。抗战事起，本校流徙内地，颠沛流离之次，本刊时遭停顿，或改每周印行，旨在保存本校史料，视为校闻，不免有明日黄花之感，但本校在抗战中成长起来，八年历时更不可谓为不长，其中艰难困苦与夫奋斗成功的经过，要亦赖以纪录保存，为今后撰述校史之所取资。

本刊初创意在沟通当时三院（文理、工、农）间的消息，和表彰本校师生研究的学术成绩。二十年之后的今日，本校的院系增加，师生人数的众多，视谓当日已不啻倍蓰，其间消息需待传导，研究之业需待发布，以相观摩者，视诸当日更形迫切万分，本刊因无顾筹备时间的匆促和好多条件的困难，即日复刊。

在本刊发刊辞中，编者曾重调校刊的本意，为模实地表曝本大学的希望，和其逐渐之已实现的，更凭此一点一滴的进步，使校外人士愈增其同情和赞助，校内的教职员同学，更日求本大学内部的充实和孟晋。于今，校内外的关系视前更为深切和互为影响，可是本校自有学术的使命和立场，不容其荒忽，向应有所卓尔自树。我们置身其中，自应时时以爱护和发扬光大为念。两年前本校在遵义时所举行的改历后之第一届校庆纪念节（原为八月一日自该年起改为四月一日），同人曾热烈地表示要竺校长再领导同人十年，进一步地使浙大在国际内奠定其学术的地位。复员两年以来，另有一番忧患，但身为学人的我辈，不容以环境艰楚而遽损初志，益应以心忧天下为奋志学养。赡言今后，本刊方应执笔以事凡百生活表现研究心得的记录，其间成败利钝，小则个人，大则一校，竭在我同仁同学们好自为之。百年一瞬，身与俱逝，然纪录常新，本校永存，惟相期以"求是"精神，述今后业绩期于不朽而已。

《国立浙江大学浙东分校周刊》
《国立浙江大学龙泉分校校刊》

《浙东分校周刊》创刊于1939年11月6日，采用油印方式，每期多为两张，以刊载分校消息为主。创刊号载有陈训慈主任撰写的弁言，分校第一次校务会议记录，第四次纪念周纪事，第一、二、三次纪念周补志，第一次"国民月会"，以及图书仪器到达镇海、军训开始、分校热烈纪念国庆、捐募寒衣运动等消息。之后各期头条一般为纪

念周的讲演和学术讲演记录。学校各类活动的报道也是该刊的主要内容，如会议、教务教学工作、运动赛事、学生自治会工作等等。在校闻简报中亦载有各种规章布告、统计资料（如学生人数）等。《浙东分校周刊》于1940年春停刊。

浙东分校后更名为龙泉分校。1941年1月1日开始发行《国立浙江大学龙泉分校校刊》，该刊由国立浙江大学龙泉分校刊物委员会编辑。第一期载有分校郑宗海主任撰写的前引。该刊设有讲坛、会议记录。校闻、诗、总校近讯、学校生活、作品选载、校友消息等栏目。出版总期数和终刊日期不详。

前　引
郑宗海①

本刊之所由刊发，有与它校校刊同者，有与它校校刊异者，兹分别陈之。

试分析校刊之功用，当为：（一）校内消息之传递，（二）对于学生家属及关心校务者校闻之报道，（三）校史之记录，（四）师生短篇文字之发表，（五）学生对于新闻编辑事业之认识或练习。凡此种种，殆为各校刊之所从同。特本校刊之发生，除上述数端外，更有为以上所未能包举者。

溯自芦沟衅起，歇浦灰飞，北自平津，南逮江浙，各大学莫不率其子弟，迁其重器，迤逦以入于川陕滇黔之大后方，期有以保全国家之元气，而为抗建久远之图维。自廿七年秋季以后，粤汉路以东，舍仍留孤岛之交大暨大外，其余公立大学，

---

① 郑宗海（1892—1979），字晓沧，浙江海宁人。美国威斯康星大学教育学学士和哥伦比亚大学师范学院教育学硕士。长期在国立浙江大学任教，曾任教育系主任、教务长、师范学院院长、龙泉分校主任、研究生院院长、代理校长。

不过移入闽西之国立厦门大学一校而已。东南学子，其有不能负笈内地者，则皇皇焉维失学之是虑。浙大在杭州时，江浙学生居十之六七。浙大既西迁，同人回念故乡子弟求学之不便，教育部亦以东南子弟失学为深忧，爰于二十八年秋季，虽当经费竭蹶之际，犹自勉力建设分校于浙东。两年以来，所便利于浙苏皖赣闽各省子弟者已自不少，社会人士喁喁向望，对于其设备之情形，发展之途径，未尝不切切于怀。此尤不能不时加蒐辑，量为报告，以求正于乡党父老者也。

总校以寇氛侵逼，远移边器于千峰之外，转徙流离备历艰苦，牂牁夜郎，天涯地角，虽亦有校刊之编印，而云程杳渺，雁使常稽。本刊对于总校之消息，亦拟酌择要闻，以时发表，而慰乡邦人士之悬系。

又总校自西迁后，毕业生之仍留东南各地，参加各种社会工作者，有如赤子之失其慈母，眷慕瞻依，每怀靡及，又未尝不时时祝其康宁贞吉，愿与国运同其亨泰。对于母校之状况，系思至切，既不能亲承色笑，则已视分校为母校，总校分校，谊固一体也。慈母见子女想念之殷，又岂能忽然置之，漠然视之，而不一动于心。本刊既期有以聊慰各毕业生之赡系，并拟设校友通讯一栏。凡关于校友会之活动及校友之重要消息，亦当酌量甄录，庶悬传布，相与慰藉，益励精诚。

以上三点，殆为本校刊所特具，故不惮烦缕而敷陈之如此。

更有言者，浙大龙泉分校之成立，于兹一年有半矣。前陈教授训慈主任校务时，亦尝有油印周刊之编纂。今春中辍，盖已半载有余。兹同人中有感编印校刊之必要者，询谋佥同，爰亟从事，而龙泉近已有铅印之便利，估价亦尚合预算，因改排印，以期醒目。特编者于课暇事此，罣漏差失，宁能尽免，爱护本校诸君子时加督教，本刊之幸，亦浙大龙泉分校之幸也。

《国立浙江大学四川同学会会刊》

该刊由国立浙江大学四川同学会刊印，其创刊号于1936年2月出版。创刊号除卷头语外，载有学术文章《周转齿轮》（文佑查）、《大豆育种》（徐守愚）、《概述结构原理进展的历史过程》（贺季恭）、《果树之休眠时期》（郭益进）、《河渠流速之计算公式》（许志修）、《致死因子》（赵德本）、《国际战争中的四川重要性》（陈公矩）。另有一些记叙文和评论，记叙文有：《赴巩县兵工厂实习之片断》《洛阳游记》《毕业以后》《离川前后》《纪念一个死去的朋友》；评论有《闲话爱国》《学生往何处去》等。文学作品有迹默子写的《温柔的穿过我的心灵》、诗歌《秋日的黄昏》等和浙大729（笔名）写的两首诗《离别》《憔悴》。刊末载有会务报告，"会员生活"一栏分别记述了文理学院、工学院和农学院会员的生活情形。该会刊后续出版期数未详。

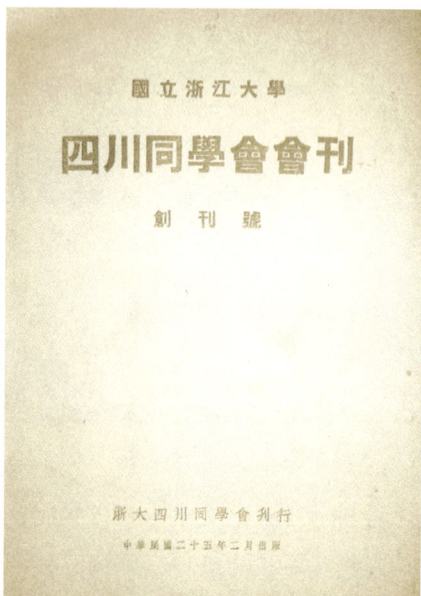

卷头语

本刊编者

浙大为吾国新兴大学之一，其创基虽远在民国纪元前十五年成立求是书院时，而其成为正式之大学，实肇始于民国十六年，中间复经历届主事者之艰苦奋斗，与同学自身之努力，故不数年间，即已誉满全国，蔚为我国最高学府之一，是以吾川莘莘学子负笈而来此就学者，亦年有增加，迄至近年，已达数十人之多。惟吾川籍同学，对"诚朴勤学"为学生天职之旨，虽已拳拳服膺，然均感各同乡彼此间尚乏切实之联络，感情既未能融洽，学术亦无由切磋，至于服务乡邦，当更无论矣。故联络会友，乃本会当前之图，惟会员散布各地，非空言所可济事，必须有相当机构以为之媒介。本刊创始，即负有此区区之职责也。

慨自九一八事变以还，东北四省，既早沦于异族，而最近华北局势，亦复有岌岌不可终日之势，国势日亟，国土日蹙，眼见大好河山，将断送于外人之手。吾蜀位处西南之要冲，出产丰饶，人口众多，识者均认其为复兴民族根基之计划，是则吾川所处地位之重要，当可想而知。然吾蜀虽号称天府之国，自鼎革以还，迄无宁岁，战乱频年，盗匪四起，百业凋废，民不聊生，欲其负复兴中华民族之重任，则川局之必须改善，自勿待言，但川局积恶，已非朝夕，欲川局之改善，端赖川中青年之奋起，值兹中央锐意经营川事之时，吾等忝为川中青年，更忝为知识分子，于乡于国，本鄙夫有责之义，敢不竭尽绵薄，略贡刍荛，以促川局之改进，故本刊创始，实又有以此目的自勉也。

《浙大学生》（1936）

该刊由国立浙江大学学生自治会出版股编辑发行。该刊虽初定为周刊，实际上仅发行创刊号一期（1936年1月15日出版）。

"发刊献诗"和"我们的话"中表示，《浙大学生》是学生自创的刊物，"我们是学生。我们得站在学生的立场上说话"，刊物"不登公文布告，不登校规简章，不登气象报告，不登图书目

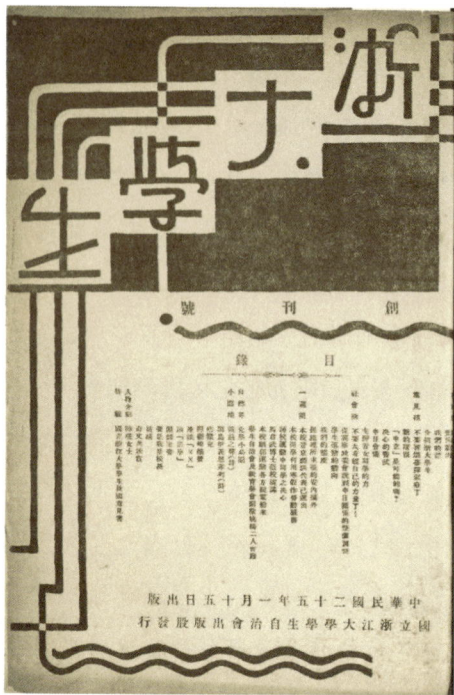

"录"。在《介绍〈浙大学生〉》一文里对刊物所设的意见箱、社会圈、一周间、自然界、小园地、人物介绍和特载等栏目一一加以介绍。

"意见箱"栏里的文章有《不要被烟蒂弹蒙蔽了》《新的阶段》《"中立"是可能的吗?》《决心的尝试》《中日会议》和《支配着女同学的力》;"社会圈"栏收录《不要太看轻自己的力量了!》《从冀察政委会说到中日关系的整个调整》《学生运动的动向》《我们的态度》《孙总理所主张的安内攘外》等五篇。"一周间"栏中报道的校内新闻有:《本校晋京听训代表已选出》《本校同学利用寒假作劳动服务》《离校运动中同学之决心》《马君武博士莅校演讲》《本校驱郭运动各方援电纷来》《学生自治会及教育学会开除姚杨二人会籍》等。"自然界"栏登载了一篇科学短文《化学小公园》。"小园地"收录《战鼓之声》《湖岛伊义恩》(诗)和《吃浆儿》等文学作品。"人物介绍"栏目介绍的是陆璀女士。"特载"中刊登了《国立浙江大学学生救国意见书》。

写在前面

一棵小草是从泥土里钻出她的头来了!

这不是温柔的春天,没有软和的阳光,没有醉人的微风。

现在是冬天，满天风霜跟白雪的冬天，你可以看到的是冰结着的溪流，枯萎了的树枝，呆缩着的鸟雀，一棵小草能在这样的景况中钻出头来，你可以相信，确不是棵寻常的小草。

新近从一本书上看到这样一句话："伟大是从忍耐中来的！"是的，忍耐是造成伟大的因素。

王孙公子是永远只配托着鸟笼，缩着头，在街头闲荡的！

黄莺儿是永远只配在柔弱的柳枝上转溜一二支嫩脆的歌调的！

哈巴狗是永远只配在主人的脚下轻吠几声的！

只有豪俊的英杰才能担得起翻天覆地的担子。

只有扑天的鹰鸷才能在无沿际的海天中翱翔。

只有雄猛的虎豹才能在深邃的丛林中高啸。

这棵在风雪中钻出头来的小草，我希望她，我预祝她也是一棵不寻常的小草。

但小草的滋长，一面当然靠她天然的禀赋，园丁们的扶植和培养也是不可少的。

"千里马有千里马的食量。"我希望扶植这棵小草的园丁们，记住这句，能供献出全副精神，使这棵不寻常的小草发挥出她不寻常的力量！

发刊献诗
金 全

谁再能安心在实验室里工作？
谁再能安心在图书馆里呕吟？
危急的大局待谁拯救？不要忘了！
我们是开山辟路的中国青年学生！
看哪！河山变色，国土沉沦！

看哪！敌军耀武，胡马纵横！

谁许魅魑蹂躏遍华夏神州？！

起来，我们是赤诚的青年学生！

听哪！父兄呼唤，同胞呻吟！

听哪！汉奸狞笑，暴敌欢声！

谁不是堂堂的血性人儿？

起来！我们是勇敢的青年学生！

我们以血泪督促政府抗敌救亡！

我们以血泪唤醒民众急起图存！

此地所写的包含校内外的种种。

著作的是我们全体的浙大学生。

因为幼稚——我们不需要名流学者的讴歌。

因为憨直——我们不惧怕大人先生的憎恨。

我们要纯洁地为爱国护校而大声疾呼！

愿热烈地至诚地贡献给各阶级的人们！

谁再能安心在实验室里工作？

谁再能安心在图书馆里呕吟？

危急的大局待谁拯救？不要忘了！

我们是开山辟路的中国青年学生！

《浙大学生》（1937）

　　该刊由国立浙江大学学生自治会编辑发行，初定半月刊。在杭州出版的四期由二六印社印刷，总经售为浙大经售点，国内各大书局分售，东南图书公司和现代书店为本埠代售店。此刊与一年多前发行的同名刊物有别，属于新创的学生刊物。

　　创刊号于1937年5月1日出版，由竺可桢校长题写刊名，他还和三院院长及教务长分别为该刊撰写了惠辞。创刊号中未专设栏目，所载文章内容多样，既有学术性较强的论述（如《农业保险概要》《中国耕地重划之研究》），也有通俗性的科学文字（《战争与维生素》等），有记事文（《宣传募捐一日记》等），也有杂文（如《关于大机四》），另收有诗3首。第二期（5月16日出版）的形式编排和内容有所改变，专设了短评、书报评介和小说三个栏目，学术性文章减为1篇。"短评"栏中刊载了4篇短小精悍的评论：《从今年的北平"五四"事件说起》《救亡的怒吼》《海河里的牺牲者》《宣传王道》。第三、四期合刊为浙大介绍专号，共62页，定价大洋六分，封面由周有园设计。该专号用生动活泼的文字对校内16个系一一作了介绍，另外对学校的衣食住行以及开展体育活动等也有专文加以说明。刊内刊载了竺校长1936年4月25日第一次对学生训话记录，题为"竺校长的办学方针"。

该刊后因学校辗转迁移改以"战时特刊"名义印行，为旬刊，1937年10月21日出版了第一期。该期内容有十日战况1篇、短评3

则、张其昀先生的《大时代之大学生》、鲁迅先生周年祭3篇和小说及通讯各1篇。"战时特刊"出版第四期后因印刷困难等原因，停刊多时。

1941年6月，《浙大学生》在遵义复刊，由国立浙江大学浙大学生编辑委员会编印。复刊首期为浙大介绍专号，共51页。内容包括复刊辞、院系概况22篇、生活素描7篇、本校概况简述11则、学生自治会会务简报和本校招生近讯。第二期为校史专号，于1941年9月出版，共38页。内容有竺可桢的《大学教育之主要方针》和《王阳明和大学生的典范》、张其昀的《求是精神》和《南宋杭州之国立大学》、孙祥治的《浙大历史的回顾》和《抗战以来的国立浙江大学》、马浮的《思想行为与言论》和《浙江大学校歌（附说明）》、郭斌龢的《浙江大学校歌释义》、李熙谋的《旧教育与新教育》、郑宗海的《知识的伟力》。后续出版情况未详。

创刊辞

本刊编者

大凡刊物的发行，照例总有几句话，载在卷首，而命其名曰"创刊辞"，本刊发行之初，当然也少不得讲上几句。

学生会开会，若有人提议出版刊物，如经费上若有任何困难，照例似乎可以绝对多数通过，以后也是照例的文章，照例交出版股之类斟酌办理，照例出大布告征稿，照例请编辑委员，特约撰稿员，照例起劲认真，出版后照例每同学分送一册，翻出一看，内开学术论著、研究报告、调查统计、文艺诗歌、巨建小筑，式式齐备，剪绣裁锦，美不胜收，自然是好的。编辑确也卖力的，钱也花的，同学人手一册，大家也都赞成的，登有文章的同学，私私地翻开自己文章过目一遍，随后就好好地插在书架上；没有自己文章的同学，看一看封面版式，往书案上一摔，这便是以往许多学生刊物的全部生命史。我们的《浙大学生》也就这样照例受孕而诞生了。

学生自然是学生，应该读书的，应该少管闲事的，应该学术而论著的，应该研究而报告的……谁也不能说是错，浙大学生也当然以此为其任务之一，可是显然地，若仅仅如是而已，这就成了一个悲剧，不是刊物的悲剧，而是学生的悲剧。

许多人都说，学生是智识分子，尤其大学生是社会将来的领袖；又说，大学教育负有教育社会的使命，于此可见学生并不是绝缘体，而是与社会有着相当关系的，这便是说学生也相当地负有社会任务，学生刊物便是肩负此种任务的最好的工作，所以我们主张学生刊物要通俗化一点，也就是说学生刊物不应该是学生自己的刊物，更应该推行到社会上去，社会人士应该是学生刊物的基本读者，学生是纯洁的，甚至也可赔本，以最低的售价，卖给他们，谁说不是应该的事呢？其次的读者是他校学生，再其次的读者才是自己的同学。

这里已解决了"为谁写？""为什么写？"等写作问题了。明白地说，学生刊物的执笔者不是为出风头写出来给你同学师长看，而是为社会一般人看，使他们以最少的代价换到精选有益的食物，所以学生刊物的内容要雅俗共赏，以通俗浅显的文笔来介绍时代的知识，报告学术动态，以轻松活泼的笔调，写出学生的意见生活。学生又比较有机会看新书或原文书，故可多刊书报评介；读书札记亦很好，把你费了精力换来的心得，公开与人交换，这是最经济的事，更可多载地方特写。学生大多是从内地出来的，交通尚未很发达的目前，内地情形的报告，为什么学生不担负起来呢？这些都是学生的责任，所以学生刊物的稿费，要酌量轻一点，以减少售价，使一般人易于购买，这样学生刊物便易深入民间，这是学生刊物此后应有的新动向，否则学生刊物除了徒费财力，一无结果，我们的《浙大学生》，便尽力尝试看作这动向的先驱者。

两周来匆匆的筹备，《浙大学生》总算是呱呱地降生了，自然，先天的不足和看护的不周，使婴儿未能很健全，我们谨为这小生命向诸位先生同学请命，给他充分的培养，热诚的爱护，使他能一天比一天活泼可爱，长成一个纯洁勇敢有为的青年！

惠辞 一
竺可桢①

两浙学术之盛，弁冕史册，昔贤著作。著于简编者，无虑数千百人。自永嘉金华以逮浙东学派，殆无不辟空言，重实学，躬行实践，以求经世致用，章实斋所谓专家之学是也。近世科学日新，人重事功，诚无所用于章句之儒。而我国科学不昌，百业凋落，机械水电之利，固未能周，即以农本之国，谷米民食，岁且仰给外洋，漏卮莫塞，国力亦坐是不竞，是则古人讲求实学之风，堕弃已久，人趋荣利，士竞虚名，有以致之，浙大居先贤藏修游息之邦，流风未泯，必有能感奋兴起，继武前修者，吾于浙大诸君，期望固甚奢也。

今诸君方有《浙大学生》之纂辑，课余执笔，或无当于经世致用之大，然登高自卑，行远自迩，悬之鹄的，黾勉以赴，居诸积累，远大可期，此其一。研求科学，非闭门咕哗枯坐冥索之事。少有创获，不敢自信，则贡其所知，质之师友，以收琢磨切磋之功，非言表襮，在求友声，此其二。潜修劬学，风气为先，有此一编，日相激励，风声所树，遐迩景从，

---

① 竺可桢（1890—1974），字藕舫，浙江绍兴东关镇（今属上虞区）人。1909年，考入唐山路矿学堂学习土木工程。1910年，竺可桢公费留美学习，1918年获得哈佛大学博士学位。1936年4月—1949年5月任浙江大学校长。

此其三。所望诸君群策群力，持之以恒，又必审慎决择，所探讨学术为归，则始基既立，来轸方遒，发扬光大，其庶几乎。（1937年4月26日）

惠辞二
胡刚复[①]

青年人往往富于写作和发表欲，这自然不是一件很坏的事情。因为人类是生存在一个复杂的集体中——社会，从生活的体验上，从事物的观察中，常希望传达一己的理想、经历、情感，让别人知道，而表现于文字。这是人类社会相互联系上的一种需要，互相交换、切磋、共谋，这个社会各方面的发展，有时也源于一种情感上的压迫，想把自己所感受的欢愉欣悦，或者深浓郁抑的情感发泄出来，所谓"情动于中，不能自已"是的。青年因为急于进取，富于想象，比较敏感，自然更喜于写作和发表了。

近来刊物多如过江之鲫，这中间有很多就是本年所主办的，尤其是学校中的刊物，这固原于目前中国社会多方面的黑暗、落后，于是敏感的青年更易于感受压迫，希望改进，冲破这层层的迷障。但是，无可讳言地，这中间有很多流入非常空虚，或在无病呻吟，有时仅为了爱出风头而舞笔弄文，有时更无的放矢，任意批评、讥讽、谩骂。浪费时间，徒耗笔墨，更引起无谓的纠纷，这却太可惜了！《浙大学生》是浙大全体同学所共有的刊物，是集体的而不是个人的，自然不希望有上述

---

① 胡刚复（1892—1966），原名文生，又名光复，江苏桃源（今泗阳县）人。中学毕业后，曾参加无锡理化研究会并入上海震旦大学预科学习。1909年赴美留学，先后获哈佛大学理学学士、硕士，哲学博士学位。1936年5月起历任浙江大学文理学院院长、理学院院长。

的流弊发生，在全体的刊益上，相互切磋、发现、质疑，共谋这个团体的发展，同时借此机会，表白我们自己，在学识上生活上，使浙大以外的人，能够了解我们，接收别人的批评，检讨自己的错误。创设这个刊物——《浙大学生》，倒也不是不必要的。

我不善于作文，承编者的盛意，要我在创刊号上写几句话，虽然有点力不从心，但借此机会，和大家随便谈谈，略抒管见，想亦为大家所乐闻吧？写文章的基本问题，就是写什么和怎样写。对于"怎样写"，这关系于作文的法度、技术等方面的，在我完全是门外汉，自然没有什么意见。我这里想要说的，却是"写什么"的问题。写什么？倒不仅是抓到什么就写，却要什么是可以写，值得写的，然后再拿它来做材料，拣精去渣，组织成文。值得写的东西，自然很多，并且"仁者见仁，智者见智"，所见各有不同，我不过略就管见，仅献一二而已：

（1）生活的尊崇和充实。有许多人常觉得尘世劳苦，每想出世，缺乏生活的勇气。没有知道人生的真价和意义，是存在于生活的不断进取和努力中，没有苦痛和困难的代价，就无从获得快乐和光明的享受，你要对生活有尊崇，才会了解生是可贵的，伟大的！一面你也要充实自己的生活，有坚强的志愿，有能忍能为的定力，你才会不致因环境的困难而感到悲观，因物质的引诱而就会坠落。一切痛苦和困难都是相对的，对生活有兴趣（尊崇）、有力量（充实）的人，那痛苦和困难，就不觉得它是痛苦和困难了。

（2）真理的探求。我们生活着，如何能适应社会，使自己生活圆满，使他人生活圆满，充分的真知是每个人所必需的。深澈的观察，实地的体验，有系统的研究，坚忍的毅力，固无论在科学上、文学上都是如此。并且不仅是读死书，从书本上剥得些死的知识，尤其要能读活书和活读书，互相质疑，辨难，共谋知识上的发展。

（3）美的欣赏。在人类生活中需要美，这将使生活有生气，成为活泼而发扬的，整齐而有条理的，热情而愉快的，对生活抱着无穷的兴趣，确信它的将来。"美"这个字，似乎只是事物属性的一种表现，及映在人类的意识中，是客观的而不是主观的，但也却不尽然，事物的本身固然需要具备美的条件，但欣赏者也要能欣赏，具备审美的修养，在知识上，在经验上。一个能欣赏美的人，不仅可以看到自然的美——红花绿叶，名山大川，以为它们是美的；同样地在人生社会现象上，道德的意识中，他也将同样看到美，一种人类真实的，光明的美！

（4）性情气度的修养。假如前面的第二第三两点简单说是"真"和"美"的话，这里所要说的就是"善"了。性的善和恶的问题，是很久以来就争论着的，孟子以为性善，荀子以为性恶，告子以为性无善无恶。其实性可善也可以恶的，没有一个人生长出来，就能断定他一生是善是恶，"近朱者赤，近墨者黑"，你要向善，就是善，要向恶，就是恶，问题在一己的修养和训练！如果一个人能够有忠恕的性情，浑厚沉着的气度，健全耐劳的体魄，这也可以说是"善"的了！

上面所说的，自然是不够，不过略示端倪，如果《浙大学生》文章的取舍，能够着眼在这几点，那么《浙大学生》的内容总不致流入前面所说的非常空虚、无病呻吟、随意批评了吧？文章的形式，因为《浙大学生》是同学们课余的刊物，自然宜于轻松的、有趣的，在增加知识中更可以恢复身心的疲劳，不宜于枯燥、干涩。譬如座谈会的讨论及辩证的记录了，名人学者的传记了，滑稽有趣的小品文字了，倾吐情愫的抒情文字了，互通消息质疑问题的通讯或讨论了，介绍有价值的文章书报的批评介绍了，等等。但是，议论要精辟，诚恳；滑稽要风趣，蕴蓄；抒情要真挚，愉快。不要带着傲慢的，固执的，轻薄的，讥嘲的，谩骂的，颓唐的态度；或者啰啰嗦嗦，不着边际地说上许多空话，浪费时间，徒耗纸墨，文章尤在精而不在多。

最后，在我结束我这篇文章以前，再说点关于浙大同学本身所共有的优点和缺点，以检讨过去，纠正将来，这对于《浙大学生》这个刊物是浙大同学所主办的这个特点，倒也是不无意义的。我认为浙大同学朴素可风的精神，勤奋求知的态度，忠厚规矩的品格，都是极可称佩赞许的，这并不是夸张或谄谀，却是每个知道浙大的人所共认的。但是，我们也不能忽略了浙大同学正同样的有若干缺点：缺乏活泼发扬的精神，身心健全的体格，重是非而轻利害的态度，同学间同情互助的团体美德，这也都是无可否认的。"文以载道"，希望身体力行而后现之于文，在几期以后的《浙大学生》上看出大家的进步来，我希望！（1937年4月26日）

惠辞三

李熙谋[1]

吾浙大创立迄今，虽不敢谓具若何悠久历史，亦有十数年之经过。回顾十余年间：各学院同学，均各谋其是，各为其政，对于学术等研究，虽有若干种刊物，然徒无整个联络与探讨，几有偏于一隅，成畸形发展之现象。盖自农学院迁址华家池后，全校同学，渐形合作，至于今日，《浙大学生》创刊号

---

[1] 李熙谋（1896—1975），字振吾，浙江嘉善西塘镇人。美国麻省理工学院电机工程硕士、哈佛大学哲学博士。1927年国立第三中山大学成立后，出任工学院首任院长。1938—1942年再度应邀担任国立浙江大学工学院院长。

始脱颖而出，如异军突起，关于学术文艺生活等等，集中同学整个智力，作共同之研讨，其俾益于个人，推而至于学校前途，何可胜言。我国之积弱，患在全民不能团结，此固吾人所共知，学校又何独不然，故余于浙大创刊号之付梓，非独庆全体同学有联络感情研讨学术之成功，亦且望本其团结一贯之精神，发扬光大，进而至于社会国家，其将来使命之重大，为何如耶！是为序。

惠辞 四
卢守耕①

立国于现代，欲昌明一国文化，必须看其本国独立不倚之世界学术地位，始能确定其基础。国家平时尊重学者，优其待遇，适其环境，使全国多数学者能不计功利，不校毁誉，埋头习苦，以从事于各科根本学理上之探讨，然后积以岁月，乃得集合众长，蔚成伟观，固非抄袭躐等雷同模拟所能不蹶而几也。

我国年来建设事业，日有进步，各项科学研究，因之亦感觉需要迫切，然无论何方面，须赖精邃科学方法，经过长时期之调查研究始能解决之问题，纷呈目前，不知凡几。以国内科学研究实验机关之缺乏，人才之稀少，故社会各方一遇当前问题，多属望于各大学作学理上深切之探讨，观近年公私各界，其期望大学合作指导之殷，要求之切，已可概见。大学责任之重，关系之大，于此亦可见一斑。惜国内各大学，处此非常时期，虽力救自效，仍为人才经济人事等种种关系，大半未能满足社会之深切期望，为可憾耳。

---

① 卢守耕（1896—1989），字亦秋，浙江慈溪天元镇润房村（今周巷镇芦城庙润房村）人。毕业于杭州中等农业学校、北京农业专门学校，美国康奈尔大学科学硕士、哲学博士。1936年夏—1939年任国立浙江大学农学院院长，1939—1945年任农艺系教授兼系主任。

　　本大学成立虽较晚，然已具良好之学风，有优美之环境，年来人才设备，更日见充实，学业程度，亦日形提高，近学生自治会为便师友间相互切磋，促进各学科学术上发展起见，有《浙大学生》之刊行，以诸同学日常课务之忙迫，而不忘撰述如此，是盖有感于一国文化上责任之重大，与精湛刊物在我国之不易得，期以平时学习研究所得，出而求国人之指正，其能发扬光大，辅助本校进展，可预卜也。予感于我国文化之落后，与吾校职责之重，于斯刊之成，表示欣慰兼述个人之所感焉。（1937年4月）

惠辞 五

郑宗海①

　　昔人有云："言为心声。"故心广大则言宽和，心通达则言流畅。抑自近代心理学观之，出语之美善与否，亦足以影响吾人之品格。故语言清净，则心思易归纯一，语言杂糅，则心思益趋散漫，要之语言与意识，二者相为表里，而又互为因果者也。

　　詹姆斯之论习惯，有曰："天堂地狱，惟人自造。"人欲达意，不能无言。言既出而不可追，故出言不可不慎。今有人也，任意发言，久而习焉，安之，而不知变焉，则比如自造地狱，居其中而不知自振拔，亦可哀之甚者已。

　　固文字者，语言之有形质者也。以其必有所凭借与附丽，故不如口语之便捷，然又以其留有迹象，不似口语之飘忽，故可以覆按而易于修整，既足以供他人之覆按，则落笔时不可不慎之又慎，又以其较易修整，故错误与鲁莽，益觉其不可恕。

---

① 郑宗海（1892—1979），字晓沧，浙江海宁人。美国威斯康星大学教育学学士和哥伦比亚大学师范学院教育学硕士。长期在国立浙江大学任教，曾任教育系主任、教务长、师范学院院长、龙泉分校主任、研究生院院长、代理校长。

数千年来，不论中外，优良文字，每被视为学人之重要条件，殆以是故也。

自印刷之术日益进步，而世间文字之分量，亦见其陡增。报章杂志，目不暇接。凡无聊粗率之文字，亦不难凭假科学之力量而日驰千里。其结果则汗牛充栋者，求其言之有物，言之雅训者，倍感困难。披沙拣金，所得有几！青年学子，与接为构，目染既多，心与俱化，及其执笔，亦鲜矜慎，积而久之，遂成习惯，杂驳松弛影响一切，疵累叠出，名流不免，倘亦今日所宜注意而期有以变易者也。

桐城文派，盛极一时，至于今则鲜有以此相称者。然平心论之，其所举义法，要自不可泯复。其文渊懿淡泊，精纯而无杂滓，似足医今日文字上之大病。远如法兰西之文学说，数百年来所标举而提絜者，亦在文字之洁净。琢磨洗练，实为一切艺术所必用之功夫。即志不在于艺术者，亦不能废是，否则鲁莽粗鄙，固无以厌阅者，且常足贻后来之悔也。

学生之有刊物，亦以备发表意思之练习。既曰练习，对之宁可作奢望？兹承同学雅命，前于其创刊之时，略致数语，辞不获己，不贤识小，除"言之有物"为当然要件外，谨以"洗练精纯"为我同学文字上努力一标鹄。并愿与诸同学共勉之。

（1937年4月26日）

复刊第一期复刊辞
本刊编者

方今世变之烈，振古未有，一切皆在蜕故更新之中，大学学生，应于至理要道，有真知灼见，养成独立之精神，远大之怀抱。不笃旧以自封，不骛新而忘本。平理若衡，照物如镜。庶几从违取舍，咸得其宜，笃实光辉，树立风气。吾校以"求是"为校训，同学平时研讨，皆本斯旨。间有心得，发为撰述，以为观摩激励之资，则本刊是已。

至若我校同学团体动态，生活素描，作简单之报告，可以见抗战期中，青年学子之所以自处；而关怀国事，哀念民生，一切救亡图存之工作，亦并著于篇。本刊在杭州时，曾付印七期，后以学校迁徙流离，中稍停辍。今于复刊之始，聊书数语，以弁卷首云。（1941年4月）

《浙大青年》

该刊由浙大青年编辑委员会编辑出版，陆军步兵学校印刷所印，遵义青年书店总经售，全国各大书店分售。16开本，每期售价一元。内容以论著、文艺类为主。由竺可桢校长题写刊名。现存的第一卷第二期于1943年3月15日出版，共18页。刊有《人类遗传问题之检讨》（谈家桢）、《怎样改造我们的营养》（罗登义）、《谈乐观》（林子勋）、《力行与为公》（郑会持），以及文学作品《鹰》（长青）、《诗心》（叶显美）、《水仙》（翻译）等。

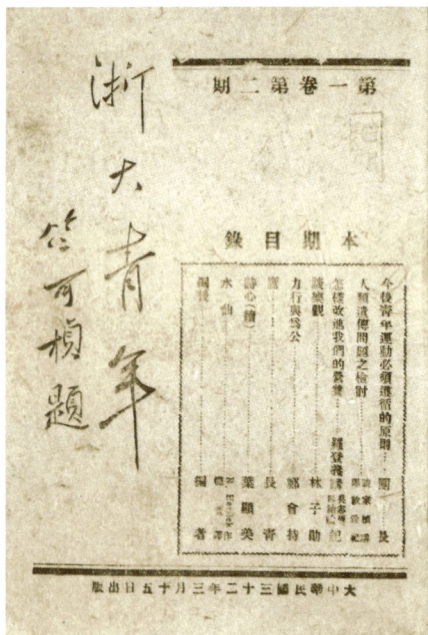

学术类期刊

《国立浙江大学季刊》（1932）

　　该刊由国立浙江大学季刊编辑委员会编印。仅出版第一卷第一期，1932年1月发行。收入的文章有：《科学对于儿童的赐予》（郑宗海）、《梅勿庵先生年谱》（钱宝琮）、《苟氏积分公式》（张方洁）、《浙江之棉业情形》（冯紫岗）、《浙江省奉化余姚水蜜桃调查》（冯紫岗）、《写真染法》（张元培）、《酿制绍酒失败之原因及其防制法》（周应璜）、《昆虫与人类》（吴福桢）、《园艺与民生》（吴耕民）、《柳永生卒考》（储皖峰）和孙逢吉翻译的《小麦之变异与相关性》《薄荷之种类性状及栽培制造法》。

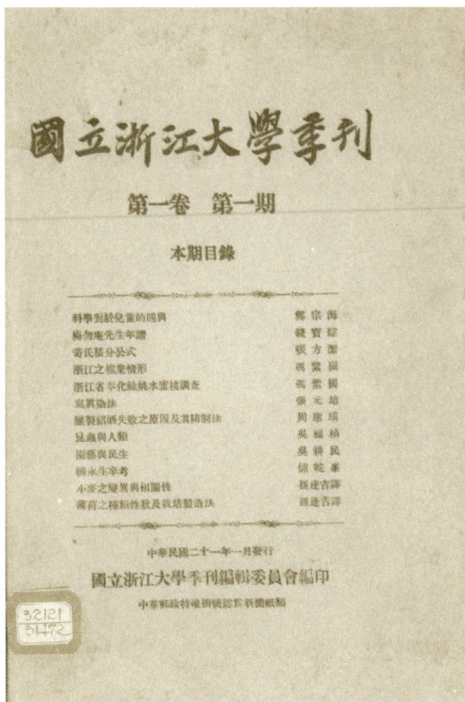

《国立浙江大学季刊》（1937）

　　该刊由国立浙江大学季刊编辑委员会编辑发行。该刊与1932年出版的同名刊物非同一期刊。其创刊号于1936年冬开始筹划，于1937年6月出版，共202页，定价五角。内容注重纯粹学术文字，以简赅明晰为原则。分论著、书评、本校专刊提要、校闻纪要四个栏目。

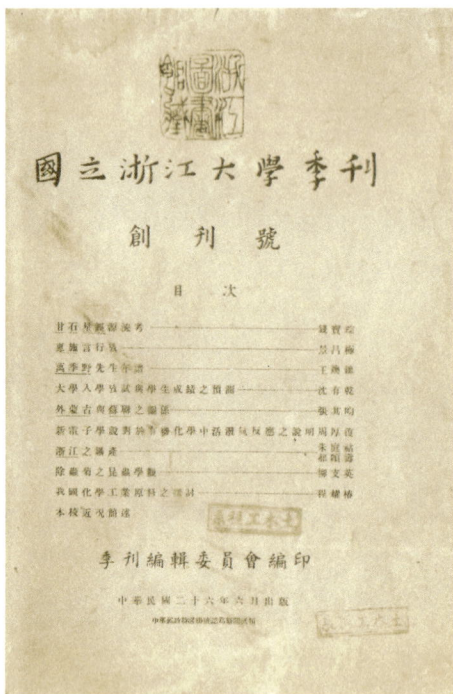

　　收录的文章有：《浙江之矿产》（朱庭祜、郝颐寿）、《甘石星经源流考》（钱宝琮）、《惠施言行考》（景昌极）、《大学入学考试与学生成绩之预测》（沈有乾）、《外蒙古与苏联之关系》（张其昀）、《新电子学说对于有机化学中活泼氢反应之说明》（周厚复）、《我国工业原料之检讨》（程耀椿），以及梁庆椿先生的书评、本校近况简述等。

　　由于学校西迁，该刊未再出版续刊。

《国立浙江大学科学报告》

　　该刊由国立浙江大学出版委员会编辑，浙江大学秘书处发行，初定为半年刊。该刊系浙大以英文编印之数理学科研究刊物，用于与国内外学术机关交换，曾被不列颠博物院图书馆收藏。主要刊载数理科学最新的研究成果，由于均为诸教授的专门研究，不但材料丰富，且多真知灼见。

第一卷第一期于1934年1月出版，全刊299页，共12篇文章（作者为钱宝琮、陈之霖、苏步青、束星北、郦堃厚、纪育沣、贝时璋、董聿茂、朱壬葆、王启汾）。第一卷第二期于同年7月出版，共400余页。内容有《水成泥之有机分析》（吴锦铨）、*Preparation of Uracil. A Modified Procedure*（纪育沣，陈运煌）、*A study on the Theory of the Series of Orthogonal Functions*（陈建功）、*Preparation of Tertiary Amyl Bromide. A Modified Procedure*（纪育沣，施继鸿）等文。

第二卷第一期于1936年1月出版，收有钱宝琮、陈建功、苏步青、蔡堡、蒋天鹤撰写的文章12篇，其中苏步青2篇、蒋天鹤独自撰写5篇，与蔡堡合写3篇。第二卷第二期稿在1936年3月集毕，后因抗战开始，曾预告延至1939年出版，但后因故仍未能问世。

《土木工程》

该刊由国立浙江大学土木工程学会编辑出版发行。16开，每期

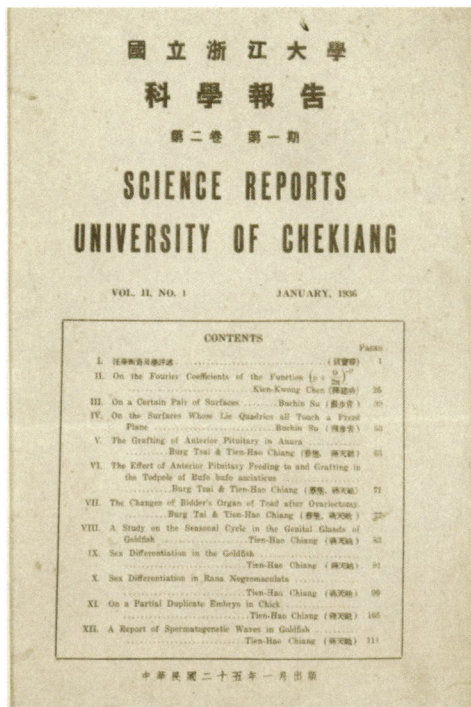

定价大洋二角。1930年3月创刊。该刊为专业技术刊物。主要发表有关土木工程方面的著作和译述，有部分用英文发表的文章，还报道土木工程学会会务消息。该刊刊名由张人杰先生（曾任浙江省政府主席、全国建设委员会主席）题写。

1930年3月—1935年3月先后出版3卷5期。第一卷第一期于1930年3月出版，共110页；1932年3月出版第二期，共103页；第二卷第一期于1934年3月出版，共188页，该卷第二期于同年6月出版，共110页；第三卷第一期于1935年3月出版，共259页。该期研究论文有《钱塘江桥工程大概》（罗英）、《今日中国之公路问题》（叶家俊）、《空气调节法之简易设备》（黄述善）、《灌溉事业与其他水利之关系》（周镇伦）、《江苏省建设厅疏浚镇武运河工赈情形》（屠达）、《黄河问题之普通认识》（邹元辉）、《单位曲线推测流量之简介法》（苏世俊）、《淮南灌溉事业之述略》（徐士棨）、《关于桥梁的一些问题》（郭仲常）、《偏心之铆钉结合》（孙还远）、*Reinforced Concrete Roof Trusses*（黄中）等。之后该刊并归至浙江大学《工程季刊》，卷期另起。

序 一

程振钧[1]

凡百建设事业，皆以土木工程为之先驱。工程之钜者，历数千年而不敝。如吾国之长城运河，欧美之苏伊士，巴拿马两运河等，皆彰彰在人耳目。最近如英法海底隧道工程，则正在计划进行之中；移山障海，虽谓世间无难事，殆无不可也。良以全世界土木工程，日益发达。一切艰难重要工作，皆由专门学者任之；而其研究设计，莫不赖有公开之学会，定期之杂志，以互相交换智识，由理论以施之实际。凡漫游文明国境者，莫不惊其工程之伟大；而不知此皆为专门学者研究之结晶物也。吾国建设伊始，土木工程人才之需要，尤为迫切。无论依总理建国方略，筑港，浚河，造路，开矿，蓄水，储电，一切重大实业，皆非人才莫举。即目前新都市之经营，已有尽材之叹。浙江大学工学院，规模美备，实为本省建设人才之外府。兹者土木科诸君，课余攻错，有刊物之组织；可见其在学问上，已有自动研究之兴趣。使理论实际互为表里，吾知本刊之发行，且将为工程界之良助，本省建设前途之福音矣。用志数言，以代馨祝。

---

[1] 程振钧（1886—1932），安徽婺源（今属江西）人。1912年赴英国格拉斯哥大学深造，专门攻读数学，1917年回国。1926年到杭工作，1927年担任浙江省建设厅厅长，并兼任省府秘书长、民政厅厅长。为1929年西湖博览会最主要的策划者和执行者。

序　二

李熙谋①

国家与民族的文化，约以二种标准，就能够测定程度的高下：第一种标准，就是国家与民族间的文字诗歌，风俗礼制与思想：若希腊的哲学，印度的佛教，中国的四书五经，百家之言，都可代表那时候各个民族的文化。第二种标准，就是国家与民族间的艺术与建筑物：如埃及的金字塔，罗马的古宫，都永远为历史家纪述颂扬，骚人游客，时时去凭吊瞻仰。吾中国的建筑品，在各民族中从古代到现在，也是极有价值底；若秦代的长城，隋朝的运河，到现在还是称为世界伟大的工程建筑物；就是夏禹治水，他的工程事业，虽没有详详细细记载下来，但是中国洪水的祸患，就能消除，已足以证明禹的治水工程的成功。夏禹后数千年的现在中国，年年受黄河淮水的灾害，日日说治河导淮，到现在尚未得到相当的效果，对夏禹应该是十分惭愧底。钱塘江海塘的工程，北平天坛的建筑，以及中国到处能看得到的画栋飞椽的寺观，参云齐天的古塔，哪一件不是兼有艺术，可传永久的建筑品，哪一件不是近代的所谓土木工程学术的表现。照这样讲起来，建筑工程乃是吾中国一种固有的学术，在中国文化上为极有价值的证据，吾中国民族因此也足以自豪。浙江大学工学院土木工程科同学，为在课余探讨学问起见，有土木工程学会的组织，并延请各名家讲演，以补充课业上的缺乏，历时已数月，近复汇集稿件，付之梨枣，定名为土木工程，他们孜孜好学之精神，确是可以敬佩的。工学院土木科的课程，大都以近代科学学课为根据，于古

---

① 李熙谋（1896—1975），字振吾，浙江嘉善西塘镇人。美国麻省理工学院电机工程硕士、哈佛大学哲学博士。1927年国立第三中山大学成立后，出任工学院首任院长。1938—1942年再度应邀担任国立浙江大学工学院院长。

代工程建筑未能列入日程，加以研究，确是一件可憾的事。但是真理是没有新旧底，科学学理既可以治近代的工程，那是一定也可用以为攻治古代建筑学的工具。土木科的同学，若以组织学会的精神，来继续他们求学的志愿，那不但近代土木工程学术能够贯通，就是吾国旧有的建筑艺术，一定也能发扬而光大的。若能达得这样的目的，那就不只是任何个人的成功，乃是民族文化史上的光荣，这就是我对土木科同学最大的希望。

序 三

吴钟伟[①]

自民国奠定，建设事业，月进而岁不同。而土木工程，实导其先路。于是治土木之学者，闻风兴起。吾校应社会之需要，亦添设土木一科。迄今三年，学子之从习者，竟超越他科。时势所趋，非偶然也。顾土木工程，实用之学也。无时无地，不与民生密切相关。故攻斯学者，不得偏注于学理。因理论当矣，或未合乎事实；理实皆当，或未适于国势民情。自非详察环境，因势利导，恐难免于闭门造车之讥。吾科学子，知实用之非易，于是有土木工程学会之组织。思有沟通社会民情，以求适于实用，意至善也。而吾所望于学会者，且毋尚高论；而于当世之急，多加意焉，盖吾国学术幼稚，固无可讳言。至若用吾所学，以求实施，未始不可收相当之功效。现今建设事业，既有各级贤政府提创督责于上，吾辈当从而讨论之，明辨之。言之善也，则世我交受其利。言之非耶，则纠政与指导，有先进之专家在，而我益多师矣。吾庆斯会之有成，

[①] 吴钟伟，字馥初，江苏武进（今常州市武进区）人。早年毕业于南洋大学（上海交通大学前身），后留美，获美国康奈尔大学土木工程硕士。1927—1949年先后担任国立第三中山大学和浙江大学工学院土木工程系主任，亦曾任测量学系主任、高中土木科主任。

而欲广其言论也，因有是说焉。（1929年12月25日）

创刊词

本刊编者

在这里，我们将竭其浅学和世人相见。

本来这一些覆瓿的文字，是不想在野草一般底刊物里，占一席地。不过想到在寥落底工程科学的出版界中，即使是一二株野草，也还觉得青葱的可爱；何况在野草里的蓳菲，或者还有可采取的部分在，这是我们敢于自献的一个原因。

文化的兴衰，有关于民族的荣悴。历史是曾经这样昭示着。在大变动之后，因为调和创作的结果，文化会特别乔皇些。这也是历史曾经这样昭示着。在现今的中国，文化的落后，尤其在物质一方，是无可讳饰。这是我们所引为深惧的。不过对于西方文化，从明末徐光启引端，直到如今，天天在孕育蜕变之中。最近革命的雾飚，又卷荡过全国。这样的变动，也不为不大。文化的复兴，是极有希冀。这是我们所引为深喜的。有这样的可惧可喜，如其不以为夸大的话，这也是我们敢于自献的一个原因。

今年某报，曾有一个关于科学刊物的统计。其中要是把医学除外，真是数来不上双手。在这样一个国家，学术如此落漠。即使不算耻辱，也未免笑话。我们所以自忘谫陋，起来呼应，这也是一个原因。

至于在这里，我们所想努力的方向：第一是搜究国内的实际建设情形。在中国，所学和所用，真是山遥水远。书本子上的学问，在外国虽然是些陈迹，在中国还要算高论。这样学非所用，在国家和个人，都只有损失。我们所希望的，是要从外国的学理中，得些适合中国的方法来。这是搜究国内实际情形的根本。第二是要介绍些国外的新理法。"迎头学上去"，这是孙逸仙先生所召示我们的话。要这样，对于所谓新，非得随时知道不可，如此才能说是迎头，至少也容易三步并做两步走。所以新的介绍，也有它的需要在。

不过我们终竟是"毛羽未丰"。像这样具有专门杂志规模的刊物，也深知是"顾宏力薄"。然而我们相信，相信当世热情的专门学者，总不至于漠然而不加以深切的指示。所以在寒梅香里，终于苞了这一枝怒芽。此后，朝培夕溉，固然是我们所想努力的。至于夏雨春风，则所望于大家的匡教了。

《浙大高工土木工程学会会刊》

该刊由浙大高工土木工程学会出版股编辑，1933年4月1日出版。刊名由浙江省建设厅厅长曾养甫先生题写。收入的学术类文章有《公债的计算与比较》（李绍悬）、《应用面积力几求梁之曲度

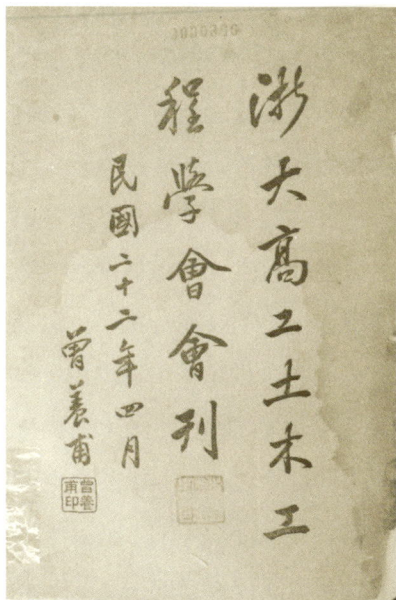

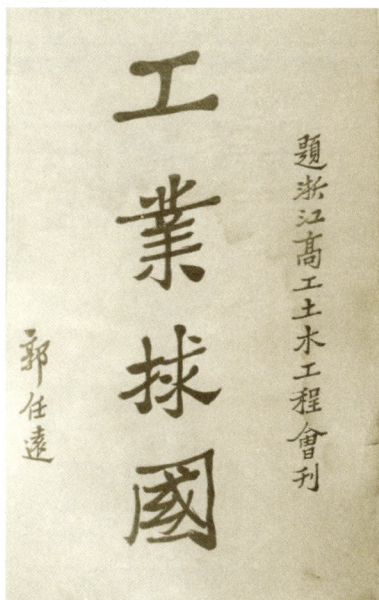

公式》（吴宾孙）、《土壤旁压力普通公式之证明》（陈仲和）、
《铁筋洋灰建筑设计简捷方法》（郭会邦）、《中国测量法演进之
梗概》（叶璋）、《简易测绘之求积法》（任昧腴）、《订直立曲
线之捷法种种》（毛犟章）、《介于两面间一部分扇形面积之求
法》（张志良）、《平行力合力点之简单图解法》（王昌孙）等，
译文有《小跨度吊桥之计划与建造》和《钢筋混凝土梁中之直立复
钢筋》，另有民二二级土木科寒假测量实习纪略、关于土木工程最
近出版之新书介绍、本会职员录、出版股组织和编后的话。

《电机工程》

该刊由国立浙江大学工学院电机工程学会编辑出版。16开。该
刊旨在"振兴中华工业，更好地服务社会"，主要刊载电机工程相
关的研究文章。

第一卷第一期于1933年夏出版。程天放校长和工学院薛绍庆院
长分别为该刊撰写了发刊词和序言。内容有郁秉坚主任的《陆地交通之新发展》、杨耀德教授的《近五年来电机工程进展之趋势》、尤佳章教授的《现代航空无线电概况》、朱颂伟先生的《积分机》，以及《无线电概述》（周洪涛）、《中国内地电厂设计纲要》（华生）、《雷击之论据与输线之保护》（侯维德）、《输电线障碍之测定》（张振

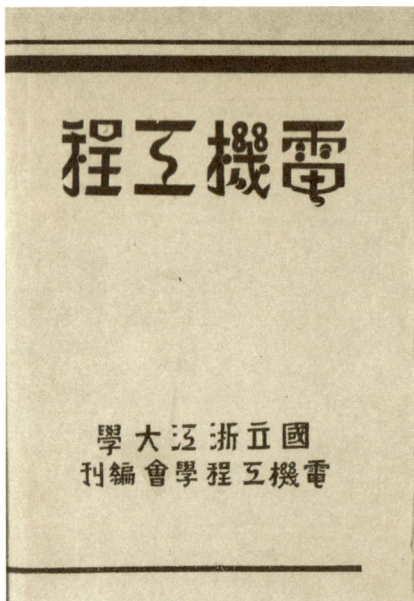

华）、《活塞式避雷器》（娄而康）等文。另载上海电话公司和吴兴电厂、首都电厂、戚墅堰电厂的实习记，国外通讯，电机工程学会草章，历届干事会职员一览，等等。1934年6月1日出版的第二卷第二期收录《电子管常数之定义及测定法》《变压器之相等电路》等论著与译述14篇以及实习记2篇，该期还载有国立浙江大学电机工程系概况、二年来浙江大学工学院入学试题、电机工程学会第七届理事会职员一览。第三卷第一期于1935年1月出版，分论著与译述、工程演讲和调查、后记3栏，收录《工程教育与教育界》《复卷电动机之起动》《定向天线概论》等研究论文21篇，以及本系近讯、会务报告、毕业会员通讯录等。在"本系近讯"中刊载了国立浙江大学电机工程系课程表。第三卷第二期于1935年7月1日出版，收入研究论文18篇。之后该刊并归至浙江大学《工程季刊》，卷期另起。

发刊词
程天放[1]

电掣雷轰，甸棱碎磕，古人群惊为神明；而以纸鸢引空中之电，证明天电与摩电相同者，富兰克林（Franklin）也。使异种金属接触，测其间所生之电位差者，弗打（Volta）也。研究电流之磁力者，安培（Ampere）也。发明电磁感应之理，创制发电机者，法拉第（Faraday）也。知导线之电流强度与其两端之电位差及其电阻，一成正比，一成反比者，欧姆（Ohm）也。发明电磁波者，海尔磁（Hertz）也。创无线电报者，马可尼（Marconi）也。发明二重电报法碳素送话器及白热电灯

---

[1] 程天放（1899—1967），江西新建大塘坪乡（今属南昌市新建区）人，生于浙江杭州。1919年毕业于复旦大学，美国伊利诺伊大学政治学硕士、加拿大多伦多大学政治学博士。1932年4月—1933年3月任国立浙江大学校长。

者,爱迪生（Edison）也。此其人率秉绝世聪明才智,具锲而不舍之精神,沉思渺虑,极深研几,故能穷造化之神奇,开民生之福利。鸿才硕学,更仆难数。而后人崇德报功,往往以发明者人名定各种单位名,使其永垂不朽。故电流之单位曰"安培",电量之单位曰"法拉",电阻之单位曰"欧姆",电位差之单位曰"弗打",而测定通过电解质之电量之器,若硫酸铜、硝酸银之溶液,皆称"测电表"。此其尤为彰明较著者也。

抑电学之异于他科学者:蒸民粒食而农学后起,日中成市而商学后起,采铜为兵而矿学后起,尝草愈疾而医学后起,大抵积数千百年之经验,而后有理论以贯通于其间,欲秩然成一专科之学。电学则不然。磁石引针,琥珀拾芥,初仅微露其端倪;必几经专门名家之研求探讨,而后返施之于寻常日用之间。故光:目可得而视也;声:耳可得而闻也;气:鼻可得而嗅也;味:舌可得而尝也;刚柔强弱寒温燥湿:肤体可得而觉知也;至于电,则天固未尝为吾人生特别感触之器官,究为何物,学者聚讼,莫衷一是。初有"二流说""一流说"之异,法拉第及麻克斯伟尔（Maxwell）等复创"媒质说",最近汤姆生（Thomson）乃有"电子说"之发明。此虽不必遽为定论。然其化腐朽为神奇,以简易驭繁赜,洵有非吾人神智所能思议者矣!

至于电机工程,尤为工程中之重要者,通都钜邑,烟突如林,殆无不以电为原动力者;或由机能变为电能曰发电机,或由电能变为机能曰电动机,有时凭借瀑布河流之水力以供给多量之电。一国工程发达之程度,可与使用电力之多寡为比例差。且平日利用厚生之具,即足为一旦缓急攻御之资。故吾国不振兴工业则已,如欲振兴工业,非于电机工程急起直追不可。天下事后起者胜：吾人生居今日，固可迎头赶上，毋须再蹈欧美人从前所经历之涂辙也！

夫指南之车，罗盘之制，皆创自吾国；惟他人绝尘而驰，而吾犹墨守成法，其不足与于世界学术之林，殊无足怪！今浙大电工学会，鉴于斯学之孟晋不已，将刊行《电机工程》半年刊，各出所学以贡诸世。取精用宏，则研究之资切，声应气求，则宣传之效广，知其成绩必有蔚然可观者，爰乐为一言以弁简端。

序　言

薛绍清[1]

电学之闻于世者久矣，顾其应用之广，则自五十年始。以之传递消息，则数万里外如晤一室，以之耀黑照明，则白炽弧灯可与日月争光。工业电化后，则制造速而出品精；交通电化后，则控制易而利便多。少之如家庭电具应用，大之如国防利器驾驶，亦莫不惟电气是赖。电之为用，顾若是其广且大也。然电气之有今日，皆经若干专家研求探讨试验改进，持以毅力，始克有成，是研究之重要，彰彰明甚。浙江大学工学院成立电机系，亦已有年，先后毕业同学，服务社会，成绩斐然。前既出版电工杂志，风行于世，今诸同学又将有《电机工程》之创刊，举其平日研究心得，发为文章，公诸同好，他日者追踪欧美，蔚为国光，胥于此卜之。（1932年12月）

---

[1] 薛绍清，字宇澄，江苏江阴人。美国康奈尔大学毕业，获电机工程师学位。1932—1934年任国立浙江大学工学院院长。

《化工》

该刊由国立浙江大学工学院化学工程学会出版委员会编辑出版。16开，每期定价大洋三角（邮费另加）。该刊设有论著、译述、调查、报告、通讯、咨询等栏目。

创刊号于1933年3月1日出版。收录21篇，10万余字，计159页。刊首载有程天放校长和薛绍庆院长的创刊辞、李寿恒先生的发刊辞。"论著"栏内有《墨水》（孟心如）、*The Calcium Carbide Industry*（纪育沣）、《蚕蛹油》（潘承圻）、《化学工程中之腐蚀问题》（程瀛章）、《日光与桐油作用之研究》（吴锦铨）、《媒染颜料与丝纤维》（陈承弼）、《数种人造香料之制造》（葛祖良）、《混合与稀薄之计算》（吴兴生）、《人造丝工业之发展》（朱洪祖）、《自动氧化之特征及解释》（苏元复）、《接触法制硫酸之进展》（屠楷）。另有演讲和译述、实习报告3篇、附录、编辑后记等。第一卷第二期于次年1月1日出版。刊有《人造蜜》（孟心如）、《煤之工业》（郦堃厚）、《中国橡斗关于制革工业之效用》（李寿恒、朱之光）、《Quinoline属化合物综合新法》（周厚复）等研究论文21篇，另有实习报告2篇、通讯、会务报告、国立浙江大学化学工程系概况等。第二卷第一期于1934年11月出版，共191页，内容有《发展我国化学工业之商榷》（王箴）、《动力酒精》（吴祥龙）、《环烷属化合物中之聚张力》（周厚复）、《我国颜料之探讨（一）苏木》（陈承弼）、《机制国纸》（汪汝霖）、《皮革工业（续完）》（朱洪祖）、《造纸的打浆和水化作用》（程仰垓）、《纤维化学工业之鸟瞰》（李尧）、《制造电木粉之试验》（朱士立）、《蔗渣之利用及其蒸煮之试验》（张全元）、《制造醇类之新方法》（刘泰庠）、《墨水性质之探讨》（南登峰）、《从木材中制取糖及酒精之方法》（宋廷幹）、《毒气之制造法及其防御》（潘尚贞）。第二卷第二期于1935年3月出版，共221页。自1935年12月该刊并归至浙江大学《工程季刊》，卷期另起。

创刊辞
程天放[①]

化学工程之在今日，可谓盛矣！其属无机者，多取材于矿物界；其属有机者，多取材于动植物界。夺造化之神奇，增人类之福祉，无一非专门学者苦心焦思研究发明之结果，故实验室中天平、乳钵、坩埚、漏斗、试验管、酒精灯诸具，实足以表现近代之文明。试举数例以明之：自人造丝兴，蚕桑失利，浙民生计，影响尤钜。语其原料：无非低度硝化绵之溶液，加以强压使通过毛细管而成，或以绵直接溶于铜安母尼亚液中，再于酸性液中压出而已。天然染料，蓝草茜根，久擅其利；今则人造色素，几达千种，色彩缤纷，鲜艳夺目。然其初不过制造石灰瓦斯之一种副产物，为色黑而有恶臭且穷于处置之粘液体而已。象牙鳖甲代用诸品，或儿童玩好，或妇女装饰，充物市场。究其实不过硝化纤维素与樟脑之混合物而已。爆炸猛药，为诺贝尔所发明。今诺贝尔奖金，驰名世界；初未料其发

① 程天放（1899—1967），江西新建大塘坪乡（今属南昌市新建区）人，生于浙江杭州。1919年毕业于复旦大学，美国伊利诺伊大学政治学硕士、加拿大多伦多大学政治学博士。1932年4月—1933年3月任国立浙江大学校长。

明炸药，意在贡献于和平建设事业者，乃用之为杀人灭国之利器。然究其实亦不过将雷酸水银装入爆管中，以导引绵火药之爆发而已。故学以钻研而日精，术以推阐而日密。有热带橡树之液汁，混以硫磺，使成弹性，则其应用之途广矣，有钢骨混凝土，则土木建筑诸工程，划然成一新时期矣。有二种以上熔融凝固之合金，则其成分多寡随宜配合，而人生种种需要可得而满足矣。乃至酸碱、肥料、石油、煤铁、制纸、制革、玻璃、磁器，以及各种食物，各科药品，举凡利用厚生之所需，御侮同仇之所急，何一非受化学工程之赐。岂独镭锭之发明，为近代一大奇迹已哉。

顾返视我国：一切文化实业，停滞不进。自海通以迄今日，消费群仰给于舶来，生产犹未脱手工业状态。不谋积极振兴国产，而欲消极杜塞漏卮，其收效能几何？夫工业必以科学为本原，理论应用，互为表里。仅有学者之研究，而社会环境不足以副之，亦不能为长足之发展，彼人造色素，首推英人培尔金所发明，而颜料工业乃盛于德而不盛于英者，德人化学之素养，尤较英人为普遍而深邃故也。矧我国学术幼稚，故武自封，自甘谫陋。徒羡他人成功之美，而忘其缔造之艰。不知科学进步，不啻举吾人所居之世界，延广其时间空间之范围。譬如温度：低温渐近绝对零度，可使氢氧二气悉成固态，高温有三千五百度乃至三千八百度之电热炉。而吾人日跼蹐于常温之中，真所谓夏虫井蛙之见耳。故吾国今日，振兴工业，与研究学术，必须兼程并进。毋骛空谈而疏实用，毋贪近效而疏远图。凡我同人，皆宜起而负此使命。此浙大化学工程学会诸君，所以有刊行化工杂志之盛举也。精神所赴，跬步千里，锲而不舍，金石可镂，爰于其刊行之始，书数语以勖之，且为吾国化学工程前途祝！

《机械工程》（《机工》）

该刊由国立浙江大学机械工程学会主编。16开，前两期每期定价三角，邮资另加。

创刊号于1935年6月15日出版。除朱一成院长的发刊词外，要目有：《列车载重与组成》（茅以新）、《汽车原动机与其燃料》（沈三多）、《整理开封电厂纪事》（柴志明）等。学校西迁后，在广西宜山和贵州遵义由机械学会印行《机械工程》第三期（1940年2月1日出版）和第四期（1944年4月15日出版）。第三期共91页，文章有《工程的学理与方法》（钱钟韩）、*Balancing of Aero-engines*（万一）、《飞机升力之理论》（余克缙）、*Discussion on Absorption of Radiant Heat in Furnace*（钱钟韩）、《航海回复式蒸汽机汽压指示器》（徐叔渔）、《铸件设计应注意之点》（李彼得）、《航空文摘》（张鋆）。第四期由遵义鼎新石印社印刷，定价国币五十元，共108页，刊内有多则

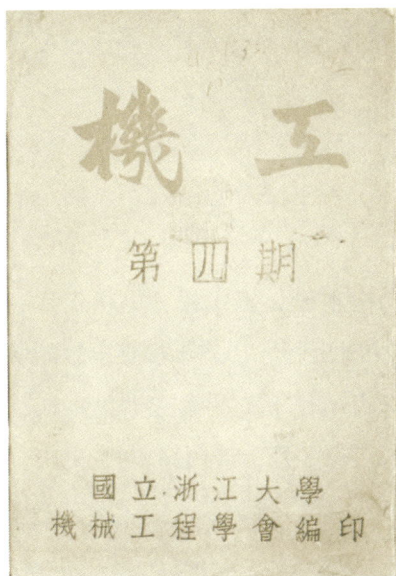

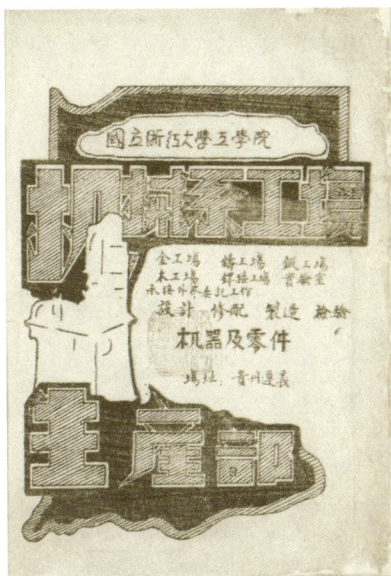

广告。载有钱钟韩的《科学的形式》、王宏基的《转翼飞行器之总检讨》、俞克缙的《木炭代油炉体积之设计》、王仁东的《引擎惰性力之准确算法》和《机构方程式及结构式》、壮惟的《局部应力与机械设计》和余伯祺《轻便铁路机车试验报告》等文。

发刊词
朱一成[①]

　　鸟能腾空，而有飞机；鱼能沉水，而有潜艇；骐骥日行千里，而有铁路；飞鸽空中传邮，而有电信。举凡人力之所不能战胜者，借机械之力皆能超越之。此科学进步，物质文明之所以尚焉。本校机械工程学会，本是意旨，爰于学课之暇，策其余力，创办《机工》。窃尝谓工程学识之步骤首尚基本知识，次为普通常识，终乃专门学识，盖人类文明，机械日新，举凡世界谋一切进展及发明之工程学者，皆非此三者具备不可。苟缺其一，即不足以应时代之需要。机工发刊伊始，能于斯三者，并加注重，将来本其所学致用社会福利人群，愿与会员诸君共勉之。

《工程季刊》

　　本刊创刊于1935年12月。起初由本校化工工程、电机工程、土木工程、机械工程四个学会轮流编辑出版。1935年12月出版的第一卷第一期为化学工程专号（亦作为《化工》的第三卷第一期，全刊279页）。第一卷第二期为土木工程专号，于1936年4月出版，

[①] 朱一成（1900—1957），江西兴国县人。毕业于交通大学，后赴美国入哈佛大学，获硕士学位。归国后于1934—1937年任浙江大学工学院院长。

全刊278页，载有《国立浙江大学土木工程学会章程》。第一卷第三期为电机工程专号，于1936年11月出版，全刊250余页，收录论文有《断路器截断容量之计算》（杨耀德）、《定向天线之概述》（毛启爽）、《公尺公斤秒单位制》（王国松）、《电话增音器》（朱一成、沈秉鲁）等。1937年1月出版第一卷第四期机械工程专号，全刊272页。内容有教师、学生论著，该系毕业论文，实习报告等。第二卷第一期土木工程专号于1937年6月出版，收录《统制全国工程建设》（唐凤山）、《土壤力学》（茅以升）等15篇研究论文，共200余页。

《工程季刊》1941年7月在遵义复刊，因受印刷条件限制，在遵义出版的各期均为手工刻写，油印。为与杭州出版的期数

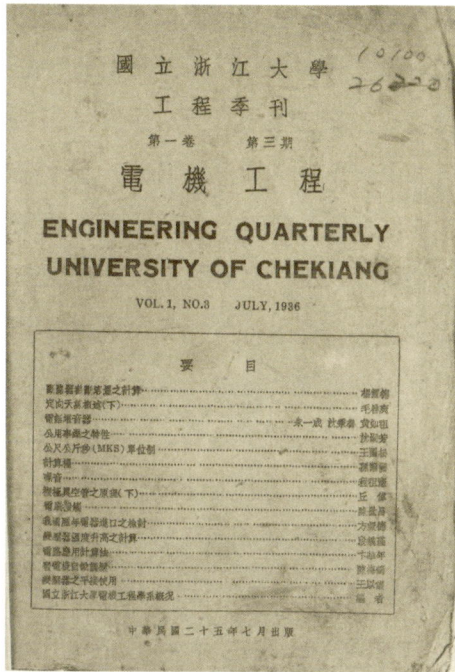

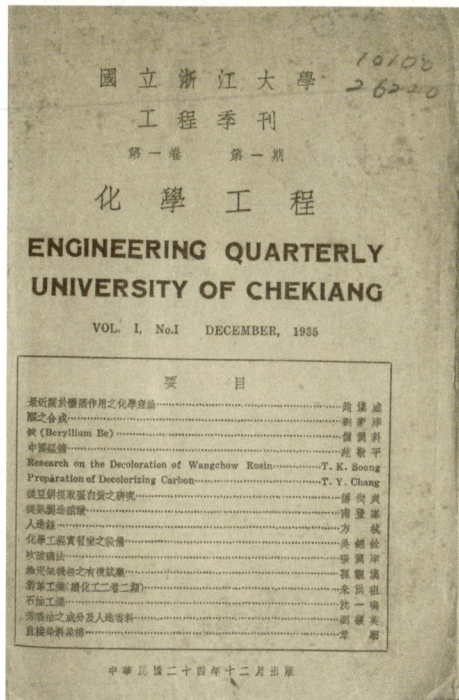

相衔接，将首期列作第二卷第二期，共77页。该期内容有：竺校长撰写的复刊弁言、李熙谋院长的序文；研究论文有《串联震荡电路之共鸣及稳定状态》（王国松）、《创办电解苛性钠厂之计划》（方以矩）、《雷电波之分析》（杨耀德）、《抗战时期吾国钢铁事业之发展》（邵象华）、《机械计划概论》（王仁东）、《化学战争中侦别毒气诸法》（吴文槭）；"学术介绍"栏中有《电炼钢之研究》（葛果行节译）。第二卷第三、四期合刊共73页，载有李寿恒和赵善成合写的《遵义白土活性化实验》、沈尚贤的《可控整流器之临界电感》等文。1943年6月出版第三卷第一、二期合刊，共68页，收有《电抗调频器之理论与设计》（高师亮等）、《石油工业之趋势》（刘馥英）、《在万能铣床上如何切割任何齿数之斜齿轮》（钟兴锐）、*The Improvement of Highways in China*（王师义）等文。1945年第四卷第一期（1945年7月出版）共收录了5篇研究论文：《论马克斯威尔方程式之解答》（蔡金涛）、《反应式水输机之设计因素》（钱钟伟）、《"梁"与"拱"函数公布图与其感应图之连锁关系》（钱令希）、《电枢磁场之计算及作图》（杨耀德）、《铁盐鞣革之研究》（李寿恒、杨喜济），共117页。复员回杭州后，该刊未再出版。

复刊序

李熙谋[1]

浙大《工程季刊》创始于民国二十五年。初时凡编辑发行等事，悉由工院四系同学轮流分任其劳，文字稿件或为工程学者演讲之记述，或为教授之专著，或为同学论文之类。问世之

---

[1] 李熙谋（1896—1975），字振吾，浙江嘉善西塘镇人。美国麻省理工学院电机工程硕士、哈佛大学哲学博士。1927年国立第三中山大学成立后，出任工学院首任院长。1938—1942年再度应邀担任国立浙江大学工学院院长。

后，颇为社会所赞许。浙大工学院在工程界薄负名誉者，《工程季刊》实与有力焉。自抗战军兴，沿海各省相继沦陷，本校随国府播迁西上，始而入赣，继而由湘入桂，三迁至黔北遵义。数载之间，师生栖栖遑遑，几车未停辙，席不暇暖，处惊惶骇怖之中，又何有学术之研求耶。加以集稿不易，印刷之困难，《工程季刊》于此数年中不得不暂告停顿。顷者，国家长期抗战，国策早经决定，建国国防需才至殷，政府教育方针为适应时势之需求，渐趋重于工程学术之发展与工程人才之培养。国立大学中工学院所负之使命，遂因以加重。本校工院同仁，有鉴及斯，窃愿随政府教育当局之后发扬工程教育，以为国家作育人才，并拟倡导本校师生研求学术之风气，乃有即行恢复《工程季刊》之议，此本院《工程季刊》之所以复刊者一也。

尝考欧美工程事业发展之过程，学术机关常处主要之地位，盖工程学术，实合理论、思想、技巧三者而成。凡理论之成立，思想之应用，技巧之进展，既需研究实验以推考其正误，又借讲台讨论文字，探求以阐明其是非。大学为专门学者荟萃之所，又有仪器图书是为实验参考之资，是以自来工程事业之创始，几莫不出自大学设计室与实验工场之门。英美为工业先进国家，而至今大学工科在工程界中犹保持其领导地位，良有以也。我国工程事业与欧美比较，真有望尘莫及之叹，故我国工程界资有待乎工程学者与工程学术机关予以领导，而使之前进。然则我国大学工学院在工程界所居地位其重要性为何如耶，工程刊物为学校与工程界在思想与学术上取得联系之唯一工具，此本院《工程季刊》之急宜复刊者二也。

国府西迁，国家人力物力随而集中于西南，然因交通之阻梗，运输不畅，国外仪器不得运入内地以增加生产，国防日用之物品无从购买以济急迫之需要，每为抗日战争之绝大阻力，虽然此或为我国一时之困难，而安知非即工业建设与抗战建国之无上良机耶。西谚有之，需要者，发明之母也。昔日国人因沿海交通之便，采购外国机器，消耗外国成品，相习成性，恬不为怪。今则情异势迁方晓然于依求他人，不图自振之非计。所幸西南各省物资之富几甲中国，工业建设已具天赋凭借，况欧美工业之始期，其毫无基础可言，正与今日我国西南各省情形相似，而当时应用科学不若今日之昌明远甚。我人徒见欧美现代工业惊天动地之成就，而不知其尚有筚路蓝缕一段艰难创业之历程。国家处现在之环境中，正是我国工程学者发明创业之时机。本校居黔省物产富饶之中心，北接巴蜀，西连滇省，南通八桂，东达三湘，农矿水力森林蕴藏极丰，如何启发，如何利用，则为我工程学者之责任，而切磋探讨，亦需文字刊物以资商榷，此本院《工程季刊》之急宜复刊者三也。

且本院毕业同学参加建设工作者，足迹几遍西南各省，经验心得，有足纪述之价值者，当不在少数，亦须有刊物以为之传布，方足以供国内学者之参考印证，此本院季刊之急宜复刊者四也。

然或者曰，大学为国家有数之学府，文字著述，取材必须谨严，方不损大学崇高之地位，而工程文字，贵在创作，庶合乎大学刊物之条件。应之曰，唯唯否否，夫物必有始，然后有终，有草创，然后有完成。工程文字，固以创作为贵，然工程为国际性之学问，先进国家因其已成立之基础可以扶摇而直上，后进国家因其设备不周，苦于望尘而莫及，故后进国家必须向先进国家迎头赶上，方得有所建树。本院工程季刊之恢复，其立旨固不害太高，而在刊行之始，取其材则不妨从宽，殊不必苛求创作以为文字取舍之准则也。《诗》有之"靡不有初，鲜克有终"，《工程季刊》之复刊意在斯乎，旨在斯乎。

（1941年5月）

《机工》（杭工）

该刊由浙大杭工机械工程学会出版。1937年1月出版创刊号。分专论、实习及参观、杂俎3个栏目。"专论"栏收录的文章有：《工厂管理上之成本会计》（何正荣）、《铜合金》（阮性咸）、《铝合金概要》（路茂荣）、《木炭汽车与中国》（庭坚）、《化油与化油器》（叶正度）、《Mollier Chart之作成及使用法》（余国钧）、《永动机》（解俊民）、《略谈我国的三十节式机关枪》（洪信枝）、《火箭机》（吴大明）。"实习及参观"一栏有《简述汽车驾驶法》（龚洪年）、《木炭车试车记》（詹本立）、《Machine式机关枪校验记》（徐诚）、《锅炉试验》（毛开明）、《刨床一得》（金天齐）；《参观华丰纸厂记》（机三流线队）、《参观杭州自来水厂记》（沈光溥）。"杂俎"一栏共5篇文章。后续出版情况未详。

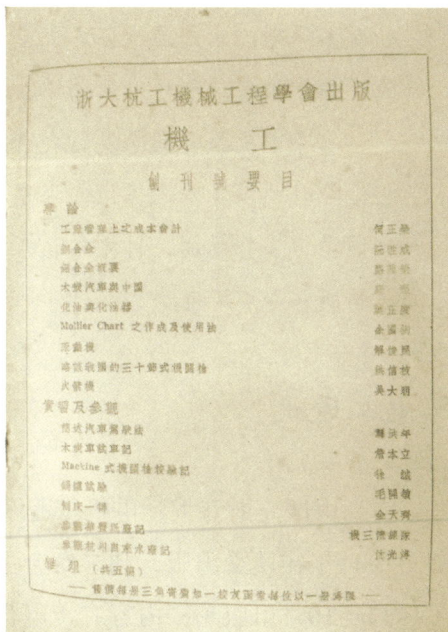

序

陈庆堂[1]

考电机事业，在现代科学中，占重要之一页，自世界产业革命以还，更为各国一切事业关键，吾国电机事业，虽有五十余年之历史，而尚滞留于萌芽时期者，实由于人才之缺乏，本校有鉴于斯，于民国八年添设电机科，培育专才，以应需要，迄今垂十余年，先后毕业同学，均能展其所学以利世，成绩斐然，本年电机科各同学发行会刊以问世，以同人研习之所得，公诸社会，供学术之探讨，谋事业之发扬，深望电机科校内外诸同学，多抒见闻，付之本刊，则始作也微，将成也巨，此尤本刊所馨香切祷也。

《电工通讯》

该刊由国立浙江大学电机工程学会印行。1939年创刊。第二期于1941年在遵义出版，刊末有会员通讯录。第六、七期为合刊（1944年10月出版），内容有《电机工程学之基本内容》（杨耀德）、《对于五十周改为六十周之意见》（王国松）、《科学化运动》（沈尚贤教授讲，戴继熹录）、《几位电工校友的鸿爪》（曾继铎）、《电三十三级级友素描》（良）、《生活在浙东》（蔡学林）、《电信厂实习散记》（子民）、《谈实习》（蔡金涛）以及"会友来鸿"等。第八期（1945年7月出版）的内容有《从本系成立二十五周年谈到人才问题》（王国松）、《修正电工系课程之拟

---

① 陈庆堂（1895—1976），字承吉，浙江富阳人。1916年毕业于浙江省立甲种工业学校机织科，后赴日本桐生高等工业学校深造，1932年归国。曾任国立浙江大学工学院附设高级工科中学（后改称浙大代办浙江省立杭州高级工业职业学校）染织科主任、代办高工部主任。

议》（浙大电工系）、《一年来的电讯实验室情形》（津）、《民卅七级在永兴》（川）、《电机实验室近况》以及"海外归鸿"等。后因浙江大学复员回杭州，于1946年起在杭州继续出版第九期和第十期（1948年）。第九期（1947年6月出版）内容有《从本校复员谈到提高教育经费》（王国松）、《电机工程的创作性》（杨耀德）、《电缆绝缘体》（黄焕焜）、《对本校电机系发展的建议》（沈谅）等文以及对台湾电力公司、宜宾电厂等的介绍，在校闻和系闻方面有对校庆日电工学会联谊会，本系成立廿六年暨教授杨公执教廿年王主任主系十年大会的记述，以及电机三七级、三八级概况介绍等，另载有会员通讯地址录、电机系在校同学名单等资料。

《化工通讯》

该刊由国立浙江大学化学工程学会编印。16开。1939年2月在广西宜山创刊。竺可桢校长题写刊名。内容包括短篇论著、校友消息、生活概况、会务报告等。1940年4月出版的第四期共34页，其中载有《工程学生应有之认识》（李熙谋）、《一年来本会工作概况》（蔡骅）、《民卅级化工系底过去现在与未来》（自强）和

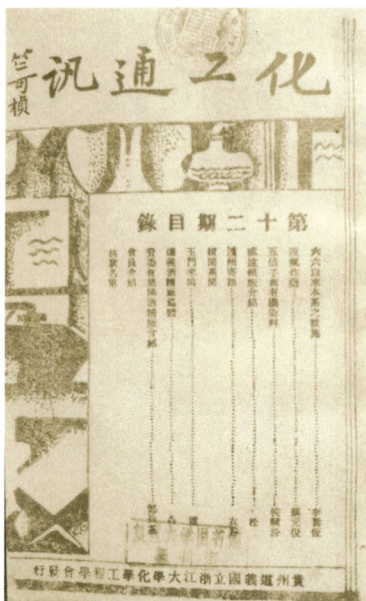

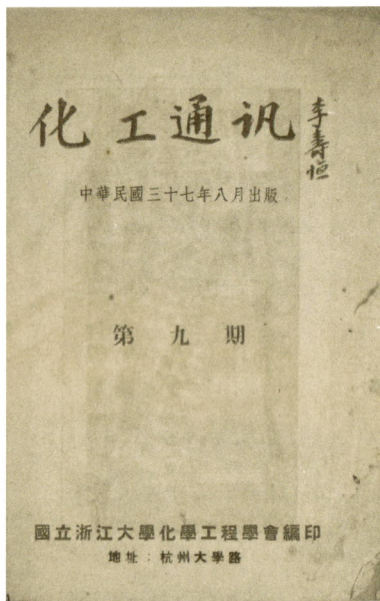

会员通讯录等。1940年7月出版第五期，共30页，刊有《组织化学工程系生产实验工场计划草案》（李寿恒）、《介绍由油脂之化学常数推算其成分的方法》（刘馥英）、《本校成立十三周年纪念》（自强）、《本刊展望》（编者）等。该期出版后因经费等问题停顿近一年半，第六至八期（合刊）于1942年1月出版，共24页，刊出校歌、李乔年主任的讲演*Chemical Literature And Its Uses*，以及校系新闻、会员动态、同学素描、工科研究所化学工程部规程草案、研究生须知等。1944年出版的第十二期有《六六以来本系之设施》（李寿恒）、《五倍子与有机染料》（侯毓汾）、《液氧炸药》（苏元复）和《资委会简阳酒精厂介绍》《威远铁厂介绍》《浙大化工系研究基金捐款名单》等文。

抗战胜利后，因浙江大学复员回杭州，该刊在杭州继续出版，刊期另计。1947年6月出版了创刊号，由李寿恒主任题写刊名。该期载有发刊辞、本科概况、本科展望、实验室特写、校闻集锦、校讯拾零、毕业会友录，以及《用什么方法使原子核分崩》《中国盐业之概况》《自贡天然瓦斯制盐之研究》《中国应如何走向工业化》《原子能的理论基础与实际应用》等文。第八期共30页，内容有《化工教育标准与本系课程》（李寿恒）、《浙大化工系化学工程单元处理》（吴文械）、《中国石油工业与中国石油公司》（程尚义）、《复员一年的化工系》（澄），以及国内著名化工厂商介绍、校闻、会友来信和近讯、会务报告等。第九期于1948年8月出版，载有《浙大化工系单元处理实验之内容》（黄会芳）、《我国炼铝工业》（徐植礼）、《台湾参观记》（史悠彭），以及校闻与系闻、国内工厂拾零、国外化工近讯、毕业系友小影、毕业会友通讯录等，共36页。

《化学通讯》

该刊由国立浙江大学化学学会学术股编印。该刊以谋求离校与在校会员之联系及对外传达化学系新动态为宗旨。刊名由竺可桢校长题写。创刊号于1939年10月在宜山出版（广西印刷厂宜山工场承印），共32页，16开。内容有胡刚复院长和周厚复主任所作的序、王季梁教授的讲演词《中国化学界之过去与未来》，另有《本系的概况》（严寿萱）。在"会员生活"一栏载有诗词、散文（《郊游即事》《一年级生活的断片》），"感想"栏目有《我所感觉中的浙大化学系》（令

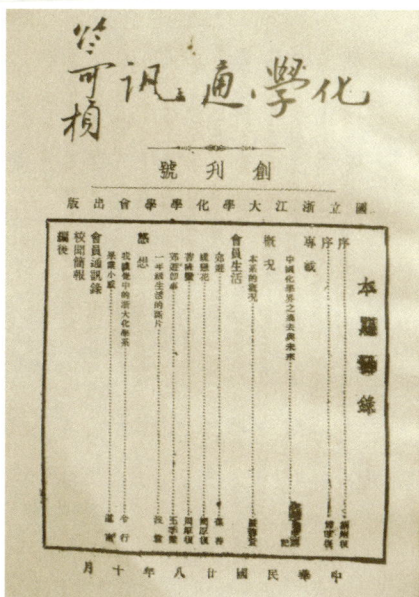

行），以及会员通讯录、校闻简报、编后。第一卷第二期于1940年2月在遵义出版（贵州都匀财政部缉私总队印刷所印刷），共14页。内容有《写在卷首——本刊的使命》（葆善）、《原子核的分裂》（杨昌俊）、游记随笔、人物描写，以及消息报道（《本系在开学后》）和会员动态。第二卷第一期共23页，于1940年10月出版，在"转载"栏刊出《有效电子密度和化学性质的关系》，在"学术"栏有《芥子气之新制造法》一文，另有通讯《化学的重庆》、诗词《重游小龙江》和《哀感诗》，以及会员通讯录、本系近讯。到1945年该刊仍继续出版。复员回杭后出版情况未详。

序　一

胡刚复[①]

　　近世工艺进步，一日千里，说者每举蒸汽机之发明，为全部工业发轫之点。其说固有所本，然机械构造之配置犹为小事，而原动力之发现与运用，实更重要，至于原动力之如何取给，"能"之如何转换与传递始为有效，机械材料本身之如何制造与改良，凡斯基本问题，皆非机械本身所能解决，盖微物理化学之研讨不为功矣。原夫人类自有生以来，受生活环境之压迫，因而运用其智能，力谋解放，而为天然之演进，故由牧而农而工，由石器而铜器而铁器，皆仅凭胼手胝足之力，身体力行之经验而逐渐进步，其途径中外实同，未见有何轩轾也，然泰西之学，由方士之炼丹以迄近代之冶金及繁复之化学工业，由纸鸢木船以迄近代之飞机潜艇，其进步实不可以道里计，而为期不过数十百年，功烈抑何其伟也，吾国文化享有

① 胡刚复（1892—1966），原名文生，又名光复，江苏桃源（今泗阳县）人。中学毕业后，曾参加无锡理化研究会并入上海震旦大学预科学习。1909年赴美留学，先后获哈佛大学理学学士、硕士，哲学博士学位。1936年5月起历任浙江大学文理学院院长、理学院院长。

五千余年之历史，而今日农艺工业反瞠乎其后者何哉？岂研究学问之方法未尽同欤？抑科学工艺之探讨果超越于一般学问而须另辟途径乎？曰：唯唯，否否，是不能不有说。

夫吾国学术源流深长，历世贤哲咸侧重于文艺、哲学、典章、文物、社会、政治、人类伦理之学，光明灿烂，蔚为大观，至于科学工艺，似皆在所忽略。然自三代以至秦汉，自天算地磁之理及制纸印刷火药，酿造诸工艺，莫不树立规模，世界最重要之三大发明，我且独占其二，不可谓不盛。秦汉以降则反没没无所闻焉，此殆非科学之独遭厄运，凡属文化莫不皆然，殆同受时代政制之影响，非科学之独异于一切文化也。秦汉以前，虽甚无道之君，犹不敢肆焉尽钳天下之口，故周之季世，政教不纲，而士生于其时者，人尚其私利，家奋其私学，十家九流，繁然并兴，极颎洞灿烂之观，非学术自由之效欤？秦以暴兴，恶人议己，挟书有禁，偶语弃市，使天下缄口结舌，莫敢议政，统制思想，贼人心生生之机，使天下胥化而为愚，其为罪恶，倾江海之水不能洗也。汉兴，虽杂用黄老之术，及武帝罢黜百家，提倡六经，以利禄歆天下士，纵有桀骜不羁才智之民，莫不俛焉以就有司之绳尺，媻媻为一身一家之图，尚安能高瞻远瞩，肆其心思于学术间哉？自汉以降，虽时有隆污，而所以取士者无异，皆牢笼之钳制之而已，故中国科学之不兴，实与专制政体之愚民政策，及士大夫之竞于近利，息息相关也。

复次，吾国人士治学方法，亦有未善者。《大学》教人之法，其用在治国平天下，其体则格物致知，固未尝离开客观之事物而讲正心诚意也。《中庸》谓诚者天之道，诚之者人之道，是以诚为客观之是，而诚之者，求是之谓也，固亦未尝遗乎事物矣，故博学审问云者，观察于事物之理也；慎思明辨云者，谓由观察而归纳既得真理之所在，又本此理而演绎以尽功用之所极，皆必有资于此也；笃行云者，则又以此归纳演绎之方法，形之于实验，不惟至诚无息，又反复以征其果合与否也；此岂有异于西人客观求是之精神乎？惜乎数千年来，学者或舍诚正而遽言治平，或遗事物而高谈心性，以研穷物理者为骛外，讥发明机事者有机心，故历数工艺，皆仅具萌芽，而中道夭殂，岂非为学方法之不善，有以贻之患欤？

今之谈教育政治者，每以为能应用欧美的科学技术，便足以跻中国于欧美文明之域，故颇侧重实科之技术，而或不免忽略培养科学之本身，殊不知欧美之科学技术，并不能产生现代欧美文明，而以欧美人之头脑精神，方能产生近代科学，（见《国联教育考察团对于吾国教育改进之意见》），若更等而下之，只知技术而不晓科学，则更入于断港绝潢，百业无从发展，永无振兴之一日矣，何况物非空言所能格，知非徒手所能致，科学之领域既广，实验技术亦日益繁复，势非人人皆能致其知，并萃多数实验学问家毕生之精力，与国家之尽量资助提倡培植不为功，是则又吾国今日主持教育与政治者所不可不深思而谋有以筹施者也。若徒求近功，不计远图，仍以购置为是，而不谋制造，仍以应用实科为鹄的，不思培植纯粹科学之本身，则欲国家之富强，无异缘木求鱼，其成败利钝，固早可逆睹，吾国数十年来讲求新学之成绩具在，殷鉴不远，吾人当知所以自惕矣！

浙大自抗战以来，播迁三次，弦诵不辍，教育工具，于颠沛流离之中，未尝任其轻易散失，科学实验，曾未中断，此后虽材料将罄，外汇益难，来日方长，困难滋多，然此种实验精神，仍愿加强保持，鞠躬尽瘁，努力奋斗，本校化学系诸生，深悟抗战时期大学教育之匪易，平素咸知尽力探讨研读，年来不无所得，今更为谋贯通内外声息，因有《化学通讯》之刊辑，以收切磋攻错之效，意诚善也，杀青有日，诸生来前请题，谨书所感，以为序。

序 二

周厚复①

　　本系诞生于民国十七年夏，迄于今才十一周岁耳。此十一年间，抚焉，育焉，培焉，植焉，学校当局策励于前，诸同事同学黾勉于后，而发荣滋长之始基，乃得以完成确立。窃以一专门学系之发展，精神与物质二者，势为相辅，而不可偏废。所谓精神者，读书与研究之风气是也，所谓物质者，书籍与实验之工具是也。以言前者，则吾系素秉浙大一贯之校训，以刻苦耐劳实事求是之旨，朝夕相砥砺，务期学说研究之风，日增月长，此于吾同学平日向学之精神，及每岁发表之研究论文中可以见之。以言后者，则吾系虽历史綦浅，往昔物质建设，颇多草创之感，然而数年以来，吾人筚路褴褛，进寸守尺，已使吾系之设备，应有尽有，各科实验上之效率，方之欧美各大学，未遑多让。书籍杂志，岁有增置，旧辑新刊，择尤兼蓄，以是专题研究，初未尝以缺乏文献而或停。此二者实吾人差可引以自慰者也。夫物艰于图始，而贵于续持，奠基之功，今既竟矣。比年以来，吾系之教授同学，岁有所增，而毕业同学，迄今亦达七届，实力既充，发皇斯易。方将资其既往，策于来兹。不意两岁以还，民族之战争爆发，学府困于转徙，吾毕业校友与母系之间，及校友与校友之间，讯音梗阻，精神上顿感隔离。此于群策群力共谋进展之旨，不无剌背。本届化学学会干事会同学议有《化学通讯》之刊行，其意殆所以通内外之声

---

① 周厚复（1902—1970），江苏江都（今扬州市江都区）人。毕业于国立东南大学化学系。1929年赴法国巴黎大学攻读有机化学，1932年获得博士学位，此后转入德国柏林大学从事毒气研究。1933年8月应邀到浙江大学教授有机化学，1934—1940年任浙江大学化学系系主任。

气，共谋发挥我既有之精神、与艰难困苦之境相搏斗，进而期有所靖献于国家欤。亦所以示吾人不忘过去之艰辛，益自团结其精神，淬励奋发，以祈日进于光荣璀璨之大道欤。信如是也，则斯刊之辑，不为虚矣。

《土木通讯》

该刊由国立浙江大学土木工程学会编辑出版。1939年5月创刊，抗战胜利后，因浙江大学复员回杭州，该刊在杭州继续出版。

1939年5月—1949年3月共出版17期，为不定期刊物。内容包括短篇论著、会员消息、工作经验谈等项。刊名由吴锺伟主任题写。

第十六期为大学复员回杭后发行的首期，于1947年10月出版。要目有会务报告、校闻与系闻、会友来鸿、会友通讯、暑期实习记、本系同学修习课程表、本会学术讨论会章。

《机械通讯》

该刊由国立浙江大学机械工程学会编辑出版。定期出版。以研讨机械工程学理及会员消息报道为主旨，内容包括短篇论著、译述、会员通讯等项。

《航工通讯》

该刊由国立浙江大学航空工程学会编印。

第一期于1948年出版。内容除发刊辞外载有《本校航空系成立经过》《由航空科学之进展谈航空工程之内容并介绍浙大航空工程系》《战前德国航空工业急速发展之因素》《飞机上量度高温所需之热电偶》《本系自制之万能材料试验机》《本系引击试验设备》《浙大航空系三呎风洞设计经过及其制造情形》《飞翼概说》《介绍喷气推进机》《谈谈学习的方法》等文，并有专门篇幅介绍本系教授和助教以及各年级情况。后续出版情况未详。

发刊辞
——暨欢送第一届毕业同学

光阴荏苒，本系成立已四年于兹。值今首届同学甫将毕业之际，瞻顾以往，展望未来，实有无限之感慨及期望！

忆昔四年前，本系创始于抗战方殷之日，而后此数年间战时由失利而胜利，学校由复员而建设，本系始终在动荡险恶之环境下挣扎，先天之不足，影响其成长可谓至深且巨！所幸迩来主持得人，系内师生更能同心协力，和衷共济，使其在风雨飘摇中得以奠定今日之基础。

而今，经过多年之磨练与灌植，本系第一颗种子已出芽长大。其成长，将使世人惊悟本系之生存及发展，更使本系师生无限振奋。今后必将于此者，将是二颗三颗以至于无数颗种子之抽芽、成长、壮大，一柱柱有用之栋才树立于世人之前，静默遐思，能不令人兴奋而神往！

随同首届同学之毕业，本刊创刊号在急需下亦于今日问世，它是本系一座坚实之桥梁，通过它，校内外系友之感情将会空前的更行融洽；它也是代表本系的一面大纛，吾人将在其领导下汇成一股洪流，排除艰难，团结向前。当兹诞生之际，笔者谨虔诚祝其永生及健康！

《蚕声》

该刊由国立浙江大学农学院蚕桑系同学会出版委员会编辑，蚕桑系同学会发行。在杭州时期，由杭州开元路长兴信记印刷公司印刷，在农学院消费合作社、艮山门省立农林总场蚕桑场代售。设有论著、研究、调查、译林、新闻、转载、杂俎等项。

1929年12月出版第一期，共52页。封面上印有蒋梦麟校长题写的刊名。除发刊词和谭熙鸿院长、沈萧文副院长的序文，葛敬中主任的祝词"祝蚕声"，孙虹顾先生的颂词外，载有《中国蚕业过去的历史》（胡仲本）、《最近蚕业改良问题讨论》（求良儒）、《今后蚕业改良的方针》（王学祥）、《提倡秋蚕饲育之必要》

（李化鲸）、《就地种饲育之商榷》（钱幼琢）、《两种桑叶之成分》（包容）、《生丝化学的精练法》（包叔良）等论述性研究文章，另有《杭县钦履区蚕业概况》（张祝三）、《桑苗问题及石门鲁桑桑苗之概况》（徐肇坤）、《关于蚕桑之农谚》（戴礼澄）等。

1930年4月出版第二期，共92页，刊末附录内刊登了该系同人发起的《浙江蚕丝学会宣言》。第一期和第二期每期售价大洋一角。

该刊随后停刊3年多，于1933年1月复刊（第二卷第一期），该卷第二、三、四期分别在当年4月1日、7月1日和10月1日出版，每期100~120页，定价大洋三角，登有各类店家广告。1934年1月出版第三卷第一期，第二期于1935年出版，三、四期为合刊，于1935年7月1日出版，共120页，刊有自1932年1月起的蚕丝业论文索引。第四卷第一期在1936年11月1日出版，第二期亦于该年12月出版。第四卷第一期刊载了《蚕丝业技术人才统制的必要》（劳诚）、《浙江重要蚕桑区域桑叶蚕茧生产调查》（钱幼琢）、《开辟淮河流域为新蚕区之管见》（王学祥）、《安徽蚕桑之过去与现在及今春推广情形》（张祝三）等文。第二期的内容有：《主持蚕丝业教育者对于蚕丝业应有的认识》《中国蚕业往何处去》《生物之人工的变异与品种改良》和《浙江省蚕桑良改场小和山部分参观记略》。该卷第三期，第四期和第五、六期合刊分别在1937年1月1日，2月1日和4月1日出版。载有《蚕丝的使用价值及其地位》《合作烘茧论》《浙江省海宁崇德桐乡三县桑苗调查报告》《更新桑园计划大纲》；《生丝之商品的命运说》《关于生丝品质上的几个研究问题》《箱饲养蚕》；《官营丝厂的商榷》《日本最近栽桑及种苗之概况》等文和译述。

之后因学校西迁和印刷困难，刊物再次停顿多时。直到1939年学校迁至宜山办学时方出版第五卷第一、二、三期。第五卷第一期的"专论"栏中有夏觉民的《中国蚕丝业之回顾与前瞻》；"研究报告"栏有顾青虹、吴学溥合著《关于桑树种子试验成绩的一束》、劳诚的《国人对于蚕丝业应有的一些认识》、冯嘉保的《抗战建国期中的蚕丝事业》、郑衡的《倍数性蚕的经济特质》（译文）、张家驹的《世界蚕丝业分布的大概》、李秀云的《我与蚕儿》、谢郁芳的《农人的精神》、李士鹏的《抗战建国中之蚕丝业》等多篇。另有"蚕讯一束""会务报告"等栏。第二期和第三期的内容有：《非常时期中广西农村建设之我见》《中国的摇钱虫——蚕》《宜山乌柏蚕的生活史》《泰和的蚕桑业》等研究文章和散文《野餐》，以及本系近况、本会概况等。该刊后续出版情况未详。

发刊词

本刊编者

　　蚕丝向为吾国重要实业之一。自与东西各国通商以来，即为国外贸易之大宗，国家经济，利赖甚大。晚近数十载，法意日本语国，竞效育蚕；彼以科学之方法，研究改进，出品精良，远非我国所能及，致我数千年来之蚕丝专利，尽为所夺。惟意法二国，近以人工之高昂及缺乏，产额不多，无足轻重；而日本则自明治维新以来，蚕业进步，一日千里，迄乎今日，其出口之生丝，竟超我四倍以上，且具莫大野心，欲垄断世界蚕业，以举国之力，来与我竞争，深可惧也！本院为本省研究农业最高学府，同人等目睹近年来蚕丝界之危机，有岌岌不可终日之势；因于课余之暇，将研究讨论之结果，付梓问世，名曰《蚕声》。自惭浅学，无当大雅，愿海内同志，不容教诲，共策进行，使中华蚕丝，仍足驾法意日本诸国而有余，则幸甚矣！（1929年10月15日）

序

谭熙鸿[①]

　　吾国蚕业，素称最盛。惟自近三十年来，因受外力压迫，日见衰落。此皆不能顺应世界潮流，利用科学，已谋自身之进步，有以致之也。近年以来，有志之士，鉴于国家经济之损失，农工生计之困难，亟求改良之方法，谋复既衰之隆业；顾成效微薄，难得相当之发展；惟求其故，又因力量不足，组织乏术，不能如愿进行耳。为今之计，欲求吾国蚕业发达，复执世界牛耳，亟应各方一致，统盘计划，使蚕桑茧丝，相应改良。一方须精研技术，一方宜多造人才。政府为之提携，社会善谋组织。孜孜而求，期以十年，自能有相当之表现。吾农院同人，基此意义，与浙省政府，共谋改良；小试二年，颇显成效。惟兹事体大，亟应全国相联，群策群力，以求对外。则将来世界第一蚕业国之盛誉，不难复为吾有矣。兹于《蚕声》出世之时，谨述个人对于我国蚕业之希望以为序。（1929年11月）

复刊词

程天放[②]

　　天放以二十一年夏四月来长本大学。时则沪战已停，香市初罢，气象愁惨，时闻叹声。车过清和坊：观丝织各品，厥价奇廉；顾客喜服人造丝，辄掉头去。大学之侧：有屋岿然，网封尘积，阒寂无人者，虎林茧厂也。其规模宏远之纬成公司：尝于丝织业立伟勋，亦以亏累闭歇闻。田家桑林郁葱，获不偿

---

① 谭熙鸿（1891-1956），号仲逵，江苏吴县（今苏州市吴中区）人，长于上海，留学法国，于1919年夏在法国图卢兹大学获法国国家博物学硕士学位。1927年8月—1934年先后担任国立第三中山大学和浙江大学农学院院长。
② 程天放（1899—1967），江西新建大塘坪乡（今属南昌市新建区）人，生于浙江杭州。1919年毕业于复旦大学，美国伊利诺伊大学政治学硕士、加拿大多伦多大学政治学博士。1932年4月—1933年3月任国立浙江大学校长。

劳，有叶不采。余乃惕然惊，怵然惧；东南衣被天下，岂其一蹶不振至此！今浙大农学院蚕桑系诸君，亦惕然惊，怵然惧；首以《蚕声》复刊为请。夫《蚕声》者，盖以研究所得，贡献社会，借镜于他国之蚕丝业，毅然以起衰救敝为己任。曩刊两期中辍，兹重整旗鼓，赓续出版。言为心声，诸君以文字鼓吹，在蚕言蚕，谓之《蚕声》亦宜。余于是重有感焉！盖天下事莫难于复，亦莫善于复。鲁阳不能驻西匿之景，砥柱不能障东流之波；今欲鼓气于方衰，图功于垂败，挽复车以履康庄，营废厦而新轮奂，其势常逆，其事甚难。天下滔滔，岂一手一足所易为力。然事在人为而已！故社稷有难而被发缨冠以救之曰匡复，疆土日蹙而以力捍卫如故曰恢复。复，则降者升，退者进，衰者盛，污者隆，死者生，怯者勇。日月晦蚀复明，田畴芜秽复治，室家离散复聚，闾阎疮痍复平。凡天时地利人和，莫不有平陂往复之理存乎其中，虽毁室不足衰，覆巢不足惧也。复之时义大矣哉！诸君果有志于复：则小而一省蚕业之复兴，大而一国实业之复振，胥以《蚕声》复刊为嚆矢可也。作始虽简，将毕必距。勉旃诸君，其亡其亡，系于苞桑，鸡鸣风雨，何兴乎来！

《新农业》

该刊由国立浙江大学农学院学生自治会出版委员会出版发行，浙江省立图书馆印刷所印刷。年刊，16开。该刊以与知农者"和社会人士相探讨，进而求一建设新农业的途径"为宗旨。

创刊号于1931年6月26日出版，共240页，每册定价大洋五角。载有邵裴子校长和谭熙鸿院长为本刊撰写的序言和13篇研究论文及1篇译著。研究论文有《洋葱之栽培》（吴耕民）、《几种重要的果树修剪法》（章恢志）、《土地纯收获与森林纯收获》（周桢）、《桐乡李之品种》（成汝基）、《稻热病》（陈毓麟）、《金桑与家蚕》（汪仲毅）等。第二期原本应于当年12月出版，后因经费和来稿问题延至次年二月，但由于"九一八"事件和"一·二八"战事相继发生，该期直到1932年6月方得以刊印发行。共122页，定价大洋三角。有《中国棉业问题》（王直青）、《大豆》（黄齐望）、《农用籽种之改进》（杨杰）、《酵素之简易制法与完全堆肥之速成法》（张灏）、《杭产芦锈所见》（朱凤美）、《腐植质》（杨志复）、《合作社与农民经济》（郑世芳）、《农民教育之重要性》（林志豪）、《浙江省之柑橘》（蒋芸生）等研究文章。另有4篇译述、2篇调查，此外还刊载了汤惠荪先生的《德国南部及瑞士旅行记》，以及本院农场二十年农作试验概况、本院湘湖农场历年农作物栽培面积及生产量一览表和气象报告（1931年6月—10月）。该期登有可口可乐和屈臣氏汽水广告。

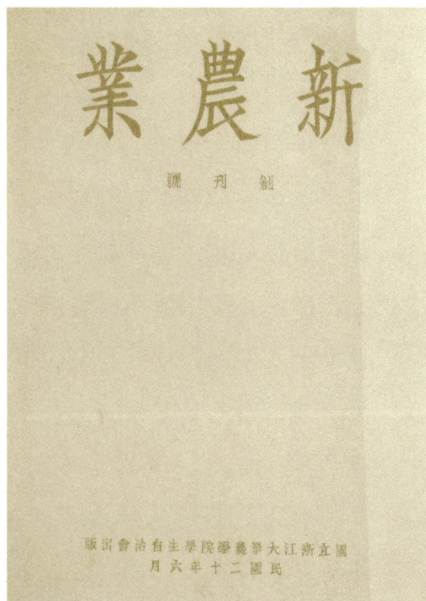

序　一

邵裴子[①]

　　中国向来有"以农立国"的口号，大家公认是一个农业国家。中国的农产物，虽然只是历久相传的人工的出品，却是成绩尚很不坏，能得到世界农业学者的赞许。加以土地面积广大，即论食粮一项，以农田可耕的面积计算，应该可以供给全世界十八万万人口而有余。但是现在实际状况怎样呢？农村日见衰落，农产日形减少，农民日益痛苦。最重要的食粮，已经自己都不够吃。平均每年海关入超中百分之三十以上就是粮食的输入。据前几年的调查，全国可耕土地比以前约计减少四万万亩，农户约计减少三千万多户。加之两三年来，南北各处，天灾人祸，万方同慨，恐怕耕地的荒毁，农户的锐减，必更增加了惊人的钜数。

　　一种立国的大业，衰退到如此地步，必有其根本的原因。天灾人祸，无论怎样厉害，总还是临时的。最根本的还是农业生产方法太不改进。数千年沿用至今的生产方法，全是由经验得来的结果，很少出于科学的研究。自前清创办学校以来，农业教育也与其他教育同时兴起。从初等程度以至大学程度，就是出洋专学农科的人也不少，可是数十年于兹，还不曾见到大规模的显著的改进的成效。一个农科的学者，到田间实际工作起来，对于老农老圃，或竟有"不如"之叹。这当然是环境和设备的关系，不全是农科学者本身的责任。可是我们，因此应

---

① 邵裴子（1884—1968），原名闻泰，又名长光，浙江杭州人。早年就读求是书院，后留学美国，毕业于斯坦福大学。历任浙江高等学堂英文教习、教务长和浙江高等学校校长。1927年参加筹备第三中山大学和文理学院，1928年秋任文理学院首任院长。1928年11月出任国立浙江大学副校长，1930年7月—1931年11月任国立浙江大学校长，卸任后仍任文理学院院长至1934年。

当觉悟，中国经济如此落后，农户如此众多，绝对没有希望能有整套新式农业设备，普遍给大家应用。唯一的办法，是把农业教育推广的范围深及于田间实行工作的农民，农业科学研究的范围，遍及于吾国固有的环境、土产与土法。

本大学农学院就是应照着这个方向努力的一个学校。农学院学生自治会刊行这个《新农业》，也就是本着这个意思，想把同学们平日研求所得，随时贡献给社会，以为逐渐实地改进中国农业之一助。谨以"作始也简，将毕也钜"两句老话，预祝《新农业》的成功！（1931年6月8日）

序　二

谭熙鸿[①]

本院大学部学生自治会编辑《新农业》，请予为之序，予维吾院对于学校上之研究，虽不敢谓对于社会有甚大之贡献，然研究报告之陆续发表者亦属不少；而本大学又将有刊物之发行，学术为文化之母，其研究光大，职责是在我辈也。今本院学生以师生著述，编成是志，教授著述固皆精当之品，而学生方在肄业之期，容有率尔问世之嫌，不过知而欲言，人之常情，言之而当，固足以自见于世，言之不当，亦未常不可就正于专家之前，且世界各种科学，其进步一日千里，分科既细，虽专科中之普通作品，亦足以供世人一般常识之增进；然则是志之刊行，亦未始无相当之意义。深望吾院学子努力钻研，日有进境。并望当世学者，予以指正，则幸甚矣！（1931年6月）

[①] 谭熙鸿（1891—1956），号仲逵，江苏吴县（今苏州市吴中区）人，长于上海，留学法国，于1919年夏在法国图卢兹大学获法国国家博物学硕士学位。1927年8月—1934年先后担任国立第三中山大学和浙江大学农学院院长。

《国立浙江大学农学季刊》

该刊由国立浙江大学农学院农学季刊编辑委员会编辑，农学院发行，浙江省立图书馆印刷所印刷。以载关于农业科学研究文章为限。

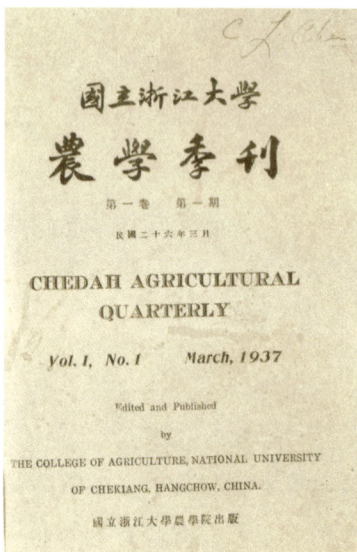

国立浙江大学
農學季刊
第一卷　第一期
民國二十六年三月

CHEDAH AGRICULTURAL
QUARTERLY
Vol. I, No. 1　March, 1937

Edited and Published
by
THE COLLEGE OF AGRICULTURE, NATIONAL UNIVERSITY
OF CHEKIANG, HANGCHOW, CHINA.

国立浙江大學農學院出版

第一卷第一期于1937年3月出版，共136页，定价五角。刊有竺可桢校长和卢守耕院长撰写的发刊辞以及《国产植物杀虫剂雷公藤之研究（一）》《三化螟虫在越冬期中之防治方法研究》《水稻育种试验移植新法》《黄岩柑橘丙维生素》《荷兰花卉园艺之视察》等研究文章。第二卷在同年6月出版。

《浙大园艺》

该刊由国立浙江大学园艺学会编印。1939年创刊，在宜山时期出版两期，抵遵义后续出两期。内容为园艺作物研讨，油印刊行。

第一卷第一期的内容有：发刊词（冯言安）、《苹果之短枝发育与结果之关系》（熊同和）、《广西之柑橘》（章恢志、叶鸣高）、《嘉兴蔬菜育苗业之概述》（成汝基）、《植物霍尔蒙于园艺上之应用》（储椒生）、《园艺趣味》（蔡壬候）。

《病虫知识》

该刊由湄潭国立浙江大学农学院病虫害学会编印，油印，刊名由竺可桢校长题写。1941年创刊，当年出版4期（在一、四、七、十月各出1期）。第一卷第二期共48页，内容有《米象猖獗受营养之影响》（蔡邦华）、《湄潭之油茶苞》（杨新美）、《昆虫之表皮》（张慎勤）、《茶余随笔（一）》（刘淦芝）。第一卷第三期刊有《湄潭重点经济植物病虫害之初步调查》（蔡淑莲）、《浙大昆虫标本室之束翅亚目》（徐道觉）等文，共68页。第二卷第一期于1942年1月出版，24页，载《炭热力培养篇》（陈鸿逵）、《贵州遵义白木耳栽培法续志》（杨新美）、《贵州湄潭附近竹类病之调查及鉴定（续一）》（葛起新）、《茶余随笔（续）》（刘淦芝）等文。

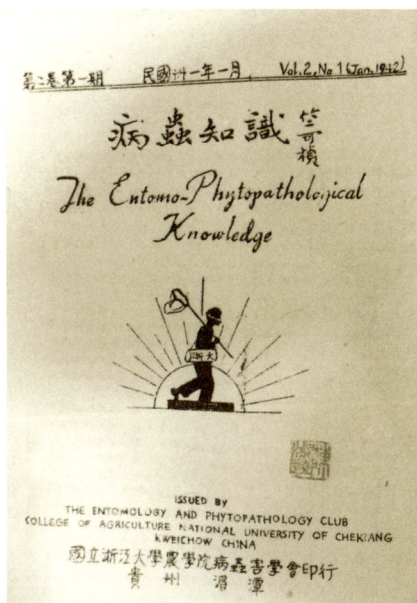

《农业经济学报》

该刊由贵州湄潭国立浙江大学农业经济学会编辑发行，油印，第一卷第一期于1941年3月出版。梁庆椿先生撰写的《各国学者所见农业经济学目的之比较研究》作为该刊的代发刊辞。全刊130余页，分论著、调查报告、论文摘要和书报评论四个栏目。"论著"栏所载的文章有：《农产品价格之变动》（陈豪楚）、《贵州农业经营之几种特点》（钱英男）、《评价的几种困难》（李秀云）、

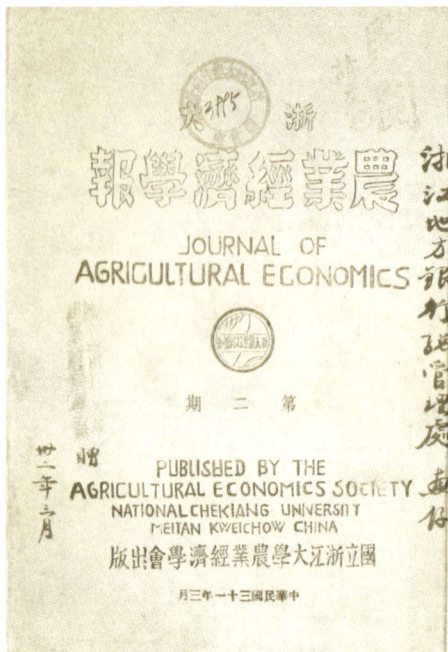

《本院马铃薯推广的几种困难》（石坚白）、《贵阳市之粮食问题》（陆年青）、《德国国社党维护自耕农之政策》（洪语仁）。"调查报告"栏有《湄潭第二区信用合作社放款之分析》《湄潭城区米市概况与米之来源地》《湄潭土地陈杂及耕地分配之一斑》等3篇，另有7篇译述，12篇中外学者的论文摘要和1篇书评。

1942年出版的第二期栏目同第一期。"论著"栏中有《论吾国过去农业经济研究之缺点及增设研究机构之必要》（梁庆椿）、《中国农业经济研究文献述评》（张之毅）、《合作农场之实施》（张德粹）、《贵州桐油生产成本之估计》（张家驹）、《英美之建筑合作》（赵明强）、《美国之粮食平粜制度》（杨玉昆）。"调查报告"栏刊载了徐秉森的《湄潭第三区信用合作社放款之分析》。"论文摘要"一栏有《国际新形势与美国农业》《英国战时物价统制》《美国牛乳运销统制》《美国西部之移垦》《法国消费合作运动的中央组织》。"书报评论"栏的评论文章为吴文晖和沈文辅撰写，题为"中国农业经济之出路安在——兼评董时进氏改造中国农业主张及当局农场经营指导设施"。该期学报特载有农业科学研究所农业经济学部规程草案。第三期在1942年6月出版，第四期于同年9月出版。

《农经通讯》

该刊由国立浙江大学农业经济学会龙泉分会出版股主编。内容以农业经济方面的论文为主，也有本会会务情况记述。1943年12月出版第三期，载有《农村调查的理论与实际》《农经战线的新堡垒——合作农场》《合作运动与战后经济建设》《战期中我国农村动向》《中国的农业与农民》等文。

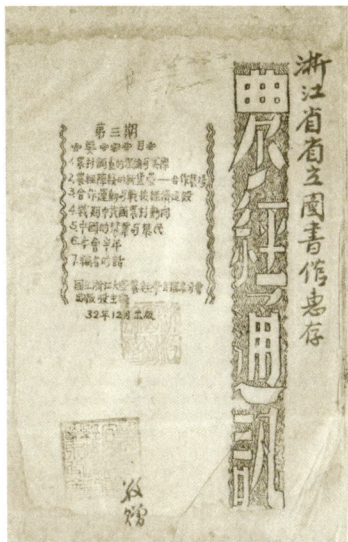

《浙大农艺》

该刊由国立浙江大学农艺学会编。主要刊载农艺学的研究论著、译文介绍及会员动态。主要栏目有大事记、论著、试验介绍、会员动态、校闻院讯。

该刊第一期于1947年7月1日出版，载有发刊辞（萧辅）、《十年来农艺系大事记》（孙逢吉）、《近代试验设计之进展》（丁振麟）、《美国最近棉研究趋势》（孙逢吉译）、《肥料（采子饼）施用期与施用量对于小麦生育之影响》（陈锡臣）、《离校经年之一群——农艺民三五级》（李道藩）、《应届毕业诸会友——

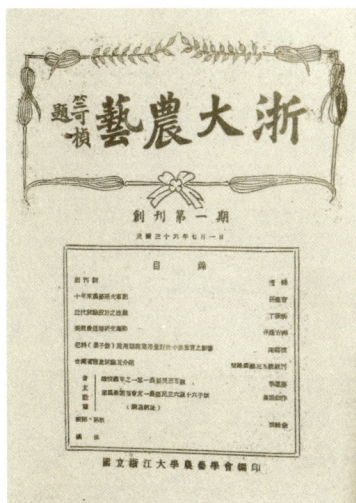

农艺民三六级十六子赋》（集体创作）、《台湾省糖业试验所介绍》（简录农艺三五级级刊）以及会友动态（附通讯地址）、校闻系讯。1948年4月出版的第三期内容有：《台湾甘薯栽培上诸问题》（杨致福）、《湄潭之农业》（陈锡臣）、《新与线维作物（洋麻）之介绍》（高之硗），以及本届毕业会友素描（三七级级会）、征信录、校院系近闻等。第四期（1948年7月出版）载有：《浙江之棉业增产》（萧辅烧）、《染色体与植物育种》（丁振麟）、《根瘤菌之检讨》（陈锡臣）、《母系两年来》（过兴先）等文，以及民三七级毕业系友近讯、系友动态等。

发刊辞
萧　辅[①]

　　吾国以农立国，尽人皆知，而吾国农业生产以作物生产为主，则亦为普遍现象，故谓吾国整个经济之盛衰系于作物生产之成败，改进吾国经济应先自改进作物生产着手，决非过甚之词也。

　　作物以其所秉之天赋，受天时地理之支配，人工之管理与调节，发育孳生，以供吾人之所需。但各作物之天赋各异，而其境遇又不类同，故其最后之成就，亦难期一致。吾人应设法获得各作物最高之天赋，明了其理想之环境则可物尽其力，地尽其利，此即吾人所研习之农艺学之范畴，亦即本刊所欲阐述之本题也。

　　天时之变化莫测，地理之变异无穷，各作物在一地区其反应不同，同一作物在各地区之反应亦异，故各地有各种不同

① 萧辅（1905—1968），字匡廷、参卿，号三生，浙江象山萧家人。南京金陵大学农学院毕业，1933年6月赴美留学，入明尼苏达大学攻读植物育种学，获硕士学位，并被推为美国农业科学协会荣誉会员。翌年8月回国，曾任国立浙江大学农学院农艺系主任等职。

之作物，各地各有其适应之品种。且也各地之环境互异，施工之方法亦迥然不同，因之各地有各地之栽培制度，各地有各地之栽培方法所谓地方性是也。农艺学为基于生物科学之技术学课，其研究之成就与良种良法之获得，多赖于地方性资料与知之累积。而此种新知甚难见诸图籍，全凭实地工作者相互交换，相互启发，以人之长补我之所短，以人之所有济我之所无，他山之石，可以攻错，此为本刊目标之一，亦即有望于爱护本刊之读者，与本会校外会友之协助者也。

在校会友，日夜共处，欢聚交游，砥砺学问，面相授受，无感困难，但离校之后，关山远隔，联络常为中断。查本会自十八年即有毕业会友，迄今，校外会友二倍于在校会友，且在校会友仅限于四级，而毕业会友，则与年俱增，以至无穷。欲本会发生效用，舍无穷校外会友于不顾，而仅着力于在校会友之组织，实为不智之至。本会浙大农艺，具有沟通校内外会友之功能，使校内会友可以稔知校外会友之工作，校外会友可知会中之动态，内外交接，汇成洪流，共策群力，达成任务。

考本会成立于民国二十五年，其时农艺学系分作物与农化二组，故本会会名亦冠以作物二字。迨二十八年农化组分立成系，而本会之名仍延用未改。三十六年春，一部分会友以学系与学会名称不协，致多不便，建议修正，复经大多数之通过改用农艺学会名称，而将本会所办停刊将近三年之作物通讯从新编排定名为《浙大农艺》，非放之异所以正名焉。

《文理》（浙江大学文理学院学生自治会会刊）

该刊由浙江大学文理学院学生自治会编辑出版。年刊。共出版5期。

　　1930年7月出版第一期，共204页，载有《中国古代大数纪法考》（钱宝琮）、《〈山海经〉是一部什么书》（钟敬文）等研究文章。第二期和第三期分别出版于1931年6月（共223页）和1932年（共185页）。第四期于1933年3月出版，共220页，20万字，内容分中西两部，中文部分有论著、研究、文艺、杂俎四个栏目。"论著""研究"栏目中有《德国的新现实主义》（周学普）、《梅士斐儿的戏剧》（饶孟侃）、《诗经的鸟瞰》（储皖峰）、《五言诗发生之研究》（戴静山）、《汉字变迁之大势及今后应有之改良》（闵中一）、《形式的逻辑与辩证法的逻辑》（邱瑞伍）、《中国的鸦片问题》（江之源）、《日本二十年来经济界一瞥》（褚应瑞）等文，以及译作《托罗茨基的世界革命论》（微华）、《教育之新趋势》（王承绪）、《组合有机化学的一个新时代》（浦同烈）等。"文艺"栏目中有翻译小说《猎熊记》、独幕剧《刺激》和白话诗、旧诗和词选、小品文等，另有学校生活数则，插图五幅。 第五期在1933年6月出版，《浙大投考指南》作为该期附刊。附刊载有学校沿革，文理、工、农三院概况，以及外语、教育、政治、数学、物理、化学、生物各系介绍，对文理学院的军训和学生自治会也有简要说明。

卷头语
学艺股

这两年来，我们惯是缄默着，然而长久地缄默，我们也深觉不安！正如有个游客，他是"一日湖上行，一日湖上住，一日湖上坐，一日湖上卧"；可是他对于湖上的风光，却没有只字半句的歌颂。那他能够安心吗？

古人说"因时起志，因物寓言；因志发咏，因言成诗"，我们自愧"发咏""成诗"的能力还差，但处此新文化潮流澎湃之时，在外界友好的期许之中，教师热诚的指导之下，我们何能"无志""无言"，甘心自弃？

不过，三日厨下的新嫁娘，毕竟还是个生手！哪能烹调出什么美味来，供读者欣赏？所以这次的出版竟不过是一杯"薄薄酒"罢了。欲待《文理》来日的丰美，还希外界批评，教师指导，和同学继续地努力呢。

序
邵裴子①

十七年的十月一日，国立浙江大学的文理学院才筹备初具，开学授课后，时同学仅有一年级文理科合计约四十人之谱。他们的学校生活，除规定的讲堂，实验室工作外，还有在

---

① 邵裴子（1884—1968），原名闻泰，又名长光，浙江杭州人。早年就读求是书院，后留学美国，毕业于斯坦福大学。历任浙江高等学堂英文教习、教务长和浙江高等学校校长。1927年参加筹备第三中山大学和文理学院，1928年秋任文理学院首任院长。1928年11月出任国立浙江大学副校长，1930年7月—1931年11月任国立浙江大学校长，卸任后仍任文理学院院长至1934年。

运动场的体育。如果加上极简单的一点学校规程，也算三育方面，都不致有什么重大的偏漏了。可是在这种生活中，同学们却都立在被动的地位，于训练上当然不能说是完全。那时候学校行政方面就想促进学生会的活动，叫同学们有一种自动的工作，来弥补这被动的、还没有完全的训练。筹备一种刊物，由同学们主干，由各教员辅导并帮助一点材料，就是当时想叫学生会去做的一件工作。

但是那时学生会的工作，却十分不容易进行。第一个原因，是同学们都是从各处来的，彼此都还没有很熟悉，更说不到再深的相互的了解。那么合作多么困难呢？第二个原因，是新生升到大学，不论他从前中学的成绩多么好，总觉得急急巴巴有点赶不上的样子。这在外国可算是一个通例。就是顶好的中学毕业生，也不见得在例外。像我们这样草创的、小规模的、一时还要迁就一点中学程度的"学院"，要同英美的"考里其"来比，可不是要"西坡比东坡"了？但是中学的程度（或者说是效率）拿来比外国，也是一样。所以功课虽浅，新同学们还是觉得"日不暇给"，实在说，是没有工夫来办学生会的事。还有，学校方面，如院长一类的职员或教员，要是能够切实地、具体地引导学生会的工作，那当然要好一点。不过这其中也有几点难处。我们当院长和教员的，不一定会做那种工作，这是一。我做院长，我决不愿要学生会完全跟着院长走——操纵或代办学生会。我要我们文理学院的学生会，是完全由学生主动的。那么，学生会的工作，才可算得一种的训练。因此我的促进，也就有了相当的限度。这是二。再看到同学们对于功课都还有点料理不及，这"课外"的活动，我当然不能把他认作比功课还要要紧，来唱这完成训练的高调。这是三。况且在大学一年生的文艺、学术作品，想来总还很幼稚，如果迟上一年，也总可以比较的成熟些。那么，"以待来年"，正是未为不可，何必定要急于促进？这是四。末了，我们的同学，还是太少呵！迟上一年，至少有加倍的人数。那不是差不多要容易着一半了吗？何如率性再等一等？这是五。因为这几种缘故，虽然第一年的学生会职员，有极抱这种刊物观成的决心的，而这种刊物，还是终究没有成功，终究归于流产。

第二年开始了！我们这文理学院，一年是要过两个秋天的。这两个秋天，就在每学期的终了。凡是成绩不合某种程度的，好比萎黄一点的树叶一样，都叫秋风吹离了这树身。剩下来的，当然还是很大的多数，经过一个学年的"淬厉"，力量也坚强一点了；"日不暇给"的样子，也好了一点；作品的幼稚，也应该减了一点。又加入了第二年新同学这几十个生力军（也是曾经一度秋风，没有吹掉，比较着坚强一点的），情况是比较的好了一点了。而第二年的学生会职员，更抱着一种决心，叫这种前一年流产的刊物，本年一定可以成熟地产出。请教员们协助一点小品，并且督促着同学们（新的、旧的）一定要有点贡献，不管他好与不好！因为这几位职员的努力和新旧同学的合作，才有了这《文理》的第一期刊物。

这种刊物的目的，说来甚是简单。这里面绝对没有不知轻重、"班门弄斧"的夸耀，它的目的无非在使本院的同学们有一种练习、试验，和发表他们学作或尝试创作机会，一种可以测定他们自己学力和成熟程度的鉴衡，并且也算是同学们各个和联合地办理一种事务，相当一种责任的实习，更不必说是推广同学们的兴会到正式课程以外的一种方法。如果说这种刊物不是"作为无益"，那么它可以存在的理由，大概就在这些地方罢。

这种无编制的"尝试集"式的刊物可以存在的理由，既如上述，它的主要撰述人，当然是学生，虽然在这第一期里面也有几多位教员的投稿。这好比人们初次成立一个家庭，亲友们都要赠送一点礼物，来帮衬帮衬这一个新家庭的组织者，也叫这初形成的不完备的家庭，可以比较地看着热闹一点。如认为亲友们的力量都在这里了，这可就成了一个误会。这些亲友们，他们自己的力量，是要向别处去看的！

所以《文理》这一种刊物，是浙大文理学院的同学们（现在尚不过六十人的光景）主干的一种刊物。那里边纵有一点教员的作品，不过是点帮衬的材料，现在因为人少，只好出一种年刊。将来呢？要是人多了，有了高年级生和毕业生，它的程度，当然可以较为成熟；它的内容，当然可以较为丰富。那么，它改成半年刊、季刊、月刊，甚至半月刊、周刊，都是不能预料的。它现在的内容，虽然是没有成熟——要是一二年生的作品，就成熟了，那么，再进一步，到了三年级，就要"日中则昃"，呈衰老的现象了！有这个理吗？——可是谁也不能知道这一期和接着的各期里面，一定没有将来的学问家和文艺家的"少作"！所以我所希望于一般读者的，是对于这种青年期的试作，不要苛求；所希望于为这种试作主干的同学们的，是要一年、一年的进步，等到了第二期、第三期，和第四期的时候，可以够得上算大学生刊物里的一种佳作，并且用不着再要同学以外人们的辅导、帮助！如果还有人怀疑到学校方面让这种刊物发行的智慧，我只有复述一句：学生自动的正当集合工作，是学校训练里面必不可少的一件。这"学生会刊"一类的编纂，是学生自动的正当集合工作中最有利的一种，虽然另外还有好多中有利的学生自动的正当集合工作。（1930年6月25日下午4时，于杭州浙大文理学院）

《史地杂志》

该刊由国立浙江大学史地学系编辑及发行。创刊号于1937年5月1日在杭州出版，16开，共90页。初定双月刊。同年7月出版第一卷第二期，共114页。后由于全面抗战开始，浙大西迁，加上印刷困难等原因，该刊暂停出版。1940年9月随着师范学院史地学系、文科研究所史地学部、史地教育研究室等单位的成立，《史地杂志》在贵州遵义复刊，出版第一卷第三期（共66页）和第四期，并改铅印为石印，开本也改为大32开。1942年1月出版第二卷第一期（共54页），恢复铅印，出至该卷第二期后再度因印刷困难中止出版，故先后共出版两卷六期。

该刊专刊历史地理之著作，设有论著、新书介绍、附录等栏目。创刊号上有张其昀《中国历史上之国防地理》、杨敏曾《禹贡三江考》、王以中《山海经图与外国图》、俞大纲《武墨母号考》、柳定生《郭嵩焘传》、任美锷《浙江省之风景与地质》、李

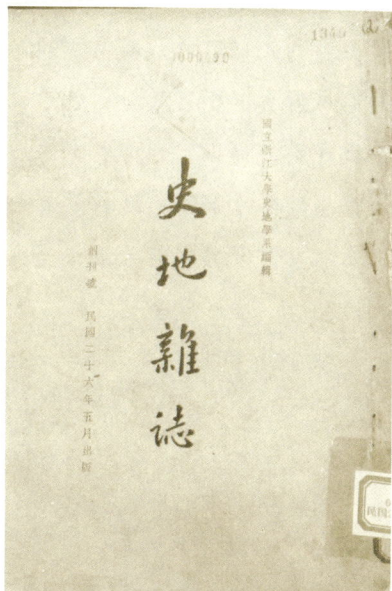

海晨《西北诸省之农产区域》、顾谷宜《留学苏俄时之见闻》、费巩《西班牙内乱之历史背景》、张崟《记武林坊巷志稿》，以及高梦谦《近年日人所著关于东北地志目录》等。其他各期收录了李源澄《浙东史学之远源》、王焕镳（驾吾）《万季野先生系年要录》、谭其骧《播州杨保考》、张荫麟《宋代南北社会之差异》、李絜非《国际年报述略》等论文。该刊还十分注意对国际问题和国际形势的研究，1942年3月出版专辑《太平洋战争讨论集》（第二卷第二期）。

发刊辞

张其昀[1]

杭垣素称东南文献之邦，自宋室宅都，国学肇建，文物萃集，蔚为重镇，尤以史学擅名海内，两浙名贤后先竞秀，近代国史久膺负荷，宋明方志并推先进，民族精神于斯寄托，流风所被并及海东，此举世所知，无待缕述。本大学史地系虽属新创，而学术渊源如此深厚，缅怀前修，良深神往。同人力薄，深自励勉，嘤鸣之念，至为恳挚。斯刊之创，敢云阐发新知，微贡所得。惟望海内君子于此邦有夙好者，不吝教诲，乐予提携，继承精神之遗产，发扬固有之光荣，而以本刊为其邮焉。本系去秋曾与浙江省立图书馆合办浙江学术演讲，延聘学者分题研讨，月有二会，其资料略以本省文献及其现势为限，当别刊专职，兹不重录。（1937年4月20日）

---

[1] 张其昀（1900—1985），字晓峰，浙江宁波鄞县（今鄞州区）人。1936年4月—1949年5月长期担任浙江大学史地系主任，亦曾担任学校训导长、文学院院长等职。

复刊辞

张其昀[①]

本校文学院史地学系创于二十五年八月，成立之始即有读书会之组织，俾师生在课外有讨论讲习之机会。翌年五月，本系有《史地杂志》之创刊，内容以读书会之讲稿为主，益以同人著述，兼载校外同志之惠稿。此志仅出二期，即逢抗战军兴，吾校辗转内迁。初由杭垣溯桐江至建德，又经赣南之吉安泰和而至桂北之宜山，去年岁暮南宁之役，又奉部令迁至黔北之遵义。校址屡迁，图籍未克充分利用，复因内地印刷困难，杂志遂又未复刊，良用歉愧。去年秋，本系受教育部委托成立史地教育研究室，编辑参考书、工具书及挂图等。同时又奉部令成立文科研究所史地学部，招收研究生。二者实互相为助。而本校师范学院史地系之创立，兹亦已满二年，与文学院密切合作。本年秋，新设师范学院史地系第二部，以供大学毕业生有志史地教育者之进修。政府所期望于本系者其殷切既如此。社会亦有指定于本系设立奖学金者（如黄膺白先生纪念奖学金），均足令同人感激兴奋。莅黔以来，倏已半年，同人金以秩序粗定，单位增多，《史地杂志》亟宜赓续，以求教益于海内学者，在遵义无铅印处，以石印代之。此志所收论文，大都篇幅较短，性质比较普通，并期于史地教育特加注意。至长篇论著，内容较为专门者，则投诸专门学会之会报，及本校文学院院刊、师范院院刊等。史地教育研究室另有丛刊之印行，兹已陆续出版。同人均担任教课，自惟力薄，当勉求贡献，借以稍答政府与社会奖进学术之美意。（1940年9月20日于贵州遵义）

[①] 张其昀（1900—1985），字晓峰，浙江宁波鄞县（今鄞州区）人。1936年4月—1949年5月长期担任浙江大学史地系主任，亦曾担任学校训导长、文学院院长等职。

《国命旬刊》

该刊初期由浙江大学国命旬刊社（系浙大教师自发组织）编印出版，以阐扬中国历史文化，探讨抗战现实问题为主旨。于1937年10月10日出版第一期。11月10日在杭州出版第四期后，因时局变动，学校西迁，该刊中断数月。直到1938年5月20日学校迁至江西泰和才复刊，续出第五期。第六期起刊物正式归由学校成立的《国命旬刊》编辑委员会负责出版事宜，编辑委员会由梅光迪等九人组成。从5月20日至8月30日，在泰和出版10期（第五至第十四期）。9月起学校奉教育部令再迁广西，该刊原拟10月下旬继续出刊，但因时局剧变，交通阻梗，加上内地印刷机缺乏等诸多原因，直到1939年3月20日方在广西宜山出版第十五期。之后出版情况未详。

该刊撰稿者主要为浙大老师，偶载有校外其他人士撰写的文章、诗词等。钱基博、梅光迪、张其昀、郭斌龢、马一浮、贺昌群、陈训慈、梁庆椿、王庸（以中）、顾谷宜、王焕镳、钱钟韩

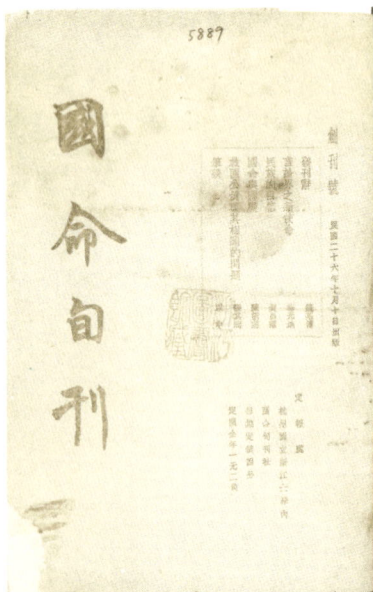

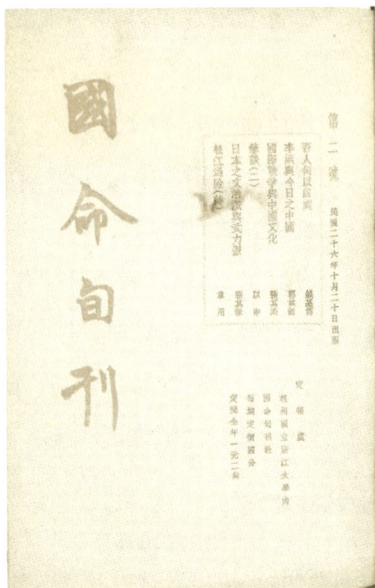

（重函）、李絜非诸先生均有多篇文章刊登于该刊各期。第九期和第十五期刊载了竺可桢校长的《抗战中之大学毕业生》和《王阳明先生与大学生之典范》。该刊也登有一些与学校有关的信息，如《浙江大学迁校略记》（第七期）、《浙江大学近讯鳞爪》（第十四期）、《国立浙江大学中国文学系课程草案》（第十五期）。

《国命旬刊》在杭州出版时除在杭州多家书店代售外，在上海生活书店和南京钟山书局也有代售。在江西泰和出版时，则由汉口、长沙、重庆、上海以及桂林、金华、贵阳等地杂志公司和书店代售。

发刊辞

钱基博①

迩者东人不道，荡摇我边疆，屠杀我无辜，肆其封豕长蛇，以来犯我京畿，凡我邦人，掉心瘱额，虽欲勿战，乌可以已！是用鹰扬之师，决命争首，死伤积野，犹复徒首奋呼，争为先登，同人服务教育，各有攸司，虽曰同仇，匪遑离局；然而义愤空发，喉舌仅存，是用抒其肝胆，播为文字，旬出一纸，署曰《国命》；将以导宣民意，张皇士气，而发刊有日，属为之辞；基博被服儒者，古训是式，谨铨厥指，以昭告于我邦人父老兄弟，诸姑姊妹之前曰：

夫文，止戈为武，维我先民，禁攻寝兵；亲仁善邻，自古已然，然而战阵无勇，比于不孝；四郊多垒；则士之辱，著见经记；以为大戒，而按之《说文》："国，邦也，从口，从或"，"或，邦也，从口从戈以守一；一，地也"。是知国之为诂，谊在抗战；而从口于外者，所以明疆场之有定，树界表

① 钱基博（1887—1957），字子泉，别号潜庐，江苏无锡人。1937年夏—1938年8月应邀在国立浙江大学任教，参与创办《国命旬刊》。

以共守；人不来犯，我亦不犯人，尔毋我虞，我毋尔侵，然而狡焉启疆，何国蔑有！如有侵轶，寸土勿让，操戈以守，有死无退；日蹙百里，其何能国！古人造字，岂曰徒然！凡我邦人，当知国于天地，可以抗战而不可以侵略；可以不侵略，而不可以不抗战。抗战者，国民自卫之天职。侵略者，武人好大之野心。传曰："兵，犹火也，不戢必自焚。"而独不监之古乎！有以侵略亡人之国，而卒不免亡国灭种以自夷者；中国历史之嬴秦、匈奴、契丹、女真；欧洲古代之斯巴达、罗马。滔滔者天下皆是也！近观普法战争以前之法，欧洲大战中之德，何莫非以其民族之好战尚武，而备受全世界人之膺惩！传不云乎！"前车之覆，后车之鉴。"而我东邻，乃欲蹈其覆辙也！耗矣哀哉！然而刑仁讲让，忘战必危；有以不抗战而坐贻陨灭者；观于我国，远则徐偃王以仁义亡，近则南宋以讲学削，又其明效大验也，我今日之中华民国，而欲不为偃王之徐，南渡之宋，则惟有出之以抗战，而抗战者，匪执政者之威胁我，势临我；而出于我疆我理之情有不容已！往者齐人之伐鲁也，战于郎，公叔禺人遇负杖入保者息，曰："使之虽病也，任之虽重也；君子不能为谋也，士弗能死也，不可！我则既言矣！"与其邻童汪踦往，皆死焉。鲁人欲勿殇童汪踦，问于仲尼，仲尼曰："能执干戈以卫社稷，虽欲勿殇也，不亦可乎？"於戏！执干戈以卫社稷，童子之所攘臂以起；而谓觥烈丈夫有不能乎；使之虽病，任之虽重；而君子欲不为之谋也，士欲弗为死也，于义既有不可于情尤甚不安！我疆我理，尺地寸壤，何莫匪我高曾祖考，上溯以暨无极，暴霜露，斩荆棘之所仅得有，国必自伐，而后人伐，我不自削，人谁削我！我爱和平，而宁容人之蹂躏我和平！我不侵略，而宁容人之侵略我土地！操戈以守，义不旋踵，此古人造字，国之所以从口从或，而或之所以从口，从戈以守一；凡我邦人父老兄弟，诸姑姊妹，不可不深思其谛者一也。

所谓"国命"者何也？按命之为诂，古有二释：其一性命之谊，《礼记·中庸》："天命之谓性。"注："天命，谓天所命生人者也，是谓性命。"《左氏成十三年传》："民受天地之中以生，所谓命也。"疏引刘炫说："命者，冥也，言其生育之性，得之于冥兆也。"《大戴记·本命》："命者，性之终也；分于道之谓命。"《论衡·命义》："命则性也。"此性命之说也。其二时命之谓。《荀子·正名》："节遇谓之命"。注："当时所遇谓之命。"《淮南·缪称》："命者，所遭于时也。"《列子·力命篇》题注："命者，必然之期，素定之分也。"此时命之意也。如与"国"字联文以解：从其前者而言之，则所谓国命者国性之谓于文则止戈为武，在国则操戈以守；凡我邦人，当知可以不侵略而不可以不抗战，乃我中华民族之昊天有成命，秉之性分，引为天职，古训是式，断断无疑；其谊一也。从其后者而言之，所谓国命者又国运之意。当此日强寇凭陵，实逼处此；凡我邦人，逃死无所，昔人有言："困兽犹斗，况国乎！"其势不得不起而抗战，此正所谓必然之期，素定之分；虽欲不战，恶得而不战；其谊二也。然而惟命不常，多难兴邦，凡我邦人，溺于宴安，木古则枯，人老亦衰；此一役也，动心忍性，可以祛民族旧染之汙而自新；可以矫民族偷惰之习而自振，《诗》不云乎："周虽旧邦，其命维新。"而鼓舞作新，其必以此日之抗战发其机；舍曰不能，则为人奴虏而已矣！何去何从，孰得孰失？愿我邦人父老兄弟，诸姑姊妹不可不深思其故者又一也。

同人发刊之期，适当国庆之日；所望背城借一，矢志无贰，国命攸续，同人利赖，年年此日，永得以一纸与邦人父老相见，如不自奋而图苟活，人为刀俎，我为鱼肉，昔人有言："虞不腊矣！"存亡之机，决于今日，子犯有言，曰："师直为壮，曲为老。"日则不德而徼怨于我，日曲我直，我志弥厉，推亡固存，义何所让！群贤竞尽其谟，小大咸得肆力；而加之以笃固，申之以忠勇；道有穷而必复，人有激而斯奋，困心衡虑，咸有一德；岂上帝临我而贰其心！苟众志不能以成城，救国不由于得民，民不爱国，惟生是偷；然后黔首有瓦解之危，关门无结草之固；强寇纵兵，如驱群羊，而天纲解纽，大命既倾，河山墟矣！虽当国孤愤，烈士死绥，将奚救哉！是故当国者，必策民之自知卫其国，而情不已于抗战，道之以政，齐之以刑，不若动之以诚结之以义，故曰："域民不以封疆之界，固国不以山溪之险。"此物此志也。伯尔君子，幸鉴此意！

《国立浙江大学师范学院院刊》

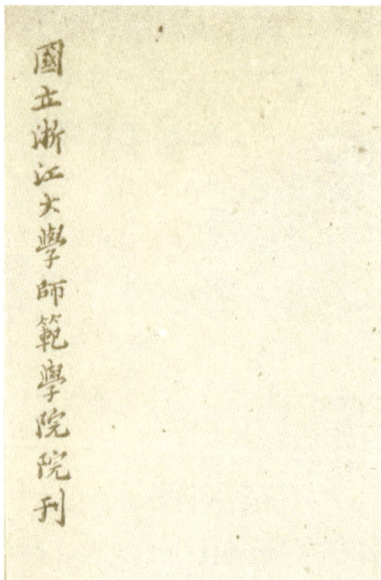

该刊由国立浙江大学师范学院院刊编辑委员会编辑及发行。第一集第一册于1940年9月在贵州遵义出版，第二册于1941年6月1日出版。每期石印线装一册，均70余页。编委会主席为师范学院院长王琎（季梁），郭斌龢、梅光迪、张其昀、陈剑修、苏步青、朱正元任编委。校长竺可桢为院刊撰写了发刊辞。该刊内容反映师范学院文理各系的学术研究成果，刊有任美锷《地理学的性质与其在教育上的地位》、郦承铨《中国学术与今日大学之中国文学系》（刘操南记）、缪钺《中学国文教学法商榷》、费巩《施行导师制之商榷》、丰子恺《艺术的效果》、陈立《男女性别的心理研究》、俞子夷《中等学校里的科学》等文。

发刊辞
竺可桢[1]

扬子法言"师者，人之模范"，足以明教育之效矣。晚近人趋功利，师道寖微，一艺之相传，受之者视为资生之具，凡所请益，囿于绳尺法度艺文章句而止，而修身立命之大，阙焉无闻。为之师者，出其一长，计日程功，讲书而外，若不相识，鲜有存心乐育，终身守之勿去者，模范之义，信乎其不可求矣。师范学院者，将以聚有识之士，绩学砥行，永以教育为职志者也。鼎革以还，高级师范之制，屡有兴革，而注重师资，欲树之模楷，以正立己立人之本，其义则一。国难方深，凡所以宏化育，正人心，明耻教战，以固抗战建国之基，舍教育殆无他求。我校频岁流徙，于军兴之明年，始奉命创建师范学院，其规制之肃，待遇之优，举非普通学生所可及，则国家所望于师范教育者，至深且厚已。师院之成立既后，凭借虞或不丰，今有院刊之辑，将以平素研求有得而不敢自私者，举而问世，其拳拳之忱可思也。惟并世贤达，鉴而存之。（1940年6月）

---

[1] 竺可桢（1890—1974），字藕舫，浙江绍兴东关镇（今属上虞区）人。1909年，考入唐山路矿学堂学习土木工程。1910年，竺可桢公费留美学习，1918年获得哈佛大学博士学位。1936年4月—1949年5月任浙江大学校长。

弁　言

王　琎[1]

　　吾国自民国以来，教育制度，数事改进。虽未俱收成效卓著之功，惟改弦更张，实具有因时制宜之义。高级师范制度盛于民国初年，旋因专科学校竞改大学，高师之制，亦遂因之而废。兹者教部重颁设置师范学院之令，全国已设立者共为七院，浙江大学亦设师范学院一所。难者每谓各大学既有文理学院，则师院似无添设之必要。不知操刀未习，尚惧伤人，美锦学制，亦虞损物，小至一技，无不应使学者对于彼终身所欲从事之业，深加讨论，多事熏陶，方能于任事之时，胸有成竹，不至操切将事，成效难期也，一切学术，无不皆然。何独于百年树人大计，可无专门之探讨。今者士趣不定，士习未纯。执教鞭者既乏作育人才之宏愿，亦无发扬学术之深思。学校无异传舍，教育已成市道。积习因循，狂澜莫挽，无事时无昌明之学说，有事时无可用之人才。欲匡此失，师道宜明。最近高级师范制度之复活，其目的即在于此。若果能推行得法，使将来之从事于教师事业者，俱能高其品，励其志，养其趣，醇其习，坚其操，宏其学，精其艺，则其所至之学校所授之生徒，俱将潜移默化，而全国风气亦将随之转移，则其影响于吾国之前途岂不深且巨哉？浙大师院同人远承政府教育当局建国植人之宗旨，近体本校校长求是朴学之精神。本教学相长之意，为切问近思之功。于讲学之余，作著述之事。凡问题之有关于教育、学术、文化、科学者，如有所见，不惮详加讨论，发为文篇，冀以其一得之真解，贡献于社会，就正于国人，且借此与

---

① 王琎（1888—1966），字季梁，浙江黄岩（今台州市黄岩区）人，出生于福建闽侯县。1937年起任浙江大学教授，曾任化学系主任、师范学院院长、理学院代理院长等职。

国内之共同从事于教育者，互通消息，以收切磋琢磨之益。此则浙大师院同人刊行师范学院院刊之意也。至于与中等教育有关之文字，则将依其性质发表于七国立师范学院联合编辑之中等教育季刊中。爰于本院院刊创刊号出版之时，特志其缘起焉。（1940年5月）

《国立浙江大学文学院集刊》

该刊由国立浙江大学文学院集刊编辑委员会编辑及发行。第一集于1942年6月在贵州遵义出版，文学院中国文学系主任郭斌龢任编委会主席，梅光迪、张其昀、费巩、张荫麟、王焕镳、缪钺、黄尊生等为编委。张荫麟去世后，增补谭其骧为编委。到1944年8月为止，共出版了4集，第二集、第三集、第四集分别出版于1942年、1943年和1944年8月。每期均为石印线装。该刊刊有梅光迪《卡莱尔与中国》、缪钺《杜牧之年谱卷》、张其昀《忠之理论与实践》、谢幼伟《休谟与本质问题》、夏定域《清初舆地学家黄仪传》、费巩《陆宣公之政治思想与政治人格》、李源澄《汉代赋役考》、张荫麟《燕肃著作事迹考》、郭斌龢《章实斋在清代学术史上之地位》、谭其骧《辽史订补三种》、方豪《拉丁文传入中国考》、黄尊生《埃及象形文之组织及其与中国六书之比较》、程石泉《周易六十四卦生生之序》、祝文白《文选六臣注订伪》、

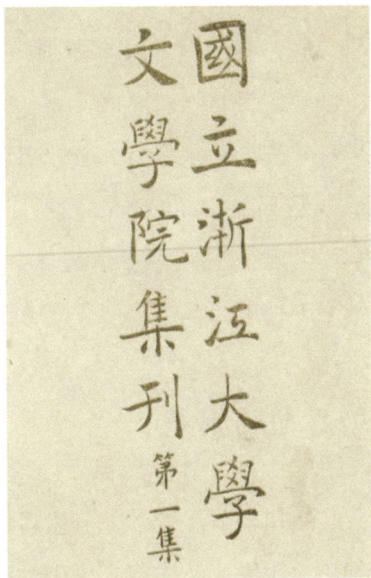

黎子耀《补后汉书食货志》、戴明扬《与嵇茂齐书作者辨》、李埏《北宋楮币起源考》等文。

发刊词
本刊编辑委员会

    国立浙江大学，旧设文理学院。二十八年秋，文学院独立。其年十二月，避日寇之警，自宜山北上。流转道路，淹滞经时。翌年二月，奠址遵义。一载以还，弦诵无辍，因集同人等讲授研治之所得，刊为此编，就正当世。大学文学院，为一国学术思想孕育发皇之所。方今东倭猖夏，丧乱未平，明夷艰贞，益宜自勉。近二十年来，新旧蜕嬗，群言并兴。本院同人等，掸研讨论，粗有所怀，不愿立异，亦未敢苟同。阐明故学，而运以清新之见解，发挥通义，而基于精核之考证，文词修洁，免于鄙倍，皆平日所祈向者。学术文章，影响国运，乃天下之公器，非数人所得私，应求千载之是非，不争一时之显晦。同人等自愧梼昧，有志未逮，海内鸿硕，幸共教之。

（1941年6月）

《思想与时代》

    该刊系浙江大学部分教授联合当时在昆明的西南联大（北大、南开、清华）及成都、乐山的一部分大学的教授创办。由思想与时代社编辑及出版（编辑部设于浙江大学文学院）。1941年8月1日在贵州遵义创刊。该刊出至第四十期（1945年2月1日出版）时，因抗战胜利，浙江大学迁回杭州。继停刊一年又十个月后，该刊于1947年1月1日在杭州复刊，至1948年11月为止，《思想与时代》共出版53期，每期18页左右。

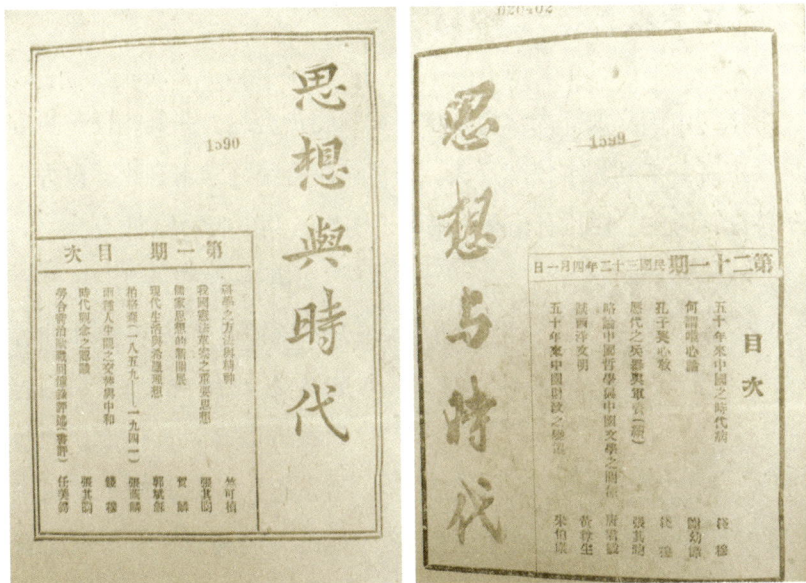

该刊内容涵盖哲学、科学、政治、文学、教育、史地等方面，特别重视时代思潮和民族复兴之关系，将科学时代的人文主义作为其追求目标。撰稿者主要是浙大专任教授，其中有竺可桢、张其昀、郭斌龢、缪钺、张荫麟、费巩、陈立、王承绪、夏承焘、任铭善、陈乐素、黎子耀、严群、任美锷等，此外，钱穆、朱光潜、冯友兰、方豪等也多次在该刊发表文章。浙江大学著名教授张荫麟和梅光迪去世后，该刊曾出版张荫麟先生纪念专号（第十八期）和梅光迪先生纪念专号（第四十六期），对张荫麟、梅光迪的生平和才德作了全面介绍。

该刊在全国有较大的影响，在遵义时期，于重庆和桂林设有总代售处；在杭州时期，除杭州外，于北平、南京、上海、成都、长沙和广东梅县均有代售处。

《浙江学报》

该刊由国立浙江大学浙江学报编辑委员会编，张其昀任编辑委员会主席。本刊为本校文、法、师范三院合编之学术刊物，以人文学科论著为主。栏目有论著、书评、图影。共出版2卷4期。

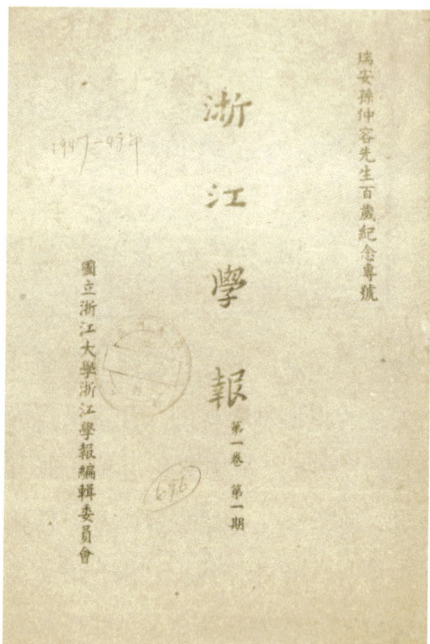

第一卷第一期出版于1947年9月，为瑞安孙仲容先生百岁纪念专号，内容论著方面有：《孙诒让之政治思想》（张其昀）、《书孙氏〈周礼正义〉后》（曹元弼）、《麦氏四器考》（刘节）、《墨子閒诂述略》（蒋礼鸿）、《〈大戴礼记〉校补后记》（任铭善）、《陈傅良之宽民力说》（徐规）、《孙诒让传（新修浙江通志人物传稿）》（钱南扬）、《〈四库全书〉简明目录笺迻》（孙诒让遗著）、《〈周礼正义〉答问》（胡玉缙遗著）、《古制考——赋役篇》（姚祖诏遗著）。图影方面有孙先生遗像和手迹，《周礼正义》长篇稿、《经迻》稿、《河间乐记》撰训稿、《汉石记》稿、孙先生手刻《孔氏家语》、宋刻本《方舆胜览》和麦鼎等。

第一卷第二期在论著方面有陈乐素的《主客户对称与北宋户部的户口统计》、夏承焘的《白石词乐说笺证》、姚祖诏的《古制考——乡遂篇》、严群的《希腊埃类亚派唯静主义的一元论》、孟宪承的《沃立与杜威》、方重的《乔叟的地位和他的叙事技能》，李浩培的《物权的准据法》和陈吉余《杭州湾地形述要》，书评有李春芬的《最近再版的两本地理研究编著》等六篇。刊末附有国立浙江大学新收到的刘氏嘉业旧藏书目录。

第二卷第一期于1948年3月出版，刊有《秦郡新考》（谭其骧）等论文7篇、书评7篇、图影4幅。第二期在1948年6月出版，刊载了《余靖奏议中所见北宋庆历时社会》（陈乐素）等论文10篇、书评6篇。

其他类刊物

《报国友声》

该刊原为由在南京工作的少数浙工同学主持的一种不定期刊物，初名《报国嘤声》，后改名为《报国友声》，创刊于1935年1月。参与编辑出版的有：胡鸣时（主编）、沈沛霖、庄汉开、栗宗嵩、张元训（出版）。1935—1936年间由浙大工学院同学会南京分会发行，先后出版8期。每期栏目因内容而定，如总第三期（1935年8月15日出版）有：编辑者言、本分会情报、陇行纪实、豫冀之行、同学通信、同学消息、师长消息、本刊启事、经济报告、代邮、最后消息等栏。第五期为新年号（1936年元旦出版），其内容有《都锦生丝织厂概况》《工程的电厂营业谈》《菲律宾考察记》《闸口校友生活记》《民一九级杂记》等文，以及师长近闻、报国友讯、团体消息、金榜题名、新年喜报、意见点滴、经济报告、代邮、编后等栏。

1936年12月31日—1937年1月2日，浙大工学院同学会总会在上海成立，本刊第九期（1937年2月15日出版）起改为浙工同学会会刊，刊名维持不变，刊址改设于杭州报国寺浙江大学工学院，刊期重新计算。编辑人员有所更换和增加，主编仍由胡鸣时担任。第九期登有发刊辞，并对同学会成立大会有详细报道，包括成立大会纪事、第一届理监事联席会议第一次会议记录、第一次常务理事会议记录、总会第一次聚餐会记、本会介绍部简则、本会总务部职员录等。

在南京分会发行《报国友声》时，还曾有过由浙大工学院同学会上海分会发行的《报国新声》，该刊在同学会总会成立后，要求不再出版，仅出版以同学会总会名义编辑的《报国友声》。

发刊辞
谭友岑[1]　胡鸣时[2]

《报国友声》本为南京浙工同学一种不定期刊物，初由少数同学主持办理，名为《报国嘤声》，取我报国同门，嘤嘤求友之意；后改名《报国友声》，由南京同学推举数人负责，为时约历年余，计刊八期。

兹当本会成立之初，众意必须有定期刊物，借以沟通师友

---

[1] 谭友岑，字质维，浙江丽水人。1924年毕业于浙江公立工业专门学校电机科。

[2] 胡鸣时，江苏无锡人，1931年毕业于国立浙江大学土木工程系。

间声气而谋达本会宗旨。后经理事会议决，即以《报国友声》为总会会刊名称，由学术部编辑发行，将前南京之《报国友声》及上海之《报国新声》停刊，以集中通讯与联络，则此后《报国友声》之内容与范围，当就本会整个立场，力谋联络发挥之能事。

本会会员数达二千余人，先后同门者，为时历二十余载，此后同学之将为本会会员者其人数与时间，均递加无穷，故本刊之期望与责任，实重且大。愿会刊之行也，非仅借少数主持人之有限才力与时间所能胜任，其有赖全体会员之共同协助维护，自不待言。且本会会员服务社会，早具基础，其一切经验与观察，在在足为同人之借镜。他如各地通讯，师友近况等，尤为联络上不可缺之消息，均期待珠玉之赐，以充实内容，俾本刊为全会精神系托之所。故当兹发行之初，同人等抱热烈之愿望，务求不落寻常会刊空泛窠臼，俾永续良好之刊行。

本部编辑同人，因办事上之关系，故集中于一处，见闻自属有限；兹就各地另请会员担任特约通讯撰述，并将本刊内容分类如次：（一）言论，（二）会务，（三）校闻，（四）研究及记述，（五）通讯，（六）师友消息，（七）专载，（八）杂俎。

此后务请全体会员，各舒伟见，尤盼我师长时作宏论，赐以南针，俾观厥成，本刊幸甚！本会幸甚！

《国立浙江大学工学院毕业同学会会刊》

该刊由国立浙江大学工学院毕业同学会出版股编辑出版。工学院毕业同学会成立于1934年，并在成立后即出版会刊，每月一期。现见第二十二期（1935年12月31日）、第二十三期（1936年1月31

日）、第二十四期（1936年2月29日）、第二十五期（1936年3月31日）、第二十六期（1936年4月30日）、第三十一期（1936年10月1日）、第三十四期（1937年1月1日）、第三十六期（1937年3月1日）、第三十八期（1937年5月1日）、第三十九期（1937年6月1日）、第四十一期（1937年8月1日）。

该刊主要传达母校和校友间消息，如第二十二期有母校事端、母校新建筑、聘用教授、化学系最近之发展、母校土木系设备近况、增设训育处等报道。常设的栏目有校闻、同学消息、海外来鸿、会务报告或会务通告、书籍介绍、毕业同学在外服务报告、来函照登、工厂调查、级友通讯、分会消息、年会记事、学问与事业、洞房花烛等。偶有数期载有论述文章，如《土壤力学讲演》（茅以升）、《南京同学会所之重要性》等，或有游记如《北行见闻录》《江西龙虎山游记》《访越杂记》。

《浙大工学院民廿四级级刊》

该刊由国立浙江大学工学院民廿四级级友会出版，通讯处设在江苏、北平两地，由吴沈钇、郑允明分别负责。刊名由李熙谋院长题写。

现存的第三期（1937年1月1日出版）共64页，16开，印量250

本。栏目有大学路、师长楼、同学会、大礼堂、新仁斋、广告版、素描簿、小品箱、邮政筒、揭示图、通信录、报告书、补到班。"大学路"一栏报道了1936年夏学校组建的新行政班子，包括校长竺可桢、教务长郑晓沧和院系领导人选，及电机、化工、土木、机械四系的发展。"师长楼"介绍了李寿恒、吴馥初、王国松、张云青、潘承圻等15位师长的近况。"同学会"栏目简述工学院毕业同学会和浙工同学会（即杭工同学会）总会及所属分会（杭州、南京、上海、福建）的活动，并预告将筹备成立国立浙江大学毕业同学会和国立浙江大学校友会。"新仁斋"栏目为级友消息报道。"素描簿"是级友们记叙的各地生活见闻或旅行游记。该期的内容比前两期在篇幅上有所扩充，编制更为精美，出版费用由级友们捐助。

《国立浙江大学同学会会刊》

该刊由国立浙江大学同学会编印。国立浙江大学同学会（初称"毕业同学会"）于1939年在广西宜山成立，次年10月1日在贵州遵义创设会刊。每月一期。但由于印刷或假期之关系，有延期发行的情况，有时甚至延期数月。到1946年1月为止，该会刊共出版42

期。该刊主要以会员之间交流信息以及传递母校近况为主旨。有会员通讯、会务报告，以及掌故、花絮等。如1942年11月出版的第二十二期有编者言、云南分会秋季常会、本会重要启事、会议录、《母校农院三教授莅滇讲学纪》、《毕业将近十年的一封信》等内容。1941年7月1日曾出版特刊一期，载有第二届理事会的会务报告和《漫谈母校这一年》（朱庆年）、《八千里路云和月——

浙大风景线》（朱希侃）、《民廿级之页——纪念毕业十年》（尚贤）等文以及《国立浙江大学同学会简章》。

　　抗战胜利后因学校准备复员，会刊暂停。学校复员回杭后，同学会会刊恢复出版，但出版总的期数不详。1947年8月15日出版的会刊内容有《本会会务之回顾前瞻》、《竺校长光荣归来》、校庆追记、校史专栏、母校近况、会务报告和编后。根据王国松先生写的《本会会务之回顾前瞻》一文，称国立浙江大学同学会于广西宜山成立后自1940年起每年举行同学会年会一次，复员回杭后因筹备不及，年会延至1947年3月31日举行。文章呼吁，今后会刊仍应继续按期出版，并尽快调查并整理出版同学录。在"校史专栏"里收录当年4月1日庆祝校庆纪念大会上陈仲恕、钱均夫、邵裴子诸先生关于求是书院和高等学堂的讲话。在"母校近况"栏目中报道了钱学森先生来校作题为"工程与工程科学"讲演、文学院增设人类

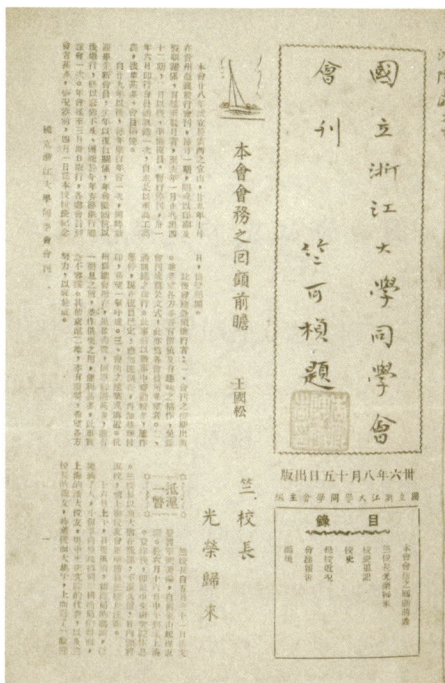

学系、张教务长病逝等消息。1947年11月10日出版的会刊载有张荩谋教务长传略，以及求是点滴、各院近讯、分会消息、年会账目等栏。"求是点滴"一栏里有关于学校新旧校舍重新命名的报道。

《国立浙江大学史地系部毕业同学会通讯》

该刊由国立浙江大学史地系部毕业同学会编。油印。1945年11月15日出版第一期，共3页。该期有校闻、系闻、会友花絮和会务报告栏目。在"校闻"栏目里报道了竺校长赴渝参加教育复员善后会议，一年级新生500余人于11月8日在大学路礼堂举行开学典礼，以及苏步青、陈建功、蔡邦华赴台接收台湾教育文化事业，译员从军同学返校复学等消息。1946年2月出版第二期，内容有补代发刊辞（浙江潮）、校闻、系闻、新疆来鸿、在重庆的我、兼中生活、渝讯拾零、会友动态、会费征信录、启事、编后等栏。

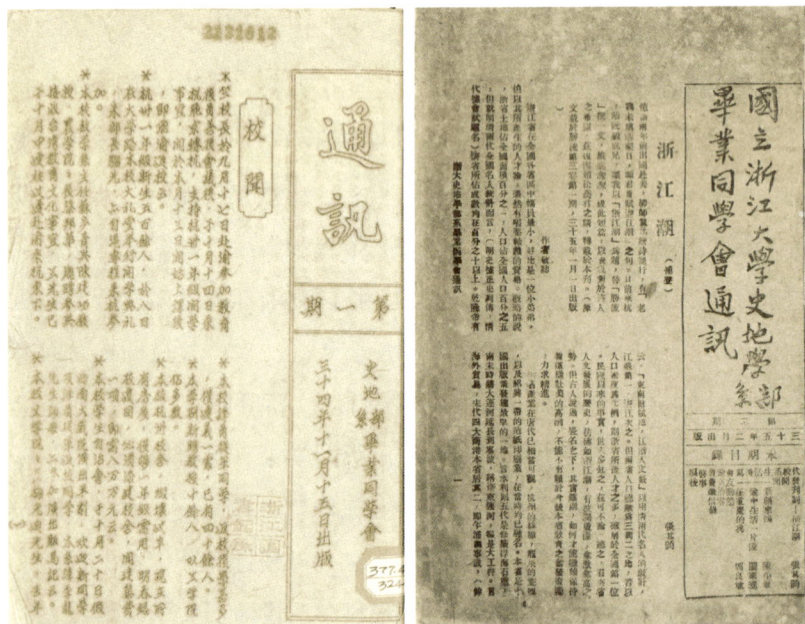

《史地通讯》

该刊由国立浙江大学研究所史地学会编印。载有：该学部概况（宋晞）、毕业同学概况（赵松乔）、《回忆断片》（胡玉堂）、本系教授介绍、服务本系的六位毕业会友、同学介绍、毕业会友动态、杭州分会通讯、《漫写永兴》（李赓序）、《湄潭素描》（马光煜）、《遵义点滴》（杨予六），以及会务简报、编辑后记。附录载《国立浙江大学史地学会简章》、《史地学会三十五年度第二学期干事名录》、会员通讯录、会员通讯调查表。据李絜非先生的《本系概况》一文，当时任教的有：张其昀（地理）、叶良辅（地质）、顾谷宜（西洋史）、陈乐素（中国史）、谭其骧（中国史）、李絜非（中国史）、严德一（地理）、王维屏（地理）、杨之远（地质）、幺枕生（气象）、黎子耀（中国史）、沈思玙（地理气象）、张鉴（中国史）、季平（西洋史）、胡玉堂（西洋史）诸先生。

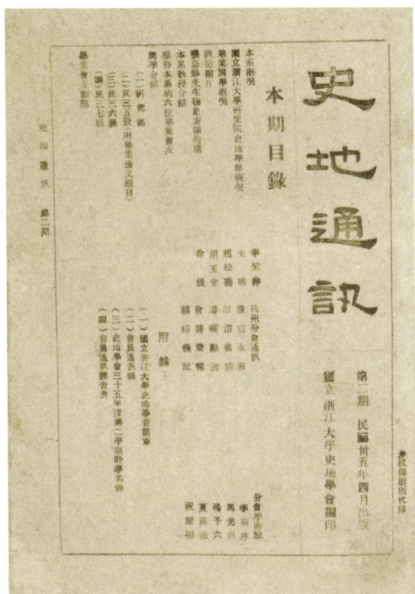

《时与空》（史地学友会会讯）

该刊由国立浙江大学史地学友会编。第一卷第一期于1947年2月出版，该期载有系闻、会员来鸿、会友动态、干事会纪要、会费征信录、经费收支报告、本届干事题名录等，以及《我在新疆》一

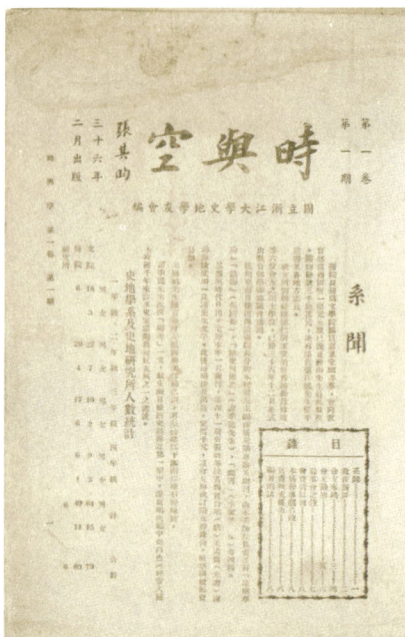

文。第一卷第四期上的《记李四光先生考察杭州冰川地形》一文（陈吉余撰写）讲述了地质研究所李四光所长于1947年12月7日率领史地系三、四年级地理组的40余位同学在杭州近郊考察冰川地形的详情。刊于同期的《教材展览会纪略》一文报道了史地系复员杭城后举办的第一次展会的概况，本次展览共展出地图160幅，拓片836帧，仪器、模型、标本181件，分两个展厅，中国部分在健身房展出，外国部分的展览设在报告厅。

《国立浙江大学第一届毕业纪念刊》

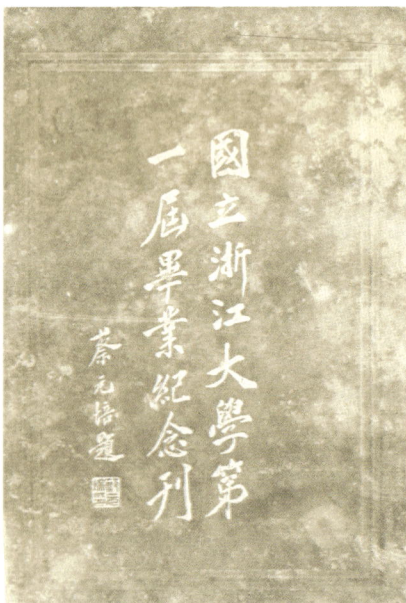

该刊于1928年出版。刊首为编者以及蒋梦麟校长等撰写的序文。全刊分工学院、级次、学生生活三大部分。在工学院、级次部分刊登了大学院院长蔡元培、校长蒋梦麟、院长李熙谋和学校教职员照片，工学院和诸级友的照片，还载有《十八年来之工学院》《工学院一年大事记（1927年8月1日—1928年7月10日）》和《实验场室概况》等文。学生生活部分载有以下文章：《本院学生会小史》《一年来体育小史》《学生军成立记略》《本院演讲竞赛记略》，以及《赴日考察记》（赵陈风、陈昌华、吴兴生、方朝梁）、《电机实习谈》（赵陈风）、《制革实习谈》（克白）、《一天中的生活》（敬平）、《我们的衣食住》（同素）、《自修室小记》（朱缵祖）。刊末为《国立浙江大学毕业同学会章程简章》和编辑余言（吴兴生）。全刊123页。

序　一

蒋梦麟①

本大学工学院四年级学生今年毕业了，他们筹备出一个年刊，要我作一篇序。

我想：他们毕业以后，对于社会和国家要负很重大的责任了！从另一方面说，也是社会和国家对于他们要负很重大的责任了！

这十多年来，国内军阀横行，战乱不绝，社会上一切事业，大都弥靡不堪，人民生计迫蹙，一般毕业后的学生，最大的一条生路只有做官，于是学文科的，学法科的，学工的，学农的，学医的……熙熙攘攘，拥挤在一条路上，做那不是生产而是毫无意义的消费的事业。社会上也常常有人骂着，说他们不去寻找正当的职业，却大家想来做官！但是，我们平心想想，这个责任，应该完全由他们负着吗？

其次，不做官或是没有官做的，便惟有教书了。他们学无

---

① 蒋梦麟（1886—1964），原名梦熊，字兆贤，号孟邻，浙江余姚人，1902年考入浙江省立高等学堂，后赴美获哥伦比亚大学博士学位。1927年，出任浙江临时政治会议委员兼秘书长，筹备大学。同年7月至次年4月任国立第三中山大学校长，1928年4月—1930年7月担任浙江大学首任校长。

所用，只好又拿来教人，我们知道，他们中间有些对于教育并无兴趣，而且自己也知道并不适宜于教书，或是对于别的事业更有兴趣，自己知道更适宜于做别的事业，无奈，可走的路实在太少了，没有让自己选择的余地，这样，便成功了为世诟病的所谓恶循环的教育。

许多怀抱着很高尚、很伟大的志向的学生，对于自己，对于社会，对于国家，怀抱着很高尚、很伟大的志愿的，但一出了学校门，不得不然地，而且还是幸运的（还有那失业的呢），走上那并非愿意走而又不能不走的路。几年以后，有的沉闷了，有的消极了，有的颓靡了，有的堕落了，这是怎样可悲的事情！

现在，大家觉得了吗？"新中国"快来到了！经过孙中山先生及其徒众多少年的努力，现在，确实的，新中国到来的机运已轻成熟了。这个新中国的到来，将改换数千年来中国的历史，改换数千年来世界的历史，这是无疑的！

新中国到来的机运虽已成熟，却还不过豁露了若干的道路，要大家都选择自己要走能走的路，向着同一的（中山先生指示给我们）的理想的目标前进，新中国才终于会实现。

新中国的完成，终结在于物质的建设。中国实在太贫乏了，我们大多数的人民，不足衣，不足食，没有住，行路也不便利。这个贫乏，不是复古排外所能解决得了的，不是剖斗折衡所能解决得了的，只有能利用科学，利用机器，增加农作的生产，工场内有丰富的出品，能使用世上最便利的工具，从事一切的生产事业，那时才谈得到分配的社会化，贫富阶级的消灭，才谈得到人民的乐利。

我们若干年努力而企望的机运幸已成熟，我们要好好地迎接着这个机运，我们更要恢宏我们对我自己、对于社会、对于国家的志愿！

四年级的学生已经毕业了，他们对于社会和国家将要负着很重大的责任，在新中国实现的艰难重大的工程上尽一分力；然而，他们的成就如何，社会和国家对于他们也要负一份责任的！（1928年6月30日）

序 二

李熙谋①

工校开办已有十八年的历史，而改组工学院只有一年，以前在甲种工业时代，于染织、机械两科，较为注重，电机、应用化学两科，都是后来添设。其设备之不能充分，那是无庸讳言。工业专门学校成立以后，浙江时局渐渐走入战争状态底旋涡内，学潮亦常有发生，那么学业功课之迭遭折扣，也不庸掩饰。自改组工学院一年以来，得依照预定计划，循序进行，确是幸事。此届电机、化学两工程科，得以大学名义举行第一次毕业式，并发行一纪念刊，那更是本院无上的光荣。

但是虚名是很容易求得到的，实学却比登高山一样的艰难。世界科学的进步，绝尘而驰，一日千里，在此北伐将告成之际，政府方移注全力于建设事业，民生如何解决，抵抗帝国主义者如何准备，都是吾们习工程学者应该负担的义务，那么同学等的责任若何艰巨，国人责望于同学的又若何深切；可以不言而喻了。若使既拥大学毕业生的美名，对于建设民生等问题，却是一无能力，足以有所供献，那么这一本纪念刊，不是金榜题名招揽人们尊崇起敬的商标，却是自写亲供给付人们循

① 李熙谋（1896—1975），字振吾，浙江嘉善西塘镇人。美国麻省理工学院电机工程硕士、哈佛大学哲学博士。1927年国立第三中山大学成立后，出任工学院首任院长。1938—1942年再度应邀担任国立浙江大学工学院院长。

名责实的证据。春秋责备贤者，这又何等可怕呢？

有人说："既往的舞台人物，未必都要真才，名士虚声，也可以混充博学。"然而以前的中华民国，从未达到科学建设地步。混水里分不出鱼鳅，今后的学术竞争，生存奋斗，将如铁炉里试验五金一般，若是经不起锻炼，便立刻熔化消灭。

所以从今以后，做一个工业学者，一定要终身研究，吐故吸新，作事业上的营养，不以在学校时代所得为满足，那才可以应付环境的需要。

在这应该庆贺诸君学成致用的时候，说了许多逆耳的闲谈，也许是煞风景，但是期望诸君之心太是殷切，不免有几分过虑的地方，还是请诸君加以原谅，假使这本刊物，不变为纸篓中的废纸，而与诸君的名字永远为一有价值之纪念物，这是何等可喜的事呀！（1928年6月17日）

序 三

本刊编者

上帝 最初的创造者哟！

你在第一天上造出了光明。

你在第二天上造出了水的天宇。

你在第三天上造出了大地和海洋，

大地上你更造出了青蔬和果木。

你在第四天上造出了日月与星辰。

你在第五天上造出了游鱼与飞鸟。

你在第六天上同时把走兽昆虫和我们人类一起造出了。

你在第七天上便突然贪起了懒来。——沫若

这遗剩下来的第七天之工程，是何等悠久，何等艰难哟。

经过了几千人类的创造，至今还不过是一个自私自残冥顽的世界，尤其是我们中华贵国，一睡千余年，睁眼醒来，凡百事落在他人很远的后面。

这是时候了，我们应该来算一笔总账。

我们觉得以前的生活是过于浪漫。要像以前的生活，在今毕业之后负起那第七天的工程，简直是梦想。所以院长先生在他平时与今次序言里，苦口婆心地一再劝告，他说"虚名是很容易求得的，实学却比登高山一样的艰难"。这个实学是什么实学呢？就是指他后面说的"建设民生问题"的实学；就是第七天工程上之实学。

我们来此学习第七天的工程，已有数载，对于学校，对于先生，对于同学，都已有很久的历史。而现在确已到了分别的时候，并且是负有社会与人生的使命而分离了。我们的心怀，当有一种怎样说不出的思念哟！

分离是必定事实了，而我们对于社会的责任究能负到如何的地步，是不可必的，将来我们或者因为恶劣环境之改造，而去大开倒车，也未可知。所以我们在这个分野时期，必定要一个纪念：一则用以结束我们以前的浪漫生活；一则在此浙大第一届毕业时，创始一个与人与校的相别敬礼；还有就是借此薄薄的刊物，用以规范我们十七人对于第七天上的工程，勿使相懈。我们如果一出校门，从此已矣，那么这本东西非特是我们的"金榜题名"，简直好算我们的墓志铭罢！

《国立浙江大学第二届毕业纪念刊》

该刊于1929年出版。刊首为蒋梦麟校长、邵裴子副校长、李熙谋院长撰写的序文和发刊辞，接着为工学院略史。随后是校门、院

國立浙江大學
第二届
畢業紀念刊

The Class Book
1929
Chekiang University

國立浙江大學工學院
民一八級級友會發行

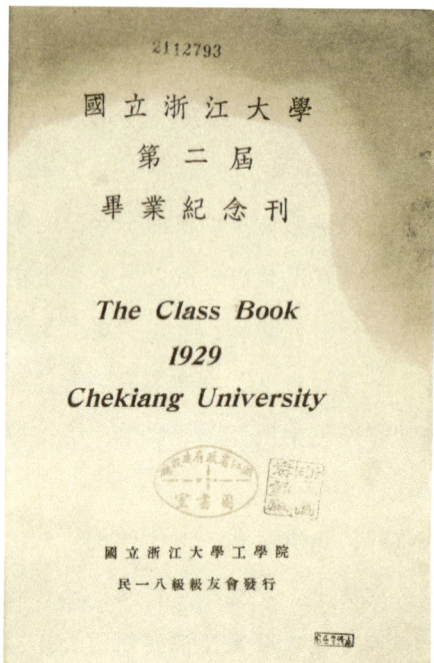

门以及教职员照片，本院大事记（1928年7月—1929年6月），级友像和本级级史。

刊内还有题为"工学院组图"的多幅照片，包括工学院外景、办公室、无线电台、宿舍、教室、各工厂实验场。文章有《工厂实验场之概况》《赴日考察记》（各工厂介绍）。刊末为徐幼初撰写的编辑余言。

序　一

蒋梦麟[1]

民国十八年，夏，工学院电化两科将举行第二届卒业，诸生有纪念刊之辑，请序于余。余维教育为立国之大本；而教育之设施，又以审度国情、适应潮流为原则，今日中国之需要科学，已为国人所公认。故教育之实施方针：在大学专门，则"注重实用科学，充实科学内容，与养成专门之知识技能"；"在各级学校与社会教育"，则尤注重于"养成规律之习惯"。诸生之所习，为电，为化，固纯粹之科学也。于知识技能方面，亦已有相当之修养矣。异日出为世用，当能本其

---

[1]　蒋梦麟（1886—1964），原名梦熊，字兆贤，号孟邻，浙江余姚人，1902年考入浙江省立高等学堂，后赴美获哥伦比亚大学博士学位。1927年，出任浙江临时政治会议委员兼秘书长，筹备大学。同年7月至次年4月任国立第三中山大学校长，1928年4月—1930年7月担任浙江大学首任校长。

所学，致之实际。惟余有厚望于诸生者，不特于其所从事之工作，用其所学；尤当以科学方法，为支配生活之准则。诸如：工作之支配，思想之整理，生活之调节，胥以科学为指归；则规律之习惯成，而事半功倍之效可收矣！尤有进者，为学无止境。诸生今日之卒业大学，非谓已尽为学之能事，此特于修业之历程中，示一结束耳！发扬光大，是在诸生之自励。诸生其勉哉！诸生同学四载，亦既攻错有年，此后劳燕西东，尚望益相砥励；则今日此刊之辑，或即诸生成功发轫之左券欤？是为序。

序 二

邵裴子[①]

本大学成立以来，举行毕业式，现在是第二次了。这两次毕业的，都是工学院的同学。本届毕业的诸位，预备出一本刊物，做做离别的纪念。要我来说几句话。

我于工科是外行，并不能对诸位有什么贡献；不过平常也稍稍有点感想，能借这机会吐露一下，也是很欣愿的。

我们中国物质文明之所以如此落后，到现有竟有"赤了脚都赶不上"的危险，这原因并不是智力的问题而是人生态度的关系。一个民族的人生态度，当然有他所以然的条件，如气候、地势、物产等等都有重大的关系；而能否适应时代的进化，尤其是一个民族盛衰的征候。中国在向来"号称天下"的区域里边，一方面既有自然优美的生活条件，一方面又因祖先开辟平治的辛劳，遗留下勤俭的风气，所以中国人的人生态度

---

① 邵裴子（1884—1968），原名闻泰，又名长光，浙江杭州人。早年就读求是书院，后留学美国，毕业于斯坦福大学。历任浙江高等学堂英文教习、教务长和浙江高等学校校长。1927年参加筹备第三中山大学和文理学院，1928年秋任文理学院首任院长。1928年11月出任国立浙江大学副校长，1930年7月—1931年11月任国立浙江大学校长，卸任后仍任文理学院院长至1934年。

大体上总是温和持中，即不像印度的绝端向后，否认人生，也不像西方的积极向前，追竞物欲。这种态度，在大门关得住的时候，享雍容揖让的太平幸福，当然是很舒服的。不过到了一旦大门洞开，异方的物质文明和经济势力，挟了雷霆万钧之势，逼迫进来，使你不但不能拒绝而且要自然而然地随和他们。久而久之，吐骂奇技淫巧，主张抱残守缺的先生们，为赶路程也坐起火车来了，为通急信也打起电报来了。本来生活的舒适是人生重要目的里面的一个，向来说的，"由俭入奢易，由奢入俭难"，返朴守约，常人所苦，渐渐地自然成了喧宾夺主的局面，一天没有外国东西便不能度日。中国人的一种大少爷脾气，不但缺乏研究发明的精神，连模仿也觉得麻烦，只晓得现成买来用得适意。如此一来，固有的经济基础，当然无法保持，再加以政治的斫丧和灾祲的交迫，到了近来几乎是苟延残喘都觉为难了。

近几年来，朝野有识之士，很有深切感觉到这一点的，所以大家对于物质建设，竭力鼓吹提倡，政府方面亦复精详擘画，逐步实行。这种地方，有赖于我工科学者，当然很多。不过我以为工科学者于物质工作以外，尚应担负一部分心理建设的使命。在实务工作方面，能十分利用人家已有的知识经验来解决我们的问题；在研究工作方面，能潜心摄虑，期有发明；而在教育工作方面，尤贵于在教授知识技能以外，努力于一般人生态度之纠正，使之受科学态度的洗礼，使之有向前进取的精神。

这个关于民族前途艰巨工作的一部，工学院本届毕业的诸位同学，出去以后，希望都能够注意到这几点。那么，我们多一次毕业的同学，社会就多受到了好些的益处。

这算不得同学录的一篇"叙"，只好算对于此番毕业同学临别时一点祝颂和希望的意思。（1929年8月）

序 三

李熙谋[①]

本院民一八级毕业同学将印行毕业纪念刊，嘱予缀言卷末以留纪念，其意至盛，予亦乌能无言夫。人生聚散势所难免，当其相聚，也不觉悠悠岁月之易逝，及将分袂，又不胜其惜别伤离，发为种种之感想，此种感想之中，最萦绕而不能去怀者，即诸同学毕业后之前程。盖学校之期望毕业生，实无异父兄之期望子弟，今诸同学毕业之后，果为国家效力之国民，抑为自私自利之个人，何去何从，此予所至为担忧者。在普通见解，必谓诸同学服务社会时苟能得到相当成绩，则主持教育者已可谓尽其责任而无负其初心，但所谓成绩者不仅个人之成功而已，比一个人之成功更为重要者，即是对于国家民众之忠心服务，须知教育最高之目的不仅造就人才，须造就卓有人格之人才。我国近数年来，学校教育能达到造就人才之目的已属难能而可贵，欲其造就卓有人格之人才，今日教育能力似尚不能及，此诚吾国教育前途一种极危险之现象。姑以浅近方法言之，今一般人之心理似惟对其家庭负有相当责任，对于国家之责任则甚渺茫恍惚，故皆淡然视之。不知国家由人民积聚而成，一国之内各个人民只负家庭责任而无对于国家之责任心，则此国家乃是阒无居民之旷土，尚何有国家成立之可能。即退步言，一国之内苟有一人无对于国家之责任心，即已缺少国家组织一分子。今试问吾中国全体国民中，对于国家有负担责任之心理者能有几人，不独未受教育之民众缺少此种心理，即在知识阶级中亦不可多见。现在学校教育之需要，即在转移一般

---

① 李熙谋（1896—1975），字振吾，浙江嘉善西塘镇人。美国麻省理工学院电机工程硕士、哈佛大学哲学博士。1927年国立第三中山大学成立后，出任工学院首任院长。1938—1942年再度应邀担任国立浙江大学工学院院长。

民众此种心理之倾向，若能将现在只知有家不知有国之心理一变而为只知有国不知有家之心理，即是学校教育之大成功。在青年学生中亦未尝不好谈爱国与人格等等高尚之名词，然未知爱国与人格究是何利物，以到结果总属空谈。若能舍远就近去高深而言，实际凡一切利己之思想与有利益国家利益团体之思想相冲突时，宁舍利己之思想而取利益国家利益团体之思想。根据此种思想更能见之于行为与事实，是即爱国，是即人格。吾国之内连年祸乱，无一次不是一人或数人利己思想冲动而造成之。诸同学个人事业之成败正无庸汲汲，惟对于国家社会是否能舍除利己思想以利其国以利其群。能如此，则学校之荣誉、革命之成功、国家之幸福均在乎是矣。

总理遗教曰：知难行易。我人所苦不自知耳，若已知其轻重本末，则舍私为公一言而决。予为是说非，仅仅为临别之赠言，愿与诸同学共劝勉之。（1929年6月4日）

发刊辞
闵　任[1]

我们生在这个时代，目睹魔鬼的欢腾，强者的怒吼，弱者的呻吟，残酷的，激昂的，挣扎的，麻木的——光怪陆离，一片乌烟瘴气！我们在学校时，尽可站在一边，戴上科学的眼镜，运用分析的工具，来显出社会的原形；如今可要你尝尝这谜样的滋味了！好像几年待字闺中，一旦妆成出嫁，想到我们的终身，只有恐怖，只有战栗：如此我们不能无言。

这本纪念刊产生的动机，便为了要表现几年来我们生活和经历的总结果（Net result），留作日后的借镜。此外并没有什么了不得的来历。"无意义的广告"，"照例的文章"，

---

[1] 闵任，字任之，湖南长沙人，1929年毕业于国立浙江大学化学工程系。

为这些话我们不屑呼冤。这里没有时髦的见解，没有动听的名词，没有新颖的贡献；我们有的只是忠实的供状，只是平庸的叙述，也就是我们十四人，在前途长远的生命的海中，同舟共济的舵。

我们要脚踏实地，从荆棘丛中辟出光明之径，或想抱着冲出去的决心，杀开一条血路，第一件事得认准了方向。这时代是一座庞大的炼金炉，它可以试出我们的气魄是否宏大，我们的意志是否坚强。该淘汰的，休想在它烈焰里苟延残喘，留下来的才是不可多得的精粹，早晚要放出灿烂的光辉。

我们认现在是旧势力的基础还待我们努力摧毁，新时代的基础还待我们努力建设的时代，在这过渡期中，假如缺少抵抗环境的决心和毅力，理想之王国便无从产生；反在社会上落伍的集团里添了一支生力军。常听人说："现代的青年，建设不足，破坏有余。"这话是值得我们刻骨铭心的。

现在调出这一队文字的先锋，向前进攻。虽不一定旗开得胜，或可听到敌人的惊叹，不敢说"秦无人"；等到我们一冲出去，在最短的期间，那战野上便有一番风云变色。不然，有我们不为多，无我们不为少，那就凭我们这本东西，粉饰得如何五光十色，我们始终是没有出路的。

屠介涅夫说："在文字上成功，不如在事业上失败。"我们现在敢于违抗这教训，便因为我们无论在事业方面，在文字方面，暂时都够不上说成败；不过几年来书本生活，幸有"一得之愚"。日后事业上的把戏，虽说尽够我们领教而有余。然而这"一得"充我们做事的工具，供我们应付的需要；一想到"不忘本"，我们才不计工拙，拿我们的宝整个儿献出来。至如值的问题，想来不见得一般人都患近视，所以"定评"的有无，我们认为也不值计较了。

说一句狂妄的话，倘使这本书，当得起"继往开来"而无愧，那么浙江大学的荣誉，将随着二届，三届……以至于瓜瓞绵绵无穷届的纪念刊，发扬光大，迄于无极。本刊同人，当馨香祷祝之。

《国立浙江大学文理学院第一届毕业纪念册》

本刊刊首有前校长蒋梦麟和院长邵裴子的序文。随后为学校校史、文理学院院史和本级级史。刊内附有大量照片。在院景照片部分有校门、院门、宿舍、自习室、教员宿舍、心理系动物研究所、化学实验室、化学仪器室、物理实验室、办公室等。另有教职员照、毕业学生个人照和集体照（包括入学时的集体照和毕业时的集体照），此外还有文理学院一、二、三年级照。刊末为毕业生通讯录。根据该年级级史，中文系因缺乏教师，于1930年秋停办，学生转至清华大学。1928年入学时，文理学院共40余人，毕业时为27人，以浙江籍学生最多，共18人，其次为江苏籍。其他省籍仅安徽和四川各1人。

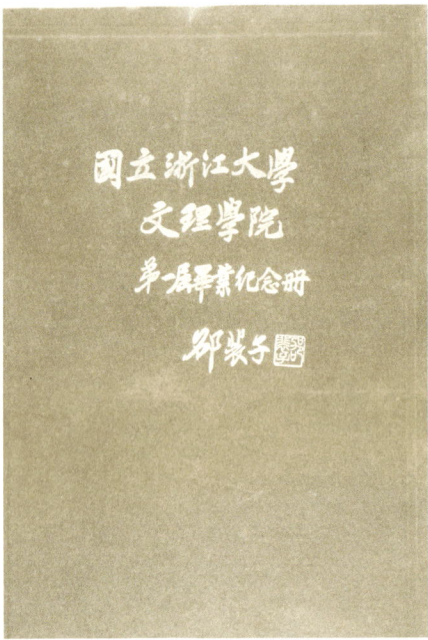

序 一

蒋梦麟①

居中国今日，教育亦至难言矣！以往种种，今食其果，果复为因，转变方始；清流误国，谁生厉阶？抉其病根，粗举七事：

孔席不暖，墨突不黔，鼓铸群伦，乃称圣哲；挽近设学，师道衰微，人格熏陶，视若河汉。此其蔽一也！

专门智能，分科深造，贵神实用，宁尚皮毛？师弟传授，口耳数寸，纸上谈兵，所获亦仅。此其蔽二也！

社会不宁，纲维解纽；青年豪气，与世推移，诅咒现状，群迷所趋，咄咄书空，用武无地。此其蔽三也！

公私仰屋，殃及黉序，弦诵辍响，动经旬月，弥缝补苴，以忍为政，苟安且难，遑论兴革。此其蔽四也！

学潮激荡，波谲云诡，甲是乙非，此迎彼拒，忽离忽合，乍阴乍阳，当局神迷，旁观目骇。此其蔽五也！

岁月易逝，学业难精，按籍循资，滥膺上选，投身社会，用违其材，壮志消磨，至于皓首。此其蔽六也！

亦有青年，行动倾危，侈陈主张，密参组织，躬冒不韪，厥罪当惩，指导失宜，其情可悯。此其蔽七也！

昔贤有言，"教学者如扶醉人，扶得东来西又倒"，以上胪列数端，非谓举国尽然；顾瞻念前途，未尝不引为私忧。及此次承乏浙大，观其于国立各校中为后起，而矫然以"办理谨严""学风朴质"闻于世，其环境复极适于研学；私衷又未尝不为之稍慰。

---

① 蒋梦麟（1886—1964），原名梦熊，字兆贤，号孟邻，浙江余姚人，1902年考入浙江省立高等学堂，后赴美获哥伦比亚大学博士学位。1927年，出任浙江临时政治会议委员兼秘书长，筹备大学。同年7月至次年4月任国立第三中山大学校长，1928年4月—1930年7月担任浙江大学首任校长。

今夏文理学院四年级毕业诸君将刊行纪念册，来征一言弁诸简端；非不欲以欢愉之词进，而积感在胸，有触斯发。盖与诸君相处甚暂，而相许则甚殷。处非常之时期，遭非常之事变，必先求其症结之所在，然后以非常之决心与努力应之，始能收转移匡救之功。今与诸君别有日矣！

意者殷忧启圣，多难兴邦，知诸君方且剑及履及，急起直追，人一己百，人十己千，治学之精神如此，治事之精神亦如此；则大而挽一国之颓运，小而扬一校之令誉，胥于诸君此行卜之。行矣勉旃！

愿诸君力雪会稽之耻，仆亦毋忘在莒时也！

序　二

邵裴子①

国立浙江大学文理学院成立之第五年！时维民国二十一年七月，第一届数学、物理学、化学、心理学、史学、政治学、经济学、教育学，八系同学二十六人，修业既毕，将于是离黉舍，入社会，乃综其聚散始终之迹，为兹刊以资纪念，贻同人，志鸿爪，征序于余。余不文，然与诸同学相聚于斯者寒暑四周，于其行也，要不可以无言，是固不得以不问辞者。

尝谓人生二十岁至二十五六，如当春夏之交，春华甫谢，夏实垂熟，而将来无量之种子，已蕴于此垂熟之果实。今诸同学以毕业而离校，实将此无量种子以俱去！余甚望诸同学垂熟之果，不致因移植之地土壤气候有不同，而中止其发育；余甚

① 邵裴子（1884—1968），原名闻泰，又名长光，浙江杭州人。早年就读求是书院，后留学美国，毕业于斯坦福大学。历任浙江高等学堂英文教习、教务长和浙江高等学校校长。1927年参加筹备第三中山大学和文理学院，1928年秋任文理学院首任院长。1928年11月出任国立浙江大学副校长，1930年7月—1931年11月任国立浙江大学校长，卸任后仍任文理学院院长至1934年。

望此垂熟之果所蕴之无量种子，亦得一一成熟，能于任何土壤气候中发荣滋长！此余于诸同学之行，所企望者，一也。

再以草木为喻，木孤生者易折，成林者难摧；则诸同学之由聚而散，设无组织联络，则岁月迭更，声气阻隔，将同陌路，何借观摩？是毕业诸同学宜有固定之组织，而此第一届者，宜为之首立中心，庶后来可以继续附益，以成一有力有益之组织。如此，则今年仅寥落数株者，不久即蔚为森林，使夫匠石取材不能舍此，岂不懿欤？此余所企望于诸同学者，二也。

借喻草木犹可再陈一义。夫叶落覆根，则本干资其培护。大学原以养成人才为职志，倘可维持其良好之学风，实事求是之精神，假以岁年，必可人才辈出。或以学问，或以物质，或以精神，或以资望，培护本院，则何惧本之不固？凡此将离之诸同学，孰不欲本院之日益发展，日益完备，日益增进其效能者乎？则覆根之义，可深长思！此余之所企望于诸同学者，三也。

余谨以此三种企望，赠诸同学之行；愿诸同学之永不退转，以造于成熟而致成功也；愿诸同学之有组织，积渐以成一有利于互助，于社会，之有力组织也；愿诸同学他日之能有助本院也。因笔之即以为是编之序。（1932年7月）

《浙大代办省立高工民二二级毕业纪念刊》

该刊由浙大代办省立高工民二二级毕业纪念刊出版委员会编辑，于1935年出版。

刊首为浙大代办省立高级工科中学校史以及前校长程天放和工学院院长兼浙大代办省立高级工科中学主任薛绍清的序文。刊内

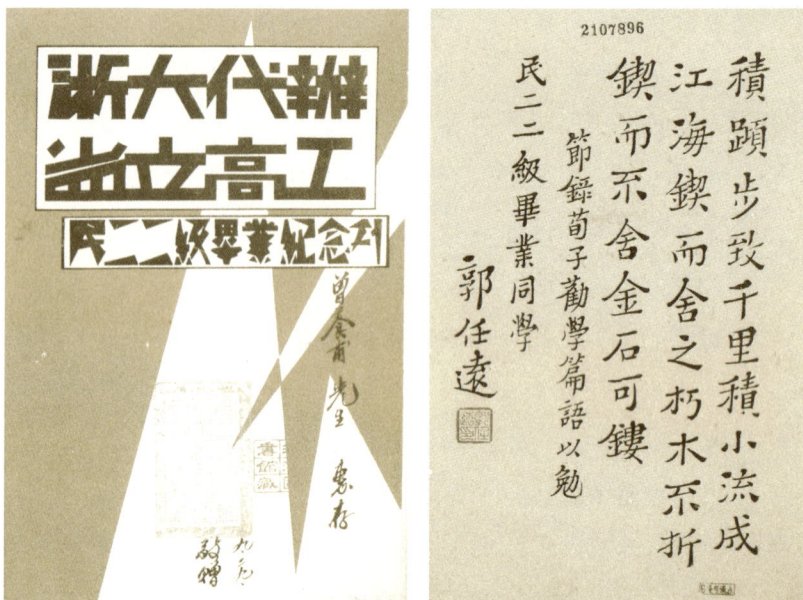

除师生照片外，列有教师名册。另载有学校染织科、电机科、土木科和机械科略史，以及足球队、篮球队、排球队和网球队小史。此外，还刊登了学生实习概况及他们的文学作品，包括诗词和短文。刊末为同学通讯录和出版捐款致谢。

序 一
程天放①

《考工记》曰："审曲面势，以饬五材，以辨民器，谓之百工。"又曰："知者创物，巧者述之，守之世，谓之工。"工之义诠，如是已足，虽秦博士汉通儒，莫能易也！愚尝参究斯义，验之人事，憬然于工之所以为工者，盖有二道。其一：凡民所需，大如城郭宫室，小如车服器皿，吾能利用五材之方圆，面势阴阳向背以制

---

① 程天放（1899—1967），江西新建大塘坪乡（今属南昌市新建区）人，生于浙江杭州。1919年毕业于复旦大学，美国伊利诺伊大学政治学硕士、加拿大多伦多大学政治学博士。1932年4月—1933年3月任国立浙江大学校长。

备之，是即所谓工也；反是非民器所必需，如"飞车""木鸢""偃师"之属，制作虽妙巧惊人，亦徒为奇伎淫巧，非我工之所应尚！藉令不知，亦无害也。其二：为工者不必人人尽能创物，惟在因熟以生巧，巧之术，守之宜弗失，以终其身焉耳矣！如言公输般：古之所谓智者也，"云梯""火攻""木鸢""飞车"创制侔鬼神；爱迪生：今之所谓发明家也，"电灯""留声机"等创作叠数百项不穷。此二人者，非赋性之绝人，即识解之迈众，世之百工，岂能骤以此相望？设以中人之资，仿造维肖，持之不懈，其亦足跻巧者之域，众民庶受其赐矣！奚必具渊海之学理操鬼神之技巧哉？

浙江工学院高工在杭夙著声誉，其毕业同学如都锦生之流，手创丝织风景公司，出品精妙，驰声吴会；凡来杭者，倦游而归，靡不乐袖丝绣之西湖以去；其精勤不懈守以终身之志，庶几乎古之所谓工者矣！今民二二级同学又告卒其业，其所受之工学学理及知识，差过于都君锦生在校之时，吾知其离校后，必能勤劬其业，力以办民器为事；或有更宏于都君缔造之事业与世相见，未可知也，愚当馨香顶礼以祷祝之矣！纪念刊稿将发，诸同学问序于余，因书数语以归之。（1933年4月）

序　二
薛绍清[1]

民国二十二年六月，浙江大学代办高级工科中学，民二二级毕业，诸同学将有纪念册之刊行，而问序于余，余惟纪念刊之义，所以念既往，昭来兹，意甚盛也；当夫三年之前，初中学业既毕，皇皇然惟升学之是务，索章程，习旧课；冒暑热而来，夙兴夜寐，以求胜于入学试验之场，此情此景，固犹在目

---

[1] 薛绍清，字宇澄，江苏江阴人。美国康奈尔大学毕业，获电机工程师学位。1932—1934年任国立浙江大学工学院院长。

奮鬥之始

清平　題

浙江省立高工民二三
級畢業紀念

繼續努力

于右任

教術救國

高級工科中學民二二級
畢業紀念

邱紹宇　題

浙江省立高工民二二級畢業紀念刊

三年有成

蔡興宸　敬

學以致用

浙大高工畢業紀念刊
民國廿二年五月

曹義甫　題

做事要着實
建設要經濟

浙江高工學系以剋苦耐勞為
團結急進勞力不足必圖增益
團結急進民生主義非工程
民二二級畢業咸興書此勗之

顧毓琇

前也；圣湖之游，匆匆旬日，考期既过，相偕旋里，日之所虑，夜之所梦，惟以考试为念，辗转反侧，忧心忡忡，迫夫榜发，名列前茅，而后其心之喜可知也。三年绩学，毕业已届，吾知诸同学携文凭，挟纪念刊而归也；弟妹迎门，父母欢悦，乡党为庆，亲朋致贺，中心所喜，当远胜于三年前入校之时，虽然事未已也，诸君所志者职业，所专者工程，以全浙若高中而论，职业工科此一而已；以全浙若许中学生计之，诸君所占地位什一而已，方今浙省建设，突飞猛进，辟公路而利交通，建铁道以重商运，兴水利以济民生，他若矿物之采取，农业之改良，亦莫不惟工程是赖，开物成务，致浙省于光明之途者，皆诸君之责也，且学问无止境，学校课程而外，其所未学者何止什百，诸君入世而后，必将有感于人情虞诈，世途险巇者。惟持之以诚，守之以信，以勤俭为本，则事无不治。他日者，儿女成行，灯前展卷，指矗立之烟囱，则染色工场之蒸汽所由来也，指天线之网布，则无线电之所由习也；至若旋床之于金工，布织之于纺织，水准机之于测量，皆足以引起无穷兴趣，而悠然神往焉，是则兹刊之于诸君固不仅纪念而已也，于其将别，爰书以赠之。

《求是暑期学校纪念册》

1931年5月，文理学院的高年级学生发起筹建求是暑期学校，到1937年夏，暑期学校已经举办7届。暑期学校一般在三四月即由三年级同学负责筹备，推定暑校职员（包括校长、总务主任、教务主任、训育主任），拟定办学计划，包括邀请名人讲演等，并与校方接洽，备文向市府转教育厅立案，然后登报招生。暑期学校以服务社会为责，以推行补习教育，指导中小学生，使他们中欲有暑期

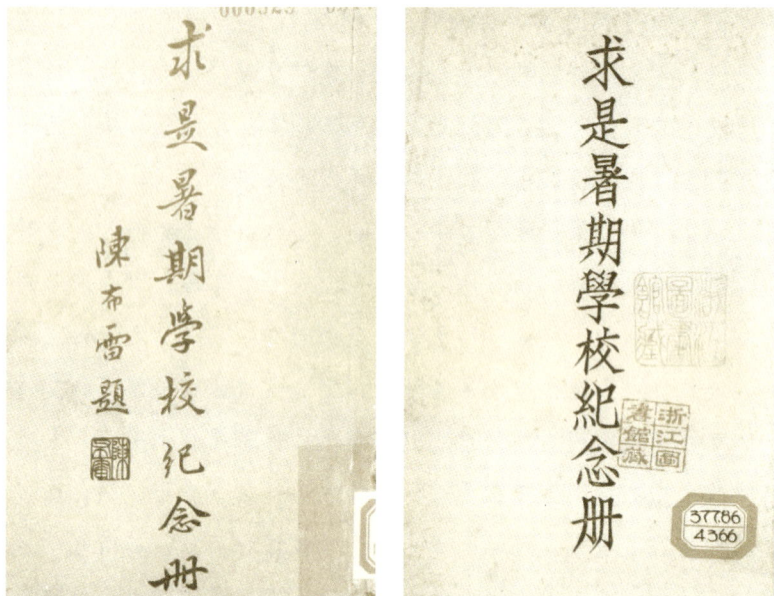

补习课业或准备升学者有所裨益为宗旨。招收对象为高中、初中和小学高年级学生。在7月初开学，8月中结业。

《求是暑期学校纪念册》在结业后出版，供师生留念。现存两册分别出版于1931年和1933年。时任浙江省教育厅厅长陈布雷为1933年的纪念册题写了刊名。该纪念册刊首为全校师生集体照和全体教职员照、编者的卷头语，内载本校概况（陈鸿文）、《离别时的几句话》（陈锦枚）、《关于训导方面的一些事实报告》（骆宝本）等文，师生们也写有不少文章记叙他们关于暑期学校的感想，如《几句平凡的话》（南岩）、《暑校生活之回顾》（汝铨）、《求是桥畔》（沈学敏）、《入学前后》（俞林渭）、《随笔一则》（锡豪）、《在欢乐中袭来的一缕离情》（刘士佩）等。纪念册的最后一部分为教职员姓名录、学生姓名录、本校大事记和编后记，全册共28页。

卷头语

本刊编者

这本小小的册子，是我们二百多个学生，在这七星期的长夏中，共同生活所得来的情谊上的结晶品。她的目的是纪念我们在校时的友好和忽别的依恋。她的内容只要能够表现本校的精神和可以足资留念的文字，就算是合乎我们征稿的条例，因此内容的简单，文字之幼稚和印刷的不精，都是我们意想得到而且必然不免的事情。但是，这些，我们可不必计较，我们只要当作纪念品尊视她保藏她就是了。

《国立浙江大学工学院毕业同学会纪念册》

本刊由国立浙江大学工学院毕业同学会会长王国松先生主编，于1936年出版。纪念刊首页为王国松会长撰写的序文和历届毕业人数表（含前工业专门学校四届和大学部八届）。次页为由浙大工学院电机工程、土木工程等四个学会的会标组成的图案。接着是工学院远景照、浙江工业教育二十周年纪念碑照、1935年3月31日举行的工学院毕业同学会第一届年会出席者合影、工学院和文理学院全景图等。本纪念册的主体部分是毕业同学介绍，在每位同学近照的下方写有他们的简介和永久通讯处。全刊共收录184位1925—1935年毕业生（含工学院的前身公立工业专门学校的毕业同学）的资料，按级别和学科依次排列，尚有百余位同学因未寄达有关信息而未被列入此纪念册。

序

王国松①

　　浙江工业教育，素负盛名，至民九而有浙江公立工业专门学校之增设，毕业四次，十六年秋改组为国立浙江大学工学院，迄今毕业八次，前后共三百余人。服务社会，散处各方。为保持在校时之感情，及交换智识便利计，乃于二十二年有通讯录之印行，至二十三年进而组织毕业同学会，继有印行纪念刊之提议。盖各同学离校以后，把晤匪易，甚至有同班同学，一出校门，十余年不谋一面者，亦有前后同学，闻其名而不识其人，或觌面而姓名遗忘者。若能各手纪念刊一册，随时翻阅，以助其风雨鸡鸣之记忆力，便孰甚焉。于是公认此纪念刊有印行之必要。惟以照片搜集之不易，迟延经年。客夏始决定将已经收到者先行付印，当承名方踊跃募捐，此刊遂得告成。岂非吾同学友谊诚笃，热心团结之效果哉？且也，斯刊之印行，尚有重大之意义，举凡个人之经历，与夫吾浙工同学服务社会之情形，均得以一览而知之。浙江工业教育之成绩，不将借此而兴为国人所重视乎？（1936年2月18日）

《求是桥》

　　该刊由浙大学生自治会编，于1949年4月1日学校校庆时出版。该刊首栏题为"敬礼，敬爱的师长工友"，登有竺可桢校长和校景两张照片，以及竺可桢校长题写的"求是精神"，随后是校庆纪

---

① 王国松（1902—1983），字劲夫，浙江永嘉人。1925年毕业于浙江公立工业专门学校电机科，1930年夏赴美，毕业于美国康奈尔大学研究院。1925—1930年在工专附设高工和大学工学院预科任教，留美归国后长期在国立浙江大学任教，历任电机工程系主任、工学院院长。

念文章：《校庆二十二周年纪念》（李春芬）和《大学的使命》（严仁庚）。严仁庚先生在文章中指出："大学本身，本就是一个小型的社会，在它里面，人与人的关系重于人与事物的关系；大学本又是社会的一部分，所以它更不应该和大的社会相隔绝。大学是社会的智识宝库，是智识分子的最上层，它的经常任务绝不应仅以研究高深学术为限，它不仅要设法认识社会，向社会去学习，和社会沟通，并且它又应该进一步地去影响社会，领导社会和改造社会。这是大学的最重要的目的和使命，同时这也是大学绝不应该逃避掉的责任。"在标题为"钢铁就是这样炼成的"的栏目里有三篇散文：《浙大一年》《筑墙》和《守业》。"我们的生活和学习"一栏内主要介绍活跃在校内的各种学生社团，其中有湄潭剧团、乌鸦歌咏队、青蛙社、喜鹊歌咏队、浙大合唱团、戏剧班、秋海棠画社、浙大新舞蹈社。此外，还介绍了于子三图书馆、费巩壁报。刊末载有校庆歌（戏剧班词，沈思岩曲）。

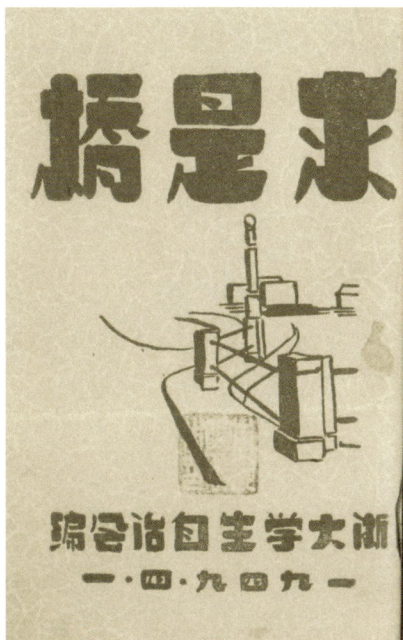

下编　逸文精选

校院史述

求是书院和高等学堂

邵裴子[①]

昨日（四月一日）为浙大成立之二十周年纪念，同时亦为浙江最早之新式学校求是书院之五十周年纪念，以现在浙大一部分之校址实为求是书院旧址，故特邀请自求是以来与各时期有关之人作校史讲演。鄙人在求是书院时代为学生。惟在校时间不长，故只能就所闻所见作一不完全之报告。先说求是书院与浙大之关系：

求是书院自前清光绪二十三年创办，嗣后曾一度短期改称浙江大学堂，接续改为浙江高等学堂。至辛亥革命，暂时停顿。于民元复校，改称浙江高等学校（与旧名一字之差，以其时所有学堂均改称学校也）。旋因学制变更，停止招生。至民三全部学生毕业，遂行结束，虽有十八年之历史，自萌芽递演，而成一程度略等于美国大学前一二年级之高等学校，遂因吾国人之喜变更制度而告中断。

五十年前求是书院之创设，有四点足纪，可以为今日纪念之资：第一，其时尚在戊戌维新之前一年，实为中国自办之新式普通学校之第一个。其前有上海制造局附设之广方言馆，再前有北京之

---

① 邵裴子（1884—1968），原名闻泰，又名长光，浙江杭州人。早年就读求是书院，后留学美国，毕业于斯坦福大学。历任浙江高等学堂英文教习、教务长和浙江高等学校校长。1927年参加筹备第三中山大学和文理学院，1928年秋任文理学院首任院长。1928年11月出任国立浙江大学副校长，1930年7月—1931年11月任国立浙江大学校长，卸任后仍任文理学院院长至1934年。

同文馆，但此两者均为外国语学校，专以造就办理交涉之辅助人才者。第二，其时科举未废（戊戌时曾暂废，政变后即恢复）。而有若干举贡生监及尚未预试之学子，舍此利禄必由之途而入学堂，学西学，此显然为一种学术救国之自觉及牺牲利禄之精神，亦即为后来接受革命思想之张本。第三，为浙江革命思想重要源泉之一，求是书院成立不过三年，而校内革命思想已属蓬勃且几乎普遍，且后来直接参加革命者，亦颇有其人，成为本省及全国革命史上不可磨灭之一部分。第四，人才之众多，由求是直接之造成之人才无之，此由于当时师资设备之不足，然而求是出去，再受国外之专门教育者（间亦有未出国者），类多成材，如理科方面已故之夏元瑮；工科方面，如已故之陈榥，现存之何燏时；军事方面最多：如已故之蒋方震、蒋尊簋，现存之史久光、周承菼、施承志等。前校长蒋梦麟则为求是后期进入大学堂时期之学生（再后高等学堂时期，成材亦众，另详后文）。以上第四点与第二点颇有关系，以其志在学术，故成就多者也，以其时舍此无由取得新学术之初步根基，故相率而出此校耳（同时稍后尚有养正书塾，为今日省立高中前身，以不涉本题范围，故不及之）。

这些总评式的叙述以后，应该讲到一点当时求是书院之组织及课程等具体事项，其课程不特不能与今日之大学比，其初期即比一现在之高中，或尚有不逮。求是书院初办之时，仅有内院。翌年戊戌，乃增外院之经生。学生皆招收有出身者，所谓"举贡生监"是也。己亥年又增外院之蒙生，则皆无出身，文理稍通之青年，课程有国文、英文、算学、理化，后来又加日文，除蒙生于西文西学均系初学，其程度更浅外，其国文程度，则不甚相远。内院生依旧式书院住院生例，有"膏火"外（膏火为一律之普遍津贴），尚有依考试优劣而异其多少之"奖洋"（劣者无较优者有之，其多少视代表成绩之名次先后），外院只有奖洋。蒙生于月考外尚有二次"加课"，只考国文，其考试限于作文，当时所谓策论也；英文自初学至读本第三、四册外，更读文法，算学自心算至代数，物理化学所用教本为其时美国中学教本之译本，班级之制颇不分明，内院及外院之经生，各只一班，年年如此，蒙生则分二三两班，而以入学考试之国文成绩（只考国文）为分班之根据，较优者入二班，次则三班，其一班则虚以待以下各班优等生之升入，实则并未实行，故始入某班者，始终为某班也（其后只蒙生每年招生，内院及外院之经生，初招一班外，均未续招，蒙生之班次，则递有增加，其最高级之头班，亦非虚设矣）。学校之办理人，则为总理（予入校时为在籍翰林陆冕侪先生懋勋）及监院（陈仲恕先生汉第），内院则最高之教员为总教习，初为美国人，译名王令赓，后为育英院（教会办设立在前，即今之江大学之前身）之校长，民二十年前后尚在之江，后为胡可庄先生濬康，为约翰书院（后改称大学）之第一届之惟一毕业生，胡先生于高等学校时期复任英文教员，内院理化由总教习任之，别有英文教员，内院无国文教员，只有月考。外院初办二年间有国文教员三人，英文教员一人，算学物理教员一人，学生人数，内院记约二十人，外院经生数略等，蒙生则一年约有二十余人，后来则或不止此数耳。

求是书院，至后期曾短期改名为浙江大学堂，主持人初仍为陆冕侪先生，旋改聘桐乡劳玉初先生乃宣。不久再改为浙江高等学堂，主持人称监督。初仍为陆冕侪先生，嗣为吴雷川先生震春与孙鉴才先生智敏。民元改称校长，首任者裴子，继之者为陈百年先生大齐及胡愚若先生壮猷。监督之下设教务长，始任者为嘉兴王伟人先生嘉榘（王先生为求是内院生，原名家驹，号渭臣亦作维忱，长高等教务时用伟人二字也）。在大学堂时代，曾增设师范班，聘有日籍教员。现在文理学院大门内，为当时之植物园，所辟以辅助师范班博物课程之教授者也。

高等先设预科，二年毕业，升入正科。正科分第一第二两类。第一类为文科，以备升入大学文法等科者也，第二类为理科，以备升入理工农医各科者也，皆三年毕业。课程均照奏定章程，外国文有英法德三种，法文为文科第二外国文，德文为理科第二外国文。文科历史有中国典制史、西洋近代史，及法学通论、经济学等科。理科算学至微积分，有矿物学、共论理学、心理学及伦理学（民前为"人伦道德"），则为两类通习科目，凡此均见其学程之超越后来高中范围。自正科一年级第一类之政治地理，及第二类之化学起，学生均用英文课本及直接听讲（时文理两部各有美籍教员一人），从前之日籍教员，则用翻译助其讲授也。一言以蔽之，若将一部分课程之内容再稍加充实，即可等于美国大学之一二年级。惜乎正科毕业只有三班。其第一班未毕业前，即已奉部令停止招生。迨其全部结果，图书仪器分配于其他学校及省立图书馆。浙江之高等教育遂告停顿者达十六年。其间以受高等教育机会之减少于人才成就之消息，当可想见。此吾人食喜变更制度之果之一例也。

光复以后，向为高校之求是旧址，为蒋伯器占作都督府，伯器名尊簋，求是内院生也，民国之高等学校，系借其时之两级师范（今高中）后面余屋继续开办。求是旧址，迪为公署。直至民十六年夏间，始得收回为大学秘书处及逾年成立之文理学院之用焉。

高等正科，虽只有五年之历史（其后两年已无新生，学生实只有三班），然成材颇众。较知名者，如已故之邵元冲（预科毕业后未入正科），何炳松，前高工校长徐守桢，及现存之陈布雷、赵迺传（预科毕业后未入正科），程远帆、林彬及驻浙监察使朱宗良，现代本校代校长郑宗海，教授潘渊、祝文白，前教授赵廷炳等，此外如法官、律师、会计师、中西医师，及宗教家、书画家，均有超越之代表。其他尚多，一时不及备数；虽其中间有预科毕业后向他处升学，未入本科者（如前举之邵赵二君），然其学业之奠基于高等则一也，于此有一事可以特提者，即高等学生升学他校者，类都成绩列在前茅，此为其后未成就之见端，盖其注重学业，习成风气，直至于今之浙大，历史虽曾中断，而此风则后先相续。此亦精神相贯之一征乎。

（原载《国立浙江大学校刊》复刊第154期，1947年5月29日）

浙江省立甲种农业学校沿革（1910—1921）

《浙农》编者

清宣统二年夏，浙抚增韫奏请设立农业教员讲习所，所址在省垣马坡巷，委陆家鼎为所长，招生百名，学膳费均由公家支出。旋陆所长去职，由任寿鹏暂代一月，提学使袁嘉穀委金兆枌接充。嗣因校舍不敷，迁于横河桥南岸。是年冬金所长辞职，姚汉章继之，于附近土桥地方租地二十余亩，开辟农场。翌年由本省谘议局议决，设中等农业学堂，开办费三万元，拟建设于杭州垦山门外笕桥地方。宣统三年秋，武汉起义，浙江光复。民国元年夏，姚所长辞职，教育司长沈钧儒委屠世韩接充，屠力辞，改委叶芸代理。是年冬，农业教育讲习所毕业计八十八人。先时教育司委吴球筹备浙江农业学校建筑事宜，择地笕桥，并附近建设农场。旋奉部令改称甲种农业学校，以吴球为校长。二年春，招农本科生百名。是时新校舍尚未落成，仍暂设于横河桥农业教员讲习所旧址。春假后，迁入笕桥。夏吴球去职，陈嵘继任。秋添设林本科生一班。三年春，奉部令添设预科，定四年毕业。秋添招预科，由是每年录取新生。四年夏陈嵘去职，黄勋继之。当时原有之农林本科，因特设研究科，各展限一年。五年夏，黄勋去职，继任者为现任周清。是年冬，农研究科毕业计四十四人。六年夏，林研究科毕业计十七人。

七年夏，农科生毕业计二十四人。是年添设兽医科，并建造化学实验室、博物实验室、蚕室暨农场事务所等。八年夏，农科生毕业计二十五人。大礼堂于是年落成，其他林场事务所、雨天操场、农林产制造场、兽医实验室、标本仪器室、药室等相继建造。九年夏，农科生毕业计十八人，林科生毕业计十三人，并建造兽医院事务所、解剖室、细菌实验室、诊断室、寝室等。十年夏，农科生毕业计二十二人，林科生毕业计九人，兽医科生毕业计十六人。全校农林兽医暨预科共分十一级，学生逐年增加，内部设置，亦渐完备。自清宣统二年迄今民国十年经过情形大略如此。

（原载《浙农》第一号"沿革"栏，第1—2页）

省立甲种工业学校之沿革（1910—1919）

朱苍许①

工校在杭垣报国寺，寺故南宋丛林，后渐衰歇。清光绪时，浙省鼓铸钱币，乃增购民地，设铜元局于此。未久而停，工厂机械，废置者数年。代理提学司郭啸麓先生鉴于外洋丝织物之灌输内地，而吾国染织业之势将失败也，为呈请浙抚增子固中丞，专案奏准，以废置之铜元局全部房舍机器等物，拨为浙江中等工业学堂基本金，另拨现金一万五千两为开办费。宣统二年十月，照会现校长许炳堃君着手筹备。于是修葺房舍，改置机械，至宣统三年二月二十七日，正式开学，是为工校成立之纪念日。是时学生，分机械、染织二班，各五十人，另招艺徒，数亦相等。学生自受课外，并入各工场实习。其时工场之设备完全者，为染织项下之手织、力

---

① 朱苍许，字慧生，浙江平湖人。前清庚子、辛丑并科举人，浙江官立法政学堂毕业。曾任国立浙江大学工学院院长室秘书，文牍室主任，国文教员。

织、意匠、捻丝、染色各工场，及机械项下之原动室、锅炉室、木铸、锻修理各工场。一切机械虽多从日本及欧美诸国选购而来，然由校内工场自行制造者，亦什二三。至于装置手续，全由工校人员自任。其教授方面，则于专任教员内，每科设正副主任以综其成。至七月间，又附设工业教员讲习所，分机织、染色、金工三班，以备推广工业学校教员之用。校务进行，日有增益，无何。浙江光复，受兵事之影响，九月而后，经费断绝，遂闭校者数月。至民国元年三月十五日，重新开学，改称浙江公立中等工业学校。修葺黉舍，补置器械，除召集各班生徒归校外，并将工业教员讲习所改为讲习科，并染织为一班，五月间附设机织传习所，以为旧时织工习用新式机械之地。九月间招一年级新生一百人，分为机械、染织二科。鉴于前此所招高小毕业之程度未能一致也，乃由教员团发起，组织补习科。又续招新生二班，期以一年，是为设置预科之嚆矢。至二年九月，招收新生，遂实行预科制。租水香阁民房以为分校。迨十二月二十五日，举行讲习科毕业礼，并开第一次展览会，计期三日，入场观览者逾二万人。其讲习科毕业诸生，多有留校练习工作、实地研究者。从此每届毕业均有留校研究生若干人，以一学年为修业期或由学校派往各工厂为实地之练习焉。民国三年七月，本科第一班毕业。是年秋季，分染织科为机织染色二科。尔后，染织二科学生在各年级中始终分离者，亘延四年之久。其时新生人数逾额，乃添筑教室洋楼二座，并添置平房宿舍若干间。木工及丝织工场，从新建筑，锻铸工场十二间亦一并改造也。民国四年七月，本科第二班将毕业，而部章已定为四年，乃延长一年，至五年七月，与第三班同时毕业。先是工校名称已改为浙江公立甲种工业学校，至是，又奉令改公立为省立。其时学生艺徒来者益众，教室宿舍不能容，遂于民国六年新筑二层楼洋房二座，工场机件，亦有增加。山西广西等省，皆以官费选派生徒来校肄业。预科新生亦增为四班，每班四十人。盖预为应化预科设立之准备焉。校中事务，益益推广。乃遵部制，分五部以掌理之，曰教务部，曰监督部，曰工务部，曰庶务部，曰图书部。教授、训练、实习、管理及校中庶务始为统系的管辖。惟推广事务部，则因时而定，不能常设也。是年，于第四班毕业后，因新生及艺徒传习生人数增多，乃改造宿舍、厨房平屋四十七间，手织准备工场十二间。至七年七月，第五班毕业后，遂于原有三科之外，增设应化科，并扩充分析室二倍，以为学生练习场所。是时预科已增至四班，水香阁校舍不敷，乃改租刀茅巷私立法政校舍为分校。适晋省委员于七年五月间来购铜元局遗存机器，校中得银十一万二千八百余元，遂新筑礼堂教室二层大洋房一座、宿舍自修室三层楼洋房五座、应化电机工场二层楼洋房二座。余如盥漱室、理发室、茶房、浴室、食井、帮岸等项亦皆先后建筑，并增置制药、制纸、制革、电机各机械。迄民国八年，工事始成，益以上年新筑雨操场六间，事务所六间。工校规模，厘然大备，乃拟添设电气机械科。又为撙节经费计，拟在本科一二年级内仍并为机械、染织、应化三科，至三年级则析为机械、电气、染色、机织、应化五科。各科教员以一人兼主任外，其各工场主任并以专科教员兼理之，所以求学理技术之一贯也。先是民国七年，曾请资深教员数人出洋练习，本年秋季，复派毕业生之服务本校年久者先后赴日，以考求工业上最新之艺术。又于三月间附设夜校补习班，续于五月、九月各添招补习生一次，所以谋工业知识普及于社会焉。是年本科第六班毕业后，新招预科人数溢额，虽分校校舍甚宽然，尚不能容纳，不得已暂租民房以资寄宿。至十月间复商请租主，添筑校舍焉。计工校开办九年，而现时在校生徒综计七百余人，历次毕业者，几一千五百人。艺徒未毕业而为各工厂商请而去或自营本业者亦数百人，不预于此数也。

（原载《报国工业会会刊》第1期，"记载"栏，第1—5页）

国立浙江大学沿革概要（1921—1933）

《文理》附刊编者

民国纪元前十五年（公元一八九七年），浙江求是书院成立。求是虽乃书院之名，实为一新式学校，亦本省高等教育之滥觞也。后以学制变更，求是书院改为浙江大学堂，嗣又改为浙江高等学堂。民国元年，教育部计划整理学制，决定停办高等学堂，改设大学预科。于是浙江高等学堂，遂由结束而至取消。迨民国十年浙江省议会建议筹设杭州大学，浙江高等教育机关，遂有复兴之机。惟尔时几经筹备，终未成立。十六年春，国民革命军底定浙江，复有筹设浙江大学研究院及浙江大学之议。研究院后经决定暂缓设置，而大学则于是年八月一日宣告成立矣。故本大学从历史观察，实由求是书院、浙江大学堂、浙江高等学堂蜕化而来。而本身的发展，又可分为三大时期：（一）杭州大学筹备时期（是为本大学之发轫时期）；（二）浙江大学研究院及浙江大学筹备时期（是为本大学之形成时期）；（三）大学成立及发展时期。兹将各期情形，分述于后：

（一）杭州大学筹备时期

民国十年十二月浙江省议会建议筹办杭州大学，咨请浙江省长公署执行，其理由为"浙江夙称文物之邦，计公私立中等学校达三十余所，已未毕业学生达万余人，而所恃为升学之地者，惟法医两校；大学之设置，尚付阙如。本议会审度时势，认为本省有设置大学之必要"。当时并即订定筹办杭州大学大纲二十二条，经省议会议决三读通过。十一年十二月三十日，浙江省议会选举蔡元培等十八人为筹办杭州大学董事，翌年一月二十九日，董事会成立，同年四月，省议会复选黄人望、冯学壹、邵长光、李定等四人为候补董事。此后政局迭经变更，杭州大学徒具筹备之名，而无筹备之实。迄至十五年七月，浙江教育厅呈请浙江省长召集董事会，略谓"杭州大学董事会自民国十二年举行成立会，嗣后以董事散处国内外者甚多，致一时未能集会。现因大学一切事宜，亟待规划。职厅默察情势，似难再缓。拟请钧长定期召集，俾资进行"。时省长公署指令谓"大学董事系有规定任期，现在任期已否届满，应查明再夺"。而此时各董事任期，依筹办杭州大学大纲所规定，多数已届期满，因此董事会遂无形停顿。而杭州大学之筹备，亦云散烟消矣。然浙江需要大学之迫切，实已引起一般人之注意，此不啻本大学之发轫时期也。

（二）浙江大学研究院及浙江大学筹备时期

国民革命军底定浙江后，对于浙江教育，力事整顿。十六年五月二十五日，浙江省务委员会第十三次会议，奉中央执行委员会政治会议浙江分会之决议，通过设立浙江大学研究院计划案，并经议决开办费十五万元，由财政厅分三个月拨付，经常费每月五万元，聘请张人杰、李石曾、蔡元培、马叙伦、邵元冲、蒋梦麟、胡适、陈世璋、邵裴子等九人为筹备委员。五月三十日省务委员会第十五次会议，议决设浙江大学研究院筹备委员会及筹备处，以教育厅厅长秘书科长等兼任筹备事务；同时并决定将前高等学堂及陆军小学堂旧址，为浙江大学研究院院舍。六月一日省务委员会第十六次会议，又议决拨罗苑及文澜阁旧址，归浙江大学研究院应用。院址既经确定，筹备工作，乃积极进行矣。

嗣因研究院规模宏大，需费浩繁，遂由筹备委员等议决研究院暂缓设立，提先筹办大学。同时中央决定浙江试行大学区制，并定名为第三中山大学，经六月十七日省务委员会第二十三次会议议决，聘研究院筹备委员为第三中山大学筹备委员。七月十五日中央任命蒋梦麟为第三中山大学校长，于七月二十五日宣誓就职。八月一日改组前浙江公立工业专门学校为本大学工学院，前浙江公立农业专门学校为本大学劳农学院，聘任李熙谋为工学院院长，谭熙鸿为劳农学院院长，一面并接收浙江省政府教育厅行政职权，大学遂即宣告成立。此可为本大学之形成时期也。

（三）大学成立及发展时期

国立第三中山大学既成立，因试行大学区制，除致力学术研究外，兼综理浙江大学区内教育行政事宜，校长蒋梦麟仍兼浙江省政府委员。嗣因大学区组织条例之规定"全国依现有之省份及特别区，定为若干大学区，以所在省或特别区之名名之"，遂由大学委员会议决，大学院训令，于十七年四月一日改名为浙江大学。当时为划清系统起见，称为中华民国大学院浙江大学（简称浙江大学）。厥后又奉大学院训令，以案经大学委员会复议，决定"大学区大学得加'国立'二字"，遂于十七年七月一日改称国立浙江大学。此本大学名称之沿革也。

十七年秋，文理学院成立，聘邵裴子为院长。十月，实行五院制之国民政府成立，改大学院为教育部，蒋校长就任教育部长，仍兼本大学校长。十一月，以校务频繁，蒋校长一人不及兼顾，聘邵裴子为本大学副校长，仍兼文理学院院长。翌年一月，改原为扩充教育之劳农学院为大学本科之农学院，至是本大学三学院完全成立，而蔚为中国最高学府之一矣。

当浙江试行大区制时，本大学之组织，除三学院外，设秘书处及普通教育管理处。秘书处为辅助校长办理区内一切行政事务之机关；普通教育管理处为管理区内公立中小学校及监督私立中小教育事业之机关。尔时因区内扩充教育事业及高等教育事业均不甚发达，故仅设社会教育主任一人，管理职业学校、图书馆、运动场、演讲所及其他社会教育之一切事项，并兼管专门学校及留学事项，暂隶属于普通教育管理处。至于高等教育事宜，则由校长自行管理。十八年六月，中央执行委员会第二次全体会议，议决停止试行大学区制。于是本大学将浙江省教育行政职权于是年八月一日，移交与浙江省教育厅接管，而本大学以后遂专司大学教育本身事业。

浙江教育行政，既经责有专属，本大学遂将普通教育管理处及其所属各部，一律裁撤。秘书处亦缩小范围，专致力于学术文化之发展。十九年七月，蒋校长以部务繁忙，对于校务，无暇兼顾，提请辞职。国民政府任命邵副校长继任，于八月一日就职。至二十年十一月，邵校长因校中经济困难，本人心力交瘁，辞校长职。国民政府于二十一年三月十八日照准，同时任命程天放为本大学校长，于四月二十一日就职。

程校长就职后，鉴于校中行政散漫纷歧，各院虽各有其历史的关系，而各自为政，不特有碍大学全部的发展，且亦有损大学整个的精神，为统一事权节省经费提高办事效率起见，决定本大学行政方面予以改组。二十一年八月一日乃依照本大学组织规程实行改组，同时学系方面，亦有增设：自二十一年度起工学院增设机械工程学系，文理学院恢复政治学系，故现在本大学三学院之学制组织，在文理学院设有外国文学系英文组、政治、教育、数学、物理、化学、生物等七学系；工学院设有电机工程、化学工程、土木工程、机械工程、测量等五学系；农学院设有农艺、森林、园艺、蚕桑、农业社会等五学系。

二十二年二月九日，国民政府任命程校长为湖北省政府委员兼教育厅长，由秘书长沈履代理校务。三月十日，国民政府任命郭任远为本大学校长，十六日到校视事。郭校长之办学方针为缩小范围，充实内容，节省行政费以扩充图书仪器等设备。

（原载《文理》第5期附刊《浙大投考指南》，第1—4页）

国立第三中山大学底八个月

大　白①

国立第三中山大学，于十七年四月一日，遵中华民国大学院训令，改称为浙江大学了。从十六年八月一日，实行大学区制，成立国立第三中山大学起，到十七年三月三十一日止，整整八个月，这八个月的经过，在这改称的当儿，应得略略报告一下。

然而在这个标题之下，我不愿意写出一篇类似记账式、结账式的文字；所以所谓报告经过，只是把我们组织底内容报告一下罢了。

试行大学区制底提议，是创于浙江方面，而得中央底赞同的。赞同的结果，江苏浙江两省，便试行这种制度；而中央也成立中华民国大学院。然而自从江浙两省试行以来，怀疑的颇多，提案反对的也有。怀疑的论调，我们不能一一听到；反对的提案，我们却看到了。虽然有点"莫测高深"，但是也觉得难免有点隔靴搔痒。因此，我们不能不把组织底内容报告一下。

怀疑的和反对的，大概都以为这种制度是不好的，都以为这种制度和教育厅教育部的旧制度是不同的。虽然怀疑得该不该，反对得对不对，是一个问题，但是他们毕竟认识了和旧制度不同的这一点。然而除此以外，却还有鲁迅先生小说中"端午节"底主人公方玄绰一流人物，就是"差不多说"底发见者。他们说，"大学区大学，实在和教育厅应差不多；中华民国大学院，实在和教育部差不多"。说这话的，并且还是大学区制范围里面的人。因此，我们更不能不把组织底内容报告一下。

---

① 大白为刘大白字。刘大白（1880—1932），原名金庆棪，后改姓刘，名靖裔，别号白屋。浙江绍兴人。1927—1929年担任国立第三中山大学秘书长、国立浙江大学秘书长，兼任文理学院中国语文学门主任。

我们底紧邻——江苏大学区，它底组织底内容，是和我们不大相同的。它底规模宏大，力量充实，范围宽广，断乎不是我们所能比拟。它底位置，恰在首都；一般考察大学区制的，大都首先看到。不论是赞同的或怀疑的反对的，乃至于发见"差不多说"的，也许都从这首先看到的一个大学区着眼；而浙江大学区，不曾被看到，也未可知。因此，我们尤其不能不把组织底内容报告一下。

不过在报告以前，还得把管理教育行政的旧机关的制度来说一下。（一）从前各省区管理教育行政的机关，是教育厅。从形式上看，好像它是握着全省教育行政的最高权的；但是不，它还有一个不出面的本省上司，就是省长公署底第三科。它事事得承省长公署第三科底意旨，时时得受省长公署第三科底掣肘。（二）从前教育厅一切的文稿底进行，是由下而上的。公文到厅以后，就分发到主管各科；先由科员拟稿，经科长签字，再由秘书和厅长签字，然后缮发。说得明白点，就是最初判断事理，决定意见的是科员。公文到了厅长手上，差不多已经成了照例办的已成之局，要改动也颇费事了。何况厅长是个政务官，有许多政务上的事情要处理；签稿的时候，无非照例画诺罢了，也来不及仔细核阅。并且各科没有不办公文稿的；除办公文稿以外，有几科仿佛无事可做。总之，这（一）（二）两点，都是胥吏的教育行政制度底特征。但是八个月来的国立第三中山大学，却是不然。

还有（三）我们底紧邻——江苏大学区——底教育行政，仿佛完全独立于江苏省行政以外的。不但教育行政独立，而且是把省立各学校，一律取消省立二字，给他们戴上一顶国立第四中山大学的帽子；不但戴上帽子，而且教育经费，也不分什么国税省税，完全由大学混合支配。关于这一点，我们因为没有那么大的魄力，所以也是不同。

现在可以说到我们组织底内容了。我们底组织，除大学本科的工学院和大学扩充教育的劳农学院外，在校长之下，有秘书处和普通教育管理处。秘书处依大学区组织条例，是辅助校长，办理本区行政上一切事务的机关。设秘书长一人，秘书二人，文书主任、事务主任、财务主任各一人，处员事务员及书记各若干人。普通教育管理处依大学区组织条例，是管理区内公立中小学校及监督私立中小教育事业的机关。设处长一人，中等教育主任一人，初等教育主任一人，处员事务员及书记各若干人。依大学区组织条例，本来应该设高等教育管理处，为管理本部各学院及留学事项，并监督区内私立大学及专门学校的机关；设扩充教育管理处，为管理区内劳农学院、劳工学院及关于社会教育之一切事项的机关。但是浙江大学区内的高等教育事业和扩充教育事业，都不很多，所以不设这两个管理处，而只设扩充教育主任一人，暂属于普通教育管理处。大学本科的工学院，由校长自行管理，而劳农学院各专门学校、各职业学校、留学事项、图书馆、运动场及各社会教育之一切事项，归扩充教育主任管理。一切来文，都送秘书处，分为两类：第一类为教育行政诉讼和一切不关于学校制度课程及学理研究的，径由秘书秘书长批明意见，请校长决定办法，发交文书主任室各处员拟稿送签；第二类为关于学校制度课程及学理研究的，由秘书处移送普通教育管理处主任处长分别批明意见，送回秘书处，由秘书、秘书长复核，请校长决定办法，发交文书主任室各处员拟稿送签。所以对于来文判断事理决定意见的，不是拟稿的处员，而是校长、秘书长、秘书及各主任；而除文书主任室各处员专司拟稿外，其余都不拟文稿，可以腾出工夫来做研究、统计、整理、视察、改革……等工作。并且不设视学，一切视察的工作，就由普通教育管理处或秘书处各员随时出发，以免视察和研究统计整理改革等打成两橛之弊。这种组织，就是想把胥吏的教育行政制度，改为学术化的教育行政制度的。但是我们却并不以此为满足；老实说，现在这样组织的大学区制，还是不完全的，还是不道地的。

我们觉得完全的道地的大学区制，是应该把教育行政，和教育学术底研究和试验打成一片。所以我们一面赶紧筹备文理学院，使文理学院中的教育学系，得于最近的将来成立。等到教育学系成立以后，才能将教育学者所研究的结果，到教育行政上去实地试验；再将教育行政上所实地试验的结果，供教育学者底研究。如是，才能使教育行政，和教育学术底研究和试验打成一片，而成为完全的道地的大学区制。不过在这种计划还没成功的时候，我们还想从小学的教育行政方面，略具教育行政学术化的雏形。所以预备于最近期间中，试行中学区制。这中学区制底计划，是把初等教育方面的研究、统计、整理、视察、改革……等工作，委托给本大学区内各省立中学；以各省立中学底附属小学为各中学区初等教育底中心，而使各省立中学校长和附属小学主任，担负各中学区内初等教育方面的研究统计整理视察改革……等工作的责任。这两点虽然不是国立第三中山大学底八个月中所实现，却也是这八个月中所计划的，所以也值得报告一下。

总之，这八个月中，虽然不敢说大学区制底真精神，已经完全地道地实现了，但是至少有下列两点，已经做到了。（一）把从前省长公署第三科和教育厅底职权，和大学底职权合并为一，而教育行政上没有胥吏们掣肘的基础。（二）把从前由胥吏们判断事理，决定意见的教育行政底弊病，革除了一大部分，不是毫无研究的照例办的教育行政。这是我们国立第三中山大学底八个月中所可自慰的。

（原载《浙江大学教育周刊》第1期，第3—6页）

文理学院早期院史（1928—1932）

《浙江大学文理学院纪念刊》编者

民国十六年四月，蔡元培先生创议设立浙江大学研究院，经中国国民党中央执行委员会政治会议浙江分会及浙江省务会议先后通过，并由浙江省政府于六月一日函聘张人杰、李石曾、蔡元培、马叙伦、邵元冲、蒋梦麟、胡适、陈世璋、邵裴子九人为筹备委员。旋定浙江大学改称第三中山大学，复由浙江省政府加聘研究院筹备委员为第三中山大学筹备员。七月十三、十四两日，第三中山大学筹备委员会开第二次会议议决第三中山大学应设研究院及文理学院、社会科学院、艺术学院、医药学院、农学院及工学院六个学院，除农、工两院业就省立农工两专门学校改组成立外，应于十七年度先办文理学院。嗣浙省试行大学区制，由国立第三中山大学校长蒋梦麟函聘大学筹备员邵裴子为文理学院筹备委员。国立第三中山大学旋又改称浙江大学。十七年四月，由校长蒋梦麟将文理学院计划及预算呈请大学院核示，奉指令"所拟办法，尚属切实可行……"等因，并遵令呈报于十七年度第一学期开学，奉指令"呈悉……"等因。此本学院筹备成立之经过情形也。

本学院筹备之际，除关于物质方面之设备及遴选教员外，于精神方面，曾定有几种目标。兹举其尤为基本的：即一、为提倡科学方法，以革新国人自来思想之习惯；灌输科学知识，以确立高等学术之基础，致力学术研究，以推广智识之界限。二、为养成忠实勤敏之士风。三、为造成通达明敏之党国及社会服务人才是也。欲求达到此目的，必须有（一）优越之教员。欲求优越之教员可以尽其才，必须有（二）充分之图书仪器。且欲教员常保其优越之地位，必使于教学相长外，尚有各个推进其学问技能之机会，如此，则授课时间不能太多，教员个人研究用之设备，亦须顾及！有优越之教员充分之设备，则（三）学生亦须慎选。其标准为：一、有适当之志趣；二、有健康之体格；三、有相当之准备。以具有此三种资格之学生，施以正常之训练，则成大成小，各就其材，庶公帑及师生之日力，均不致虚耗。本院成立以来之办理情形，刨求贯彻此初志之一种连续的（师生共同）努力也。

本院因感经费之不能充裕，一切设施，既欲求精，即不能骛广。故始拟筹设之科系，只能就其尤要者首先成立。如原拟设立之（甲）本科，（乙）医药预修科，（丙）研究科，（丁）暑期学校，（戊）扩充部，除本科外，医预，则设而复废（二十年度）；研究科，则除一二学系曾容纳他校毕业学生来院研究外，尚未正式成立，暑校，则曾与其他机关合办数次外，亦未独立设置，扩充部，亦只数次为现任中小学教员特设学程，及容许有相当程度之就业者旁听，尚不能单独由一院为长期之固定工作（本大学曾与省立民众教育实验学校、省政府、广播无线电台、市政府及省立民众教育馆等机关合办广播民众学术讲演数年）。原设立各学程中，如国文、英法德日外之近世语文、希腊文、拉丁文、地质学、人类学、社会学，亦均尚待增设。现已成立之学系（即学生得选为主科者）学门（即所授学程较少不能为主科者）只有（一）外国文学系（英文组/附设德法日文学程）、（二）数学系、（三）物理学系、（四）化学系、（五）生物学系、（六）政治学系、（七）教育学系等（以上皆为主科）七个学系及（一）国文学门、（二）哲学门、（三）体育门等（不为主科）三个学门。十七年至十九年，曾设有中国语文学系、经济学系；十八年至十九年，曾设有心理学系，均于十九年因经费缺乏停止，学生分送北京大学及中央大学借读。政治学系（原称史学与政治学系）亦曾于同时停止，盖于二十一年度始能恢复也（该系附设史学、地理、法学、经济等学程）。

截至二十年度终了，本科四年办齐。理科各系之设备，计物理学系约值七万余元，化学系约值五万元，生物系约值二万余元，已稍具规模。图书，计中文一六八六七册，西文四四六六册，杂志，计中文七五种，西文一五八种，亦略有基础，此后先当图已设各学系学门之充实，再谋其他学系学门之恢复与增设，不敢以多为贵，而使各部分之效率，反致低减；至本院院址，除近购运动场地约三十亩及建生物学系实验室平屋二所外，尚沿用三十年前遗留之单弱建筑，既有倾危之惧，且不敷用，故院舍之增建，亦为本院发展及维持上必不可缓之举，此则苟无大宗之临时经费，无从措手，较各种设备之尚可随时零星添置者，其困难又不能同日而语也。

本学院学生人数，以入学时注册数计算：十七年度四十人；十八年度六十七人；十九年度一百十三人；二十年度一百四十二人。以二十年度终了时在校实数计算：则四年级（十七年入学，下类推）二十八人；三年级二十七人；二年级二十七人；一年级五十五人；共一百三十七人。

本院比较良好的学风，固由诸教员对于学术之努力所造成，而予此种努力以积极的反映者，实为此第一届毕业诸同学，此诸同学，与本院同时萌芽滋长，于本院经费发生问题之时，同更困苦；于本院之宗旨最了解，最赞助。四年以来，以了澈一切之同情，予本院以无限之辅助。不独如陶朱公之长子，甘苦深知，一种为笃实勤勉谦抑镇静之士风，亦即此诸同学所始建，而本院设立之目的，亦由此诸同学而得到初步之实现，后来居上，日进一日，固吾人所切望于后此诸同学，然礼重先河，此第一届诸同学于经始之际，以自身的行为实切赞助本院，其功固当与各师长之经营缔造，直接示学生以治学途辙，间接示学生以人格模范者，于院史中并垂不朽。不佞无似，得以四年之久，周旋于此种师弟之间，足为生平之一大安慰矣。

（原载《浙江大学文理学院纪念刊》第11—15页，有删节）

工学院沿革和早期概况（1910—1933）

《文理》附刊编者

（一）沿革

民国纪元前二年（公元一九一〇年），代理浙江提学司郭啸麓，鉴于国内工业教育需要之迫切，呈请浙江巡抚增韫奏准以杭州城东报国寺久经停废之钢元局全部房屋机械，设立浙江中等工业学堂，承许炳堃着手筹备。翌年三月二十七日正式开学，许氏就任为校长。设机械、染织两科，招收学生百名，另招艺徒两班。至九月间，因浙江光复，暂行停顿。民国元年三月，重新开学，改称浙江公立中等工业学校。旋又改中等为甲种。民国三年，分染织科为机织、染色两科。民国五年，改为浙江省立甲种工业学校。民国七年添设电机科，其机织、染色两科，仍并为染织一科。民国九年改组为浙江公立工业专门学校，仍附设甲种工科及艺徒改名之乙种工科。其时专门分电机工程及化学工程两科，甲种分机械、电机、应化、染织四科，乙种分金工、木工、锻工、铸工、力织、染色、捻丝、纹工、原动、制纸、制革、油脂等十三科。十二年秋，许校长辞职，由徐崇简继任。及至十六年三月，浙江省政府改委李熙谋为校长，于五月一日就职。是年八月改组为国立第三中山大学工学院，李熙谋改任院长，于原有电机工程、化学工程两科外，添设土木工程科及预科（预科原定修业期限两年，自十七年度起改为一年），其原来附设之甲种、乙种工业学校，前已分别改称五年期职业三年期职业，至是亦分别定名为高级工科职业学校及初级工科职业学校。十七年四月一日改称浙江大学工学院，同年六月一日，改称国立浙江大学工学院，并将附设高级工科职业学校改为附设高级工科中学，更添设土木科；并其初级工科职业学校仍改为工场艺徒班，以期循名责实，实行劳动化。十八年七月高工应化科停办。

十九年八月，大学各科按照大学组织法之规定，一律改称学系。同时遵照教育部训令各大学自十九年度起不得再招预科生，故将预科停止招生，惟为救济招考本科各生成绩，尚可及格而有少数学科程度少有不足，不能径入本科肄业者，设修业一年期之补习班（此项补习班自二十年度起停办）。是年浙江省政府委员兼民政厅厅长朱家骅以"整理土地，经界为重，而确定经界，地形为要"，特提经浙江省政府委员。第三一〇次会议议决通过"商请国立浙江大学工学院增设测量学系并酌贴经费案"，即由民政财政两厅会衔公函本大学商请办理，当经校务会议第十次常会议决自十九年度起增设测量学系。本大学又鉴于附设高中无独立之预算，有碍大学自身之发展，呈经教育部核准自十九年度起，停止招生，逐年结束。尔时浙江省教育厅以浙江实业教育本不发达，省立工农学校尚付阙如，工农学校，又非普通学校可比，其实验室实习场等各种设备，均非旦夕所能设置完备，浙江财政困难，不克计划及此，高工高农均有继续维持之必要，因商请本大学继续招生，一面拟具办法提经浙江省政府委员会第三一九次会议议决通过拨款补助。于是高工继续招生，惟自十九年度起所有新招各班，定名为国立浙江大学代办浙江省立高级工科中学，以与原有附中各班相区别。二十一年六月李熙谋辞职，院长暂由程校长暂行兼代，七月聘任薛绍清为院长。

工学院过去情形，略如上述，此后益努力为工业教育之改进，校务会议第十七次常会决定自二十一年起，增设机械工程学系，故工学院之学制组织，在二十一年，设有电机工程、化学工程、土木工程、机械工程、测量五学系。代办省立高级工科中学则设电机、机械、土木、染织四科。

（二）环境

工学院三面环水，护以土山，风景优美。校舍一部分系工专时代添建外，余悉承铜元局之旧。计有大教室一所，阶级教室一所、图书教室四所，普通教室二十二所。机械方面，有金工场、木工场、锻工场、铸工场、机械修理工场、锅炉室、原动室、发电室各一所。电机方面，有直交流电机实验室、无线电实验室、电报电话实验室、电测实验室、光度测定室、物理实验室、电机修理工场各一所。化学方面，有分析室、药品室、有机化学实验室、无机化学实验室、物理化学实验室各一所。制纸工场、制革工场、油脂工场各一室。染织方面，有纹工场、力织工场、准备工场、手织工场、染色工场各一所。土木方面，有水力实验测量仪器室、材料试验室各一所。除上列各场室外，有图书馆、阅览室、阅报室、调养室、诊察室、制图室、晒图室、讲义室、石印室、会议室、教员休息室、会客室、学生会客室、各系各组各处办公室、信柜室、消费社、理发室各一所，浴室、洗脸室各三所。操场、足球场一区，排球场二区，网球场、篮球场各四区，跑道一区，膳厅、茶房、寝室、自修室等大小共一百余间，售品室、材料储藏室、库房各一所。

（三）设备

图书：中文一万零六百九十二册，西文三千三百二十九册，日文七百零五册，都凡一万四千七百二十六册。仪器：关于电机的，有四百种，一千四百十七件；关于化学的，有四百九十九种，一万零二百九十二件；关于土木的，有八十五种，四百零二件；关于机械的，有三十七种，六十七件；关于染织的，有三十七种，七百四十二件；都凡一千零五十八种，一万二千九百二十一件。机器：关于电机的，有三十五种，五十四件；关于化学的，有五十四种，一百零五件；关于土木的，有四种，四件；关于机械的，有一百十四种，四百零九件；关于染织的，有七十三种，二百七十七件；都凡二百八十种，八百四十九件，标本模型，都凡一百六十六种，四百七十三件，校具一百零八种，七千五百五十五件。

（原载《文理》第5期附刊《浙大投考指南》，第7—10页）

农学院沿革和早期概况（1910—1933）

《文理》附刊编者

（一）沿革

民国纪元前二年（一九一〇年），浙江巡抚增韫奏设官立浙江农业教员养成所，租杭州马坡巷民房为所址，委陆家鼐为所长，招收学生二班，旋陆家鼐去职，由任寿鹏暂代，继委金兆栐为所长。因校舍不敷，迁移至横河桥南河河下民屋。是年冬金兆栐辞职，由姚汉章继任。

民国元年，浙江学制变更，农业教员养成所改组为公立浙江中等农业学校，委叶芸为代理校长。翌年一月，改委吴峣为校长，设农学科一班，修业年限三年。尔时笕桥新校舍落成，遂于四月二十一日迁入焉。七月吴峣去职，由陈嵘继任，添设森林科一班。是年冬改称浙江省立甲种农业学校，内部编制仍旧。及至民国四年，部令规定甲种学校修业期限四年（预科一年，本科三年），于是特设研究科一班，为原有之农学及森林两科学生展期毕业一年。是年七月陈嵘辞职，委黄勋为校长，黄勋于翌年七月亦辞职，委周清继任。民国七年省议会议决添设兽医科，至民国十一年七月停办。时周清亦辞职，由陆海望继任，至十二年一月，陆又辞职，由高维魏继任。十三年一月高亦辞职，由孙信代理，旋委许璇为校长。

十三年秋省议会议决改组甲种农业学校为浙江公立农业专门学校，以建德之省立甲种森林学校并入，设农学森林两科，招收旧制中学毕业生一班为一年期预科；初级中学毕业生一班为二年期预科。本科修业期定为三年，原甲种农校之农学科森林科及甲种林校之森林科、农林科各班均办至各该班毕业为止，不再招生。十一月许璇辞职，由杨清孚、李崇敏相继代理。十四年一月，高维魏复任为校长，以应社会之需要，附设高中农科，修业期限五年。十二月高又辞职，由钱天鹤继任，至十六年五月，钱去职，由谭熙鸿继任。

十六年八月国立第三中山大学成立，改组农专为大学劳农学院，聘谭熙鸿为院长，设农艺、森林、园艺、蚕桑、农业社会五学系，修业期限三年，甄别旧农专学生改编为劳农大学部学生，旧农专高中农科学生改编为劳农中等科学生。十七年四月，改称浙江大学劳农学院，七月改称国立浙江大学劳农学院，大学部增设四年级，以劳农三年期毕业生愿继续求学者升入。又添设大学补习科，分一年期与二年期两班，并附设高中部修业期限三年，分农艺、森林、农业社会三科，甄别劳农中等科二年级学生改编为高中部学生。十八年一月改劳农学院为农学院，修业期限四年，其另设之补习班定为一年。又于附设高中部添设普通科一班。十九年度起，本大学附设高中无独立之预算，呈经教育部核准停止招生，逐年结束，适浙江教育厅以本省农业教育需要甚切，省方一时无力创办，因委托本大学代办浙江省立高级农科中学。二十年七月，因遵部令大学停办预科，农学院之补习班即于是年停办。

二十年春，浙江省立女子蚕桑讲习所停办，省立蚕桑改良场亦改组，农学院遂改编其学生成立附设女子蚕桑讲习科，以蚕桑改良场为地址，开始授课。二十年十月谭熙鸿辞职，聘许璇为院长。女子蚕桑讲习科因经费支绌，自二十年底起，不再招生，其原有学生，仍办至毕业为止。本院附设高中，于二十年度末结束。此农学院沿革之大略也。

（二）环境

农学院位于省垣东北之笕桥，为杭州市之第十一区，自院至笕桥镇四里，自笕桥镇至杭州市中心区十二里，杭塘公路绕其南，沪杭铁路经其北，交通便利。与和邻者，东为省立蚕桑改良场蚕场（现由本院租用），南为省立农事试验场（现与本院合作），再南为省立高级蚕桑科中学，及军政部航空学校，其他四周，尽为田地，农业屋舍，散布其间，院处于田野之中，确有研究农事极适宜之环境。全院建筑连农场、林场、蚕场、园艺场、畜牧场及测候所等处建筑在内，计有礼堂一所，办公室九所，教室二所，讲义室、动植物实验室、生物研究室、作物研究室、园艺研究室、农产制造室、林产制造室、养蚕室各一所，温室、化学实验室各二所，冷藏库、图书馆、储藏室各一所，教职员宿舍九所，学生宿舍四所，农夫宿舍三所。

（三）设备

图书计中文一万一千二百四十一册，西文一千三百零六册，日文一千七百九十六册，都凡一万四千三百四十三册，杂志三百二十种，日报十五种。仪器关于农艺的一百零七件，关于森林的八十五件，关于园艺的一百零二件，关于蚕桑的四十件，关于畜牧的四十件，关于农产制造的三十九件，关于森林化学的一千五百十六件，关于植物的三百八十七件，关于动物的四十四件，关于病理的二百六十件，关于昆虫的一百零四件，关于测候的十件。标本模型三万四千六百六十五件，农林蚕具三万三千一百三十二件。机器十三件。家畜一百九十二头。校具六十三种，三千六百二十三件。

农学院于上列建筑及设备之外，尚有下列各场为实习之所：农场、湘湖农场、第一林场、第二林场、临平山林场、凤凰山林场、园艺场、皋亭山园艺场、蚕场、畜牧场。

（四）推广事业

农业推广前农专时已开始举办，及本院成立，逐渐扩充，并设推广部以专任其事。兹将其事业列举于下。一、农村教育：甲、创设农民子弟小学；乙、举行农事讲习会。二、农村合作。三、农村调查。四、农民娱乐。五、农业宣传。六、种苗推广。七、农事指导：甲、宣传秋蚕茧育方法及利益，并于各村设联合指导所；乙、使农民明了人造肥田粉之性质；丙、宣传防除螟虫之方法；丁、指导农民以选种施肥及其他新式耕种方法；戊、颁发农民施医券，并随时指导关于卫生上应注意之点；己、解答农民之疑问。八、农产品评。

（原载《文理》第5期附刊《浙大投考指南》，第10—12页）

师范学院概况（1938—1940）

王　琎①

一、成立经过。国立浙江大学原设文理、农、工等三学院，民国二十七年七月奉教育部令添设师范学院，将原属文理学院之教育学系改属于师范学院，另设国文、英语、史地、数学、理化等五系，全院共计六系。聘请本大学前教务长郑宗海教授兼任本院院长。二十八年二月郑院长赴浙江筹备并主持本大学浙东分校，函请辞职，乃于二十八年十一月经教育部核准更聘本院理化系主任王琎教授继任院长。本院成立时浙江大学校址尚在江西泰和，后迁至广西宜山，因桂南战事转紧，于二十九年春再迁贵州。现本院院址在贵州遵义，唯一年级与本大学其他各院一年级生暂在贵阳青岩乡上课。

二、行政组织。依照部颁师范学院规程之规定，除院长暨主任导师之外，另有教务主任及事务主任等职，本院因创立之始学生不

---

① 王琎（1888—1966），字季梁，浙江黄岩（今台州市黄岩区）人，出生于福建闽侯县。1937年起任浙江大学教授，曾任化学系主任、师范学院院长、理学院代理院长等职。

多，一切设施较为简单，故仅暂设秘书一人，由本院教员兼任，商承院长，佐理院务。院务会议每学期举行约二三次，商议重要院务之进行。一般教务、训导及事务方面之例行工作，悉与本大学有关部分共通处理。

三、教员及学生。本院所属六系之系主任，国文系为郭斌龢教授，英语系为梅光迪教授，史地系为张其昀教授，教育系为陈剑脩教授，理化系为王琎教授，数学系为苏步青教授。教授方面，因学生仅一、二年级二班，且人数不多，所设学程亦大多为共同必修科目，故均由文理二院各有关系教授兼任。今后学生班次渐多，年级渐高，故自二十九年度起拟各系先聘定专任教授、讲师、助教各一人，以后逐年增聘专任教员。唯因课程及研究之便利，与文理二院仍当保持密切之合作。学生人数本年度实到注册者共九十九人，其中一年级五十人，二年级四十九人。各系之分配如下：国文系七人、教育系三十七人、英语系十五人、数学系十一人、史地系二十人、理化系九人。

二十七年度统一招生分发本院之新生共一六五人，是年度第一学期实到注册者七十九人，仅达录取人数二分之一。因投考志愿之不合，或学力过差（照本大学定章，凡学生学期成绩不及格学分超过三分之一者应令退学），而转学退学者三学期来几达第一学期学生十分之四。二十八年度统一招生分发本院新生共五十人，因投考志愿与分发院系已较前注意，故实到学生百分比业已提高，实到者已占分发人数百分之七十。

（原载《国立浙江大学师范学院院刊》第1辑第1册，"院务报告"，第1—3页）

抗战以来的国立浙江大学

孙祥治[①]

引　言

　　溯自抗战军兴以来，迄今已逾三载。我人回忆此三年余之艰苦奋斗，与夫所缔造之伟绩，弥觉兴奋感慰。浙大处此大时代中，差能略尽其所历尽之职责，举其大要，约有数端。（一）为国家保持元气，避免无谓损失，辗转迁移而不损及课业。（二）迁入内地后，与地方政府及当地民众密切合作，实行大学"亲民"的使命。（三）迭被日机轰炸而愈奋发淬励，国家愈战愈强，浙大愈炸愈勇。（四）大学事业年有推进，举凡院系之扩充，设备之充实，学生之壮大，研究空气之蓬勃，黜华崇实淳朴学风之继长，虽在颠沛流离，益复励心忍性，充分表现"求是精神"，此其所以在抗战建国之程途中，依时序而迈进也。兹分述之。

迁校之经过

　　国立浙江大学，原在杭州，设文理、工、农三学院及代办浙江省立杭州高级工业职业学校及高级农业职业学校并附设初农部。校址面积占地一千八百余亩，又有林场四区，计一千余亩，农场一区，在湘湖，约万亩，已垦熟者一千余亩，图书仪器二千余箱，重二百余吨，此皆民国十六年创校以来历年辛苦经营之成果也。"八一三"淞沪战起，杭州空战激烈，浙大设天目山分校，为移置重要图书仪器及一年级生教学之所。二十六年十一月五日，日在全公亭、金山卫登陆，东战场形势严重，于是西迁建德，租民房假公舍，上课。十二月二十四日，杭州失守，杭富路上战事异常紧张，

[①]　孙祥治，浙江绍兴人。1927年8月起先后在国立第三中山大学和更名后的浙江大学工作，曾任国立浙江大学秘书处处员、出版课课员、总务处文书组主任等职。

大学乃奉令西迁赣南。代办之高工农职两校遂于此时依教育厅意暂行结束。二十七年一月，抵吉安，时白鹭州吉安中学适放寒假，遂假其地上课，并结束二十六年度第一学期之课业。白鹭州为文山先生读书处，景行其地，弥增高山仰止之感。同时，在吉南四十公里之泰和赶修校舍，至二月而迁往。在泰和凡九阅月，对于地方建设及教育文化事业，不无贡献。嗣因赣北以南，相继闻警，奉令西迁安顺，乃车辆缺乏，运输困难，于二十七年十月暂驻宜山，及至二十八年十一月二十四日南宁失陷，桂南迭受日机威胁，宜山空袭频仍，影响课业匪浅，遂于二十九年二月迁至遵义，而于青岩设一年级分校，一面复在湄潭经营新校址，期于该地作较永久之计划焉。

课业之维持

迁校事宜，备极繁重，且交通运输工具，在在仰给于人，按期开课，困难殊多，惟浙大则尽最大之努力，往往迁抵临时地址后，即于最短期内恢复课业，延长学历，展期考试，甚且取消星期例假春假、寒假及缩短暑假以补课，是以每学期上课周数，远超部定限度之上（教育部订颁二十六年度专科以上学校学生学业成绩结束办法，规定每学期上课时间须在十二星期以上，或并计全学年上课时间须在二十四星期以上）。

浙大虽迭经播迁，而每学期实际上课之周数，平均在十八星期左右，若加缴费注册选课时日计之，则近二十星期矣。至于各科实验，虽校舍异常简陋，均能按照预定计划，次第举行。其或因运输关系仪器迟到，不克如期进行时，则于假期内补足之，是以三年来之教学实验，工作弥觉紧张，诚以大学为探求真理，培养专才之所，人文教育与科学教育俱不容或忽也。

事业之展布

当抗战发动之第一年（二十六年度），浙大文理学院设外国语文、教育、史地、数学、物理、化学、生物等七学系，工学院设电机工程、化学工程、土木工程、机械工程等四学系，农学院设农艺、园艺、蚕桑、植物病虫害、农业经济等五学系。抗战进入第二年（二十七年度），浙大于原有之各院系外，增设师范学院，而将原隶文理学院之教育学系改隶师范学院，复添设国文、英语、史地、数学、理化等五学系。抗战进入第三年（二十八年度），浙大增设文科研究所史地部，理科研究所数学部，并奉令另设史地研究室。文理学院扩充分立为文学院及理学院。农学院增设农业化学系。工学院之化工、机械两系奉令设双班。又为救扶东南各省失学青年给予就近获受高等教育之机会起见，特于浙东设立龙泉分校。抗战进入第四年（二十九年度），浙大师范学院增设第二部及实验中学，而于工学院之电机、机械两系，奉令设双班。至于学生人数，二十六年度仅四六〇人，二十八年度增至一〇五四人，而研究生与先修班学生犹不与焉。

二十九年度一年级新生由统一招生录取分发及保送升学者计六五二人，奉令自行添招者计一三五人，另加二年级生四四五人，三年级生二四八人，四年级生一八二人，先修班学生一一八人，尚有分发借读及复学生、研究生等，犹不计在内，总数当在一千八百人以上，超出抗战第一年之学生数四倍矣。

设备之现状

大学之事业，既与年俱进，其设备状况，自不能不有所记述。浙大之素旨，不仅注意量之精选，尤特别注意质之改进。是以虽受种种物质条件之限制，教学设备往往远胜于生活设备。其因战事影响，员生流离转徙，一迁再迁，而各项仪器、机器、标本、药品、图书、杂志得能完整无缺者，初非偶然者也。因此迁抵一地，研究实验即于短期间内恢复，其影响于教学效率，实非浅鲜。兹就目前现状言之：教育系有心理实验室。史地系有史地研究室。物理系有普通物理学、近世物理学、电磁学、光学诸实验室。化学系有无机化学、有机化学、物理化学、军用化学、药物化学、有机分析、燃烧分析、高等有机化学、有机定性分析、有机定量分析诸实验室。生物系有形态、生理、细胞、细菌诸实验室及切片室等。电机系有电学、无线电、电报电话、电磁测定诸实验室，并附设无线电台。化工系有化学工程、工业化学、工化分析、定量分析、定性分析诸实验室，并附设制革工场、制纸工场及工业化学制造场。土木系有材料试验及测量仪器室，并组有测量队。机工系有机工实验室（包括汽轮机、内燃机、压气机、测能机等多种设备），并附设金工场、木工场、铸工场、锻工场、汽车修理实习工场。农艺系有谷类分级室、生物统计室、作物实验室等并附设农场。园艺系有园艺实验室并附设园艺场。农化系有农化实验室、农业分析室等并附设农产制造场。蚕桑系与植物病虫害系俱有特种实验室。农业经济系有农业统计室。凡此种种皆为配合教学研究之需要而设置。尚有其他普通实验室及特种研究室，兹不具述。各系复有特辟之图书室。各实验室于原有设备之外，无不逐年充实，最近三年来以增购理科仪器及工场机器为大宗，盖适应时代之需求，不得不分别缓急也。

图书馆为全校精神食粮之储库，二十六年度原有中西文书籍六九七〇〇册，杂志六二〇〇册。其后逐年增添。除中文书籍杂志系以国币随时购买暂不计入外，二十七年度增购西文书籍三一五〇册，西文杂志四七〇册；二十八年度增购西文书籍一三五〇册，西文杂志三二〇册；二十九年度增购西文书籍五六五〇册，西文杂志三〇〇册。此皆可为浙大于物价飞涨，经费支绌，外汇紧缩，运输困难之际，犹能勉力供应孜孜努力于学术研究之明证也。

日机之轰炸

浙大于抗战中成长，遭受侵略者之嫉视。二十八年二月五日，上午十一时一刻，日机十八架，侵入宜山上空，在浙大校舍上盘旋，俄顷，机枪声与炸弹声齐作，迄下午一时，始解除警报。是日浙大在宜山东郊标营原址之校舍被炸，在四八四〇〇〇平方公尺内，落弹一百一十八枚，东宿舍全毁，大礼堂、训育部、导师室、体育课、园艺系工作室，及新教室，均一部分被毁。学生一人微伤，余皆安然无恙。

当东宿舍起火时，日机偶稍远飏，在附近防空壕中之同学，即齐集抢救，当时勇敢敏捷之情形，有非笔墨所能形容者，是以损失尚不甚重，惟一部分之被服已遭焚如即由教职员及其他同学争相借用，其慷慨侠义之精神，可谓罕见。惟学校经此次猛烈轰炸后，不得不加以整理，于是停课三日，于二月九日照常上课。

二十八年九月十五日下午二时半，日机八架，轰炸宜山城市，浙大在东城之校舍（文庙旧址）被震坍一角，其中适为物理实验室，内藏教学必需之仪器多种，尤以精制之仪器，多被震损，损失约值国币十二万元。

自被日机两次轰炸后，浙大员生工役，对于日机之暴行，无不义愤填膺，而于防护设施，益复加紧训练，侵略者处处暴露其丑恶，适足振奋我人之敌忾精神，此所以国家愈战愈强，浙大愈炸愈勇也。

工作之检讨

关于浙大毕业生对抗战建国之贡献，社会上自有定评，本文姑置不论。兹就校中三年来之课外工作，作一约略之检讨。

（一）关于抗建工作者

战事初起时，浙大在杭州即刊行《抗日导报》，组织防护团，领导浙省民众抗日卫国。迁建德后，出版《浙大情报》，报导抗战消息。尔时有学生四十余人，教导壮丁训练，又有学生十二人，参加东战场游击战。抵泰和后，复有学生十五人，参加各部门战斗，其中十人加入机械化部队，三人加入兵工部队，二人加入化学部队。在校各生亦于同时展开救亡工作，如征募寒衣，宣传兵役，救护伤兵，慰劳将士等不胜枚举。在宜山时益复加紧工作，除举办上述各项外，并曾举行义卖献金及献金公演各两次，募集款项超越历届纪录。南宁失守后，又有学生六十三人组织战地服务团，赴迁江宾阳昆仑关一带服务，举凡桂南兵站、野战医院等处，无不有此辈团员之足迹而救护伤兵，唤起民众，激发抗战情绪，实现军民合作，尤为该服务团之最著效率者也。

（二）关于地方建设者

浙大对于地方建筑事业之贡献，最著者有三：（1）泰和之堤防，（2）沙村之垦殖，（3）遵湄马铃薯之推广。

（1）泰和原为赣南一小县，地临赣江，每届山洪暴发，江水泛滥之际，月池村、上田村、梁家村一带尽成泽国，居民苦之。浙大迁抵其地后，即着手测勘地形，筑堤防洪，自泰和县城起，至大原书院前转循泰三县道至上田村，再转至梁家村，南山脚止成一弧形，长凡五点二公里，都一万九千市方，筑水闸两处，以节制堤线内外渠道之沟通，阅四月而藏事。二十八、二十九两年春，江水暴涨，堤防所在，田禾无恙，庐舍安然。

（2）江西可垦之荒地颇多，而泰和为尤甚，浙大迁抵泰和后，亟思有以开发之。于是有沙村示范垦殖场之组织，调查农村，分析土壤，测量地亩，厘定计划，甄选各行业之难民，实行集体垦殖，使耕地沟洫化，农业技术科学化，农民生活合作化，乡村社会组织化，农业经营多角形化，籍以增加农业生产，实施新村建设，经营迄今，已历两载，昔之颓垣荒草，今已为欣欣向荣之村社矣。

（3）遵义位于山岳地带之黔北，对于马铃薯之繁殖，最为适宜。浙大现已进行马铃薯之推广，即在遵义湄潭择定地点为推广之中心区，栽培优良品种，集中推广指导，俟有相当成绩，进而转至其他各处，依次推广，以及于全省隙地，盖马铃薯既可为凶岁之食粮，又可为制造酒精之原料也。

以上仅就三年来对于国家社会较有特殊贡献者，约略言之。至若社教之推行，民校之组设，学术讲座之设置，民众智识之弥启，文化水准之提高，乃学校之经常工作，概不具述。

结　语

浙大经二千六百公里之"长征"，其所获得者为刻苦之精神，坚强之意志，诚毅之行动，是以迭经播迁而物资无缺，历尽艰辛而弦歌不辍，屡遭轰炸而益勇敢猛进。际此抗战接近最后胜利之期，吾人缅怀过去，策励将来，凡为贯彻抗战之胜利，奠立国家强盛之新基者，大学实负有相当之责任，允宜倍加努力，以完成其使命焉。

（原载《浙大学生》复刊第2期（校史专号），第33—38页）

治校之道

离校底训词

许炳堃①

　　我一病半年，不能与诸君谈话，病中蒙诸君代表屡来慰问，心实不安，今天来校之目的，第一是来谢谢诸君；第二是来与诸君告别。这二个是正目的，还有一个副目的，也要趁便告诉你们，从前我是此地的负责任者，有些话不能对你们说；说了要被你们说我夸张，不相信。现在我已与学校脱离关系，徐校长于二十四日正式视事，我所有的话都不妨说了。我想我的话，或可供诸君底参考，我并要先说一句自己夸奖的话，本校的校舍固然不能算是一等，但是总能列在中等以上的。较之英法，固属无愧，置之美国，也挤不下的。我记得美国纽约某大学，它底校舍租在一座六层楼上，第五层楼就是工厂，有许多辘辘的声音，上课时，教员的口音，就听不清楚了。论到本校的教员，也可自赞一句"都过得过去的"。美国最有名的哈佛、耶鲁诸大学，预科一二年级生，大都是初毕业的人教授的；将要毕业的一二年，才有鬓发斑白的老先生来教，像本校的教员，都是教过三五年的。但是本校设备一项，似乎赶不上，同欧

① 许炳堃（1878—1965），字挺甫，号缄甫，别号潜夫，浙江德清人。1910年11月，浙江省立中等工业学堂成立，被聘为监督（校长）。1912年4月，浙江省立中等工业学堂改名浙江公立中等工业学校，任校长兼附设机织传习所所长。1920年秋，工校升格为浙江省公立工业专门学校，仍任校长。1922年1月赴欧美考察高等教育和丝绸工业，1923年4月回国。1924年1月因病辞职。

美比较起来，该在中等以下；然而也不致考到钩儿的地位。美国有一个百余年最著名的中学，它校里毕业底学生，进本国各大学，可以免试，只除了哈佛、耶鲁……三大学外，但它底设备实在简陋得很。英国剑桥大学是三十几个专门学校合成的。它化学科的一校，实验室只有八十个位置，而要来考的人有四五千之多。它底学生，一方面到三五里外的学校去上课，一方面来实习。剑桥乃英国有名三大学之——牛津、伦敦、剑桥——尚且如此，其他类此的，也不在少数。

我还有一件事要向你们说的，你们到社会去服务，固属一桩美事，但这总觉得有点误会，算不妥。在学生时代去服务社会，好像在冬天时候吃冬笋。冬天掘起的冬笋，只有三寸长，存到次年吃毛笋，就有二三尺长；再养一二个月，就参天拔地地长到四五丈高了；若再过一二年，就可作各种有用的材料。你们想想，吃冬笋与用成竹，其得失利弊，相去多远？你们现在去服务社会，好似吃冬笋，很可惜的，应该仔细地思量思量！我可以再从时间的久暂说一说，我们算八岁上学，到大学毕业，顶多也不过二十年。人活到七十岁，不算什么，那么服务的时间，倒有四十年之久。虽然中学毕业，也有在社会上办事，但我们得到机会进专门，总要把专门底功课弄好了；虽然高小毕业，也有去办事的，但我们既进了甲种工业，总要把甲种工业底功课弄好了。知识是人生的工具，一心一意地去求才好。一心一意，实是人生最紧要的事。譬如做算草，一心一意做去，一个题目三分钟好做。如果你一方习算，他方听兵操，那么心无二用，算算就要较慢，或易弄错。校对一遍，就费六分钟，重做一次，就费九分钟……我从前在日本学点技术上的东西，办了二十年事。现在回想起来，对于一心一意上，没有致力，以致办事对友，很多缺憾。我现在离开家庭，脱离学校，入山静居，就是想于一心一意的"一"字上用工夫。

诸君都知道我现在吃素学佛，以为我拿了自己迷信的话来教人，这实不然。孔子也常说："无意无必无固无我。"无意，就是不想将来的事如何如何。无必，就是说现在的事，不一定要他如何如何。无固，就是不要执着过去的事如何如何。无我，就是没有私心存在里面。孔子对"无我"二字，有很精确的解释，他说："货恶其弃于地也，不必藏于己；力恶其不出于身也，不必为己。"一心一意，佛家名之曰定。诸君听了这话，又或要说我引孔入佛，这又不然的。天下真理只一，二加三的答数总是五，不论你在这间房里算，他在那间房里算，结果总是相同的。你们不要以为佛在印度这样说，孔子在中国这样说，其中总有点牵强附会，实在是真理无二，恰如二加三等于五，不会等于六或四，大家算来一致，从来不会参差的。

本欲于诸君多谈几句，一则在座走读的同学很多，要回去吃饭；一则我身体未全复原，不能作一二点钟继续之谈话，只好待下次有机会再谈罢！谢谢。

（原载《工声》第3期，第8—10页）

在庆祝工学院成立大会中演说词

蒋梦麟[①]

今日蒙诸同学相邀，得参与盛会，殊觉荣幸！然余此来二矣；盖第一次系私自调查，未为人知，因彼时曾拟改大，故欲亲身考察

---

① 蒋梦麟（1886—1964），原名梦熊，字兆贤，号孟邻，浙江余姚人，1902年考入浙江省立高等学堂，后赴美获哥伦比亚大学博士学位。1927年，出任浙江临时政治会议委员兼秘书长，筹备大学。同年7月至次年4月任国立第三中山大学校长，1928年4月—1930年7月担任浙江大学首任校长。

一周，一觇真相。考察后，觉设备、建筑、学风等等均属优良。故以后遂提出省政府，改为国立第三中山大学工学院，今日庆祝成立，因获与诸同学聚首一堂，荣幸无似。

夫学校之设，为造成学生纯洁之心志，高尚之学识，健全之体格也。办学者，非为个人而办学，亦非为办学者而办学，当以造就青年子弟为目的。

学校办理之适当与否，可以视其子弟可否入读为衡。吾人莫不欲其子弟为完人，莫不欲其子弟入读于完美之学校，设余之子弟使入读本院，余当然放心，余历观南北各工科大学，其设备如本院者，亦不可多得也。

本院过去之成绩，固有可示之处，将来为浙江教育之中心，为中国工业发达之先声，端赖诸位继续努力！现在中国之情形，与十七世纪时之欧美相去实间一发，彼时欧美各国，道路险阻，盗贼蠢起，一无文明之可言！迨后工业革命成功，始将地面改造，循至今日，演进愈速，繁华隆盛，一臻其极。交通输运，已有缩小地球之势。电气化学，各种工业，亦风起云涌，进步滋速。回视工业落后中国，真有天壤之别，虽然，诸同学奋发有为，安知其一二百年后，不驾欧美而上之乎！！

环境之不同，因之需求亦异；如能改良环境，改良社会，凡百事业，庶可一一解决。在院同学更宜纯洁心志，以之开吾浙物质建设之先声也。

一人之思想有限，尚望诸同学时通函札，俾资参考，至于院址狭窄，当竭余力，设法收回军用借地，诸同学待之可乎！

（原载《国立第三中山大学工学院学生会会刊》，第4—5页）

在校长宣誓典礼上的答辞

程天放①

监誓员，各位来宾，各位教职员，各位同学：

在近代文明国家中，大学校长在社会上是占一个极重要极高尚的地位的。这次中央任命兄弟来担任国立浙江大学校长，兄弟自审学识资望都不够，很觉有点惭愧，但是一方面裴子先生辞意非常坚决，一方面中央又不容易找到相当的人选，所以一定要叫兄弟来承乏。国府命令发表已经很久，兄弟却很踌躇，不敢贸然来接事，但是迟到现在如果再不接事，恐怕于大学的进行会发生影响，各方一再来催促，兄弟不敢因个人的疑虑而妨碍大学的前途，所以才在今天举行就职礼。将才蒙监誓员和省党部省政府的代表各界来宾，致了许多有价值的训勉，可以做我们的南针，兄弟一定敬谨接受，诚意奉行。

我们常常称大学做最高学府，大学教育当然是教育当中最高的一级了。但是这种最高级的教育，应该包括些什么东西在里面呢？大学应该陶镕出怎么样的人才呢？关于这个问题，当然可以有许多答案。依兄弟个人看起来，大学教育应该具备三种性质，能够具备这三种性质，然后一个大学才不愧为最高学府，所造成的人才，才足以应国家社会的需要。哪三种性质呢？第一种我们可以勉强叫它做人格教育，这个教育，任何国家都需要，而在中国现在需要最为迫切。大家都知道，中国现在是非常的贫，非常的弱，非常的乱，非常的危险，研究其何以如此，原因自然很多，但是过去的教育，太忽略了人格的熏陶，实在是一个大原因，因为人格教育的缺

---

① 程天放（1899—1967），江西新建大塘坪乡（今属南昌市新建区）人，生于浙江杭州。1919年毕业于复旦大学，美国伊利诺伊大学政治学硕士、加拿大多伦多大学政治学博士。1932年4月—1933年3月任国立浙江大学校长。

乏，所以受过教育自命知识阶级的人，一样的可以腐化堕落，一样的可以贪污卑劣，一样的可以争权夺利，一样的可以祸国殃民，甚至于知识愈高，作恶的程度也愈大，所以我们现在要使中国由贫而富，由弱而强，由乱而治，由危险而安全，非先由大学中造成一般能够牺牲，能够奋斗，能够团结，不贪污，不腐化，有远大的志趣，而又有热烈的情感的青年出来领导人民转移风气不可，这就是兄弟所谓的人格教育。这种教育，中国从前本来是很注重的，大学里讲"大学之道，在明明德，在亲民，在止于至善"，是极端的注重人格，而大学的途径，是由格物致知正心诚意修身齐家以至治国平天下，又完全是人格的推广。周朝的大师，如孔子墨子，与他们弟子的关系，都着重人格的陶镕，而不仅是学说的传授，到了后来东汉的太学，宋朝朱晦庵陆象山，明朝王阳明，清朝罗罗山，诸人的讲学，还保存着这种风气。这种风气，在社会上影响是很大的。东汉风俗之美，气节之盛，为史家所赞美。明朝亡国时候，江浙一带的士子，起兵抗清，前仆后继，视死如归，虽都归失败，而这种精神，彪炳天壤，实种下民族复兴的种子。自废科举兴学校后，西洋新知识固然灌输进来，对于人格教育，却太觉漠视，学校变成吃饭领文凭的地方，教员与学生的关系，变成了上教室改试卷打分数的关系，结果就连在大学内也只有知识的传授，而没有人格的陶冶了。真正的大学教育，一定要顾全到人格教育方面，在大学里面，造成良好的风气。使大学里出来的学生，在国家是良好的公民，在社会是健全的分子，不过我们所谓人格教育，与宋明儒者所谓人格教育，范围又有点不同。宋明儒者，偏重静的修养，谈性谈心，往往流于玄虚，无补世事。我们所谓人格，应该注重动的生活，一切图书馆体育场及公共集会的地方，都是陶冶人格的场所，日常的生活，一定要有纪律有规律，尤其是团体生活，要处处流露协作互助的精神，而不可显出冲突分裂的现象。譬如两个学校的球队，比赛足球，胜的球队，一定不许骄矜，败的球队，也就是不作兴因失败而迁怒对方或评判员，甚至发生殴打的情事。在一个学生团体里，多数派的学生，不应该压迫少数派的学生，使得他们连发表意见的机会都没有，而少数派的学生，在讨论决定以后，也就决不可因自己的主张没有贯彻，就暗中破坏，使得大家解体。我们不要认为这种是小事，一国政治社会事业之能否走上正轨，都可在这些事件里面看出来。如果大学生因为比球失败而殴打对方，那就假定这班大学生在政治上握权力时，一定可以因政争失败而称兵作乱。如果大学学生团体多数压迫少数，而少数又暗中破坏，那就这班大学生在社会上办事时，一定得意时就压迫他人，失意时就要捣乱。民权政治总无法养成，政治社会人才都要由大学造成，大学所造成的人才如此，政治社会如何不乱哩！但是大学里面如何能养成这种整齐严肃团结协作的精神呢？那就要靠教职员等与学生共同生活，以身作则，不仅在学问上做学生的导师，并且在人格上做学生的模范。大学师生不仅在教室上发生关系，处处都要发生一种关系，如孟子所讲"时雨之化"一样，久而久之，自然养成一种良好的学风，经过这种学风熏陶的人，不但个人具备高尚的人格，并且可以转移社会。因大学学生的团结，而转移社会涣散的风气；因大学学生的振作，而转移社会懒惰的风气；因大学学生的廉洁，而转移社会贪污的风气；这是兄弟认为大学教育第一种的性质。

第二种我们可以叫它做学术教育。这种教育，是要养成为学问而学问Learning for Learning's Sake的精神，大学里面，有这种精神，大学师生能够向这方面努力，一国的学术文化，才会进步。我们知道有些学问是与一班人生活有关的，有些学问尤其是高深的学问，与普通生活是几乎毫无关系的。譬如我们学数学，加减乘除的方法，立刻有用处，我们记账算账，都离不了它；但是高等代数，解析几何，微积分，就与日常生活不发生影响了。初步的物理化学知识，于我们的生活有点帮助，高深的物理化学，于日常生活又不发生影响了。我们学了园艺学，可以种菜，采矿学，可以开矿，电机学，可以管理电机，但是植物学、矿物学的研究，电学原理的探讨，又和日常生活不相关了。这些高深的学术，既然与日常生活无关，我们又何必在大学里研究它呢？这是有两种原因：第一是因为人类有好奇心，有求知欲。一个问题，不能够解决，一件事情，不知道内容，就想去研究明白，研究明白了，精神上就得到很大的快乐，人类之所以为万物之灵，能产生一切文明文化，大部分靠这一点，如果人类没有好奇心和求知欲，我们现在一定还是和几千年前的老祖宗一样，不识不知，过穴居野处茹毛饮血的生活了。中国读书人从前常讲"一物不知，儒者之耻！"这句话当然有点夸大，因为一个儒者，要想遍知天下的事物，是不可能的，但是我们如果改为"一物不知，学术界之责！"那就很对了。因为有一件事物我们不知道性质，有一个现象我们不知道原因，学术界都应负起责任来去探讨去研究，自然世界所有的现象完全能够解释，所有的问题完全能够答复，恐怕永远没有那一天，但是我们总是孜孜汲汲往前走，愈研究愈有兴趣，愈困难愈有勇气，这就是文明进化的大源泉，否则文明就要停滞退步了。第二是因为高深的学术，直接致用于日常生活是不可能，而看不出来的。间接之用，却是非常之大。譬如哥白尼费了多少年的研究，才确定行星绕日而行的学说；达尔文费了多少年的研究，才证明了物种进化的原理。自常人看来，照哥白尼所说地球绕日，或照从前宗教家所说日绕地球，照达尔文所说物种进化，或照从前宗教家所说上帝造人，于我们日常生活同一不发生影响。然而因为哥白尼的学说，使得人类思想得一个大解放，因为达尔文的学说，又使人类思想得一大解放，这两次大解放，使得一切学术都因之进步，一切政治经济组织，都随之改变，于是农工商业都连带的发达，全世界人的生活，都受它们的影响，那种间接之用，是何等的伟大呢？所以一个纯粹学理的探讨，或者一个新的发现，在当时毫不切实用而往往在数十年后，影响整个的人类社会，连研究的人，发现的人，都会出乎意料之外，假使当时哥白尼达尔文因为急于致用之故，抛弃了天文学天演学的搜求，而另外努力有关日常生活的事物，那岂不是世界的大损失吗！我们可以看出一个最高学府一定要有为学问而学问的精神去探讨真理，然后一切学术才会进步，人类的生活也才会进步，这是兄弟所认为大学教育第二种的性质。

第三种我们可以叫它做技能教育，一个国家，一个民族，不能够专注重精神方面的生活，而忽略物质方面的生活，一个个人也不能够专研究学理而置衣食住行等需要于不问，所以大学一方面就国家讲，要造就农工商矿教育政治的中坚分子，使得各种事业，均能臻臻日上；一方面就个人讲，要使得受过大学教育的学生，个个都有独立谋生的技能，才算尽了大学的责任。然而中国过去的教育，对于这一点是异常忽略，在科举时代，士子专心致志于八股，只要八股做得好，就可以做官，一切农工商视为贱业，不屑过问，所以往往有读了十年以上的书，甚至进过学、中过举的人，不辨菽麦，不知加减乘除，连日常生活的知识都没有，更谈不到技能了。废科举设学校，大家知道农工商矿都是专门事业，不是一种贱业，于是乎学校里面都设科研究，表面上似乎很注重了。但是实际上三四十年来，所谓新教育，还是偏重纸面上工作，对于专门技能的训练，非常缺乏。由此所生弊害，在学生个人方面讲，则不论所学何科，毕业之后，只有向政界或教育界挤，挤不进去或进去而又出来，便立刻有失业的危险；在国家方面讲，那就各项事业，都感觉人才缺乏的苦痛，而失业的知识分子一多，社会到处呈露不安的现状，更是隐隐然伏着危机，所以政府固应该积极提倡各种生产事业，使得受过高等教育的人有出路可寻，而大学本身，也一定要注重实际技能的训练，使得学生一出校门，便可有专业，或做农或做工或经商或开矿或任教员或做律师，总而言之，大学毕业生，不仅他的学问，应该较普通人为高，他的技能也应该较普通人为高，这种教育，才不致成为纸面上教育，这种教育，才不致养成废物。这是兄弟所认为大学教育第三种的性质。

一个大学对于这三种教育都能够完全做到，平均发展，一方面培植健全的人格，造成良好的学风，一方面研究高深的学理，促学术文化的进步；另一方面，又使学生受实际技能的训练，人人能营独立生活，那就可称为完善的大学了。不过这种大学，是理想中的大学，实际上不独中国的大学离这个标准很远，就是欧美教育发达的国家，他们的大学因历史文化风尚等关系，也往往各有所偏。譬如英国的牛津、剑桥等大学，很注重人格的陶冶，师生的共同生活，对于高深学术的研究，也相当注重，而技能方面的训练，就很忽略。美国大学最注重专门技能的训练，而学术的研究，人格的陶冶，学风的培养，就较英国为逊了。但是我们不能因为离理想标准太远，就甘心落后，不求进取，应该格外地努力，格外地猛进。欧美大学的长处，我们尽量采纳，欧美大学的缺点，我们力求避免，然后我们一年一年可以接近我们的理想。兄弟虽然能力薄弱，然而责任心很强，一定尽我绵薄的力量，帮助浙江大学向这个方向前进。不过浙江大学不是个人的大学，是国家的大学，所以兄弟极诚恳地希望党政学各界的领袖，极力指教我们，极力帮助我们，以促浙江大学的发展。也极希望各院长、教授、职员、学生一致与兄弟共同努力，然后将来有达到我们目的的一天。

（原载《国立浙江大学校刊》第89期，1932年4月23日）

在补行宣誓典礼上的答辞

郭任远[①]

监誓员，各位来宾，各位同事，各位同学：

本大学自从程前校长长校以来，在一年中为本大学做了不少改革，并且确立起本大学良好的基础。今次兄弟在程校长已经确立了基础之后，来浙大服务，在办事上要比较容易些，这是要感谢程前校长的。此后关于校务的进行，仍旧照着这个良好的基础，按部就班地进行，现在择要向各位报告一下。

现在国家严重万分，财政极度困难的时期，我们仍旧能够在国立大学里继续求学，我们不能不感谢政府的努力，中央为什么在国家严重万分财政极度困难时，仍旧维持全国教育，尤其是大学教育呢？中央之所以维持教育，是认定教育是救国的唯一根本良法。现在大学求学的同学应该体谅中央的苦心，努力向学，以作将来报国之用，才不辜负中央维持大学的深意。

目前一般国人以为中国最严重的问题，是抗日问题，似乎这个问题不解决，一切都没有办法，兄弟的意思不大为然。我以为日本不足怕，我们只怕学校没有优良的学风，知识阶级没有高尚的气节。中国古来的学者一向注重气节的，中国学者注重气节，欧美学者注重人格，气节与人格实际是两名一物。中国历代向多气节的学者，宋明两代尤为显著，这些有气节的学者，不单为学术界努力，而且为民族增光荣。现在中国人尤其是知识阶级，正需要这高尚的气节，所以我们在大学里要养成这种气节。浙大自成立以来，学风

---

① 郭任远（1898—1970），广东潮阳（今汕头市潮阳区）人。早年就学于上海复旦大学，1918年留学美国加利福尼亚大学攻读心理学，1923年获博士学位。1930年任国立浙江大学心理系主任，1933年4月—1936年2月任浙江大学校长。

向来是优良的，以后除了保持和发扬原有之优良学风外，我们还要养成有主张有目的，为公不为私，不为威迫，不为利诱的学风。兄弟希望和诸同事及同学对于这一点努力提倡。

浙大师生的研究空气，本来非常浓厚的，以后我们想进一步做些实际的工作。兄弟到校后，极力节省行政方面的费用，也是为想添置设备，使各位研究的机会，稍为增加。至于研究的方针，兄弟以为除了学理研究之外，应当注重实用方面。学校的经费是国库支付的，国库的税收，是人民的血汗，所以学校也可以说是人民设立的。学校既然是人民设立的，那么学校在能力所及的范围内，应该为人民尽些力，如此我们以后研究，应该着重有关系人民实用的事业，除了研究方面要注重实际之外，在教务方面也须合作。本来大学之所以分设学院，全为便利管理，实际上各院无论在事务上教务上都有密切关系。以浙大论三院教务，更有联络合作的必要。工农两院的基本学科，应在文理学院学习，如此则工农可以各从各种专门课程方面发展。

刚才陈厅长讲过，本大学最感困难的，是物质及财政，工学院的房屋已经很旧，文理、农两学院的校舍，旧到几乎不可修理。仪器图书也都不足为大学师生研究之用。浙大经费虽则困难，我想在一年内，一方面向中央及省府请求援助，一方面内部极力节省，拿余款来扩充图书仪器，等几年努力，浙大在物质方面，或者也可以树立起一个相当的基础。

还有一点，兄弟以为大学的工作，应能对社会上有实际利益，浙大既在浙江省，又受省府的补助，故兄弟觉得浙大以后的工作，也应以能使浙江省得到实际利益为原则。

今天承诸位参加，并给兄弟许多勉励的话，感谢之余，兄弟以后当益加努力，使不负诸君之望。

（原载《国立浙江大学校刊》第131期，1933年4月29日）

在补行宣誓典礼上的答辞

竺可桢[1]

监誓员，各位来宾，各位同事，各位同学：

这次中央派兄弟到杭州来主持浙大，当此国难严重的时期，兄弟觉得责任非常重大。以个人能力的薄弱，深恐有负中央的付托。承监誓员蒋先生和诸位来宾的指教，非常感激！兄弟当尽力照监誓员蒋先生和方先生、黄先生、赵先生所指示的方向做去，兄弟并可以将将来办学方针大略讲一讲，以求诸位的指正。

在历史上，我们晓得越王勾践如何应付当时的国难，他应付国难的方法，是十年生聚，十年教训。目前国难的严重，甚于越王勾践时代，而大学对于教训，是直接的有关系；对于生聚，是间接的有关系。所以生聚教训，虽是老生常谈，却是立国之本。

中国古代的高等教育，对于德育和知育并重。所以古之学官统称明伦堂，因为古代之教育目的在于明人伦。从科举兴以后，士子乃注意到记诵和辞章之学。但这种趋势，是为古代有识士子所诟病的，就是古代的私立大学，所谓书院，亦以熏陶人的品格为首要，师生之间，关系非常密切。我们只要看朱子全书，王阳明语录，就可以晓得宋明两代的大师，谆谆勉人以做人之道。至于研究天然现象，只占教育中极小一部分。

现在我们通行教育制度，是取法于欧美，欧美的学校与教堂并存，礼拜堂的牧师，专司人们的品性和人格的陶养，而学校虽于知育和体育的训练，稍加偏重，然于陶养品性人格方面，亦并不偏废。每个著名大学里，统有道德学问并茂的教授，可以潜移默化学

---

① 竺可桢（1890—1974），字藕舫，浙江绍兴东关镇（今属上虞区）人。1909年，考入唐山路矿学堂学习土木工程。1910年，竺可桢公费留美学习，1918年获得哈佛大学博士学位。1936年4月—1949年5月任浙江大学校长。

生的品格。我们把欧美的学校制度，移到中国来，但取其糟粕，而遗其精神，组织上不甚健全，教训两个字只行到教一部分，而训这一部分，几乎完全放弃了。在大学里教的方面，亦有问题。

三年前，国际联盟派了几位专家到中国来视察，当中有德国前任教育总长裴葛（Becki），法国著名物理家郎葛之（Langerm），和英国农村经济教授陶乃（Tawney），他们在中国考察的结果，出了一本报告，指摘中国教育的缺点颇多，最重要的一点，就是中国的教育制度过于模仿美国。在大学里行学分制，教员与学生平时很少接触，学生只要能读满一百廿个学分，就算毕业，这种制度实在过于机械。这类批评，是很有理由的。

英国大学如同剑桥、牛津均用导师制，师生之间，接触极多。就是德法大学，虽是大学生极为自由，寻常连考试也极少。但是在实验室里，每个教师所收的学生，为数很少，学生很有机会能与教师接近。就在美国，最近七八年来，在几个有名大学里，如耶鲁、哈佛，也慢慢通行导师制了。从哈佛大学历年校长报告，我们可以晓得该校行了导师制后，学生成绩比前优越。至于训育方面，行导师制更易见效。目前我国大学里有一种极坏的现象，就是教师在校上课，退了讲堂以后，就与学生分手不见面，这种教而不训的制度，急应改良。

浙大的学风，向来是称优良的。有几部分研究空气已甚浓厚，教授除了授课以外，还给学生补习、讨论和共同实验。这种肯牺牲肯吃苦的风气，应该要能使之普遍及于全校，庶几可以使教训合一。要晓得最好的训导是以身作则，这个理论，无论古代的庠序、书院，今日新式的大学，统可应用的。

其次，关于生聚方面，我们眼前最矛盾的现象，就是黄二明先生所讲的，一方面国家需要大批人才来做建设的事业，而同时大学生毕了业后，就失业。因此就有许多学生，重视他们毕业后的职业，而对于学业，反以为无足轻重。这种观念，完全是错误的。学校不是一个工厂，以推销它的货品为目的。工厂因为要推广它的货物销路，所以不得不假手于广告鼓吹等等，大学则不然，大学是养成一国领袖人才的地方。从前美国著名文学家和政治家罗威尔James Russell Lowell曾经说过，大学目的，不在乎使大学生能赚得面包，而在乎使他吃起面包来滋味能够特别好，这话很有理由。

但在我们民穷财尽的中国，解决民生问题尤为首要。我国大学的目的，应该怎样呢？应该不单是学生能赚到他一个人的面包，而使许多人能赚到他们的面包。换言之，就是使大家有饭吃。中国有句俗语叫作"有饭大家吃"，诸位请注意，"有饭大家吃"和"大家有饭吃"是截然不同的。"有饭大家吃"是一个赚到饭以后大家来分吃，"大家有饭吃"是使人人有机会可以赚到饭吃。"有饭大家吃"是分赃制度，"大家有饭吃"是生产教育。

就是监誓员蒋梦麟先生所讲的"巧"字譬喻。本来，只能长一石谷的田地，我们可以不加工本而使之生产两石，本来只结苦而瘦的果子的果树，能使结甜而肥的果子。这就是生产教育。又如本来我们每年要向英、美、日本诸国花数千万元进口的煤油，我们能利用地质学矿物学方法来开采，或是用有机化学生物学的知识从植物来提炼。本来西北数百万方里的石田荒地，我们用灌溉水利变为膏腴之壤。长江上游不可控制的瀑布，变成数百万匹马力的电。这统要靠生产教育。要达到生产教育的目的，不但要有学农业的人，工程的人，而且要用物理学家、化学家、生物学家、地质学家。不但要理化等的知识，而且也要数学、气象学、天文学、经济学、历史学等种种知识。所以大学要办实科，而文理科也不能偏废。要达到技术的精良，要做到蒋先生所说"巧"之一字，必得大学的人才和设备两方统充实。

大学毕业生之所以失业，尚有第二个重大原因，即由于大学之闭门造车，所授课目，不适实用，不能供应社会的需要。结果便有人找不到事，而有事找不到人的现象。今后大学应该和中央各部院省政府市政府通力合作，以免闭门造车之弊。而同时也可达到生产教育的目的。今天承诸位冒雨参加，并承诸位勉励，非常感谢。以后当竭尽绵力，以期不负中央政府浙省父老及诸君之厚望。

（原载《国立浙江大学校刊》第250期，1936年5月23日）

为学精论

与新生的谈话

竺可桢[①]

　　诸位同学，学校开课已一周，今天训育处召集这个会，能如家人似的在一起谈话，觉得非常愉快。

　　大学生，是人生最快活的时期，没有直接的经济负担，没有谋生的问题。诸位在中学时，同学大都是同县或同省，可是，来大学后，有从全国各方面来的同学，可以知道全国的情形，时间长了，各人都认识，这样，各人家庭的状况，故乡的风物，都能互相知道，这亦是一种教育。大学比之中学，在经费和设备方面，都来得充实，教师的经验和学识，也远胜于中学，这供给诸位切磋学问的极好机会。同时，国家花在诸位身上的钱，每年有一千五百元，而且，全中国大学生仅四万人，诸位都是这一万分之一的青年，这种机会，万万不能错过。

　　诸位到这里来，应该明了这里的校风，一校有一校的精神，英文称为College Spirit，至于浙大的精神，可以把"诚""勤"两字来表示，浙大的前身是求是书院和高等学堂，一脉相传，都可以"诚""勤"两字代表它的学风，学生不浮夸，做事很勤恳，在社

[①] 竺可桢（1890—1974），字藕舫，浙江绍兴东关镇（今属上虞区）人。1909年，考入唐山路矿学堂学习土木工程。1910年，竺可桢公费留美学习，1918年获得哈佛大学博士学位。1936年4月—1949年5月任浙江大学校长。

会上的声誉亦很好。有的学校校舍很好，可是毕业生做事，初出去就希望有物质的享受，待遇低一点便不愿做，房屋陋不愿住，浙大的毕业生便无此习惯，校外的人，碰见了，总是称赞浙大的风气朴实，这种风气，希望诸位把它保持。

诸位在校，有两个问题应该自己问问，第一，到浙大来做什么？第二，将来毕业后要做什么样的人？我想诸位中间，一定没有人说为文凭而到浙大来的，或者有的同学，以为到这里来是为了求一种技术，以做谋生的工具。但是，谋生之道很多，不一定到大学来，就是讲技术，亦不一定在大学，美国大文豪罗尔氏曾说："大学的目的，不在使学生得到面包，而在使所得的面包味道更好。"教育不仅使学生求得谋生之道，单学一种技术，尚非教育最要的目的。

这里我可以讲一个故事，中国古时有一个人求神仙心切，遍走名山大川，吕纯阴发慈悲，知道他诚心，想送给他一点金钱宝贝，向他说道，我的指头能指石为金，或任何物件，你要什么我便给你什么，可是那个人并不要金钱宝贝，而要他那只指头。这故事西洋也有的，英文所谓Wishing ring，便是这个意思，要想什么就可得什么。世界上万事万物统有他存在的理由，朱子所谓格物致知就是即事而穷其理。要能即事而穷其理，最要紧的是一个清醒的头脑。

清醒的头脑，是事业成功的基础，二三十年以后诸位出去，在社会上做一番事业，无论工农商学，都须有清醒的头脑，专精一门技术的人，头脑本必清楚，反之，头脑清楚，做学问办事业统行，我们国家到这步田地，完全靠头脑清醒的人才有救。凡是办一桩事或是研究一个问题，大致可分为以下三个步骤：

第一，以科学的方法来分析，使复杂的变成简单；

第二，以公正的态度来计划；

第三，以果断的决心来执行。

这三点，科学的方法，公正的态度，果断的决心，统应该在求学时代养成和学习的，中国历年来工商业的不振，科学的不进步，都是由于主持者没有清醒的头脑。瘟疫流行，水旱灾荒，连年叠见，仍旧还要靠拜忏求神扶乩种种迷信方法。兴办事业，毫无计划，都是吃了头脑不清楚的亏。风水扶乩算命求神等之为迷信，不但为近世科学家所诟病，即我国古代明理之君子亦早深悉而痛绝之。但到如今，大学毕业生和东西洋留学生中，受了环境的同化，而同流合污的很不少。大的企业如久大公司永利公司和商务印书馆的成功，要算例外了，近年来政府对社会所办的棉纱厂、面粉厂、硫酸厂、酒精厂和糖厂等，大多数是失败的，失败的原因或是由于调查的时候不用科学方法，譬如办糖厂，应在事先调查在该厂附近地域产多少甘蔗，出产的糖销至何处，成本的多少，赢利的厚薄，与夫国外倾销竞争的状况。若事先不调查清楚，后来必致蚀本倒闭。这类事在中国司空见惯，如汉口的造纸厂，梧州的硫酸厂，真不胜枚举。还有失败的原因是用人行政重情而不重理，这就是没有公正的态度。用人不完全以人才为标准，而喜欢滥用亲戚，每个机关公司应该多聘专家，计划决定以后，外界无论如何攻击，都得照着计划做去，这样才能成功。

盲从的习惯，我们应该竭力避免，我们不能因为口号叫得响一点，或是主义新一点，就一唱百和地盲从起来。我们大家要静心平气地来观察口号的目的，主义的背景，凭我们的裁判，我们的良心来决定我们的主张。若是对的，我们应竭力奉行。若是不对的，我们应尽力排除。依违两可，明哲保身的态度，和盲从是一样的要避免，我们要做有主张有作为的人，这样就非有清醒之头脑不可。

现在，要问第二个问题，便是，离开大学以后，将来做什么样的人？我们的人生观应如何？有人认为中国的人生观很受孔孟的影响，实际影响最大的还是老子。孔孟主张见义勇为，老子主张明哲保身；孔孟主张正是非，老子主张明祸福。孟子说"天之将降大任于斯人也，必先苦其心志，劳其筋骨"，诸葛亮鞠躬尽瘁，死而后已，这才不是享福哲学。老子说"祸莫大于不知足"，又曰"祸兮福所倚，福兮祸所伏"。现在中国一般人的最后目的还是享福。我们羡慕人家说某人福气好。娶媳妇进门，即祝之曰"多福多寿多男子"。就是生子的最大目的，也就是想年老的时候可以享福。中国普通人意想中的天堂，是可以不劳而获的一个世界，茶来开口，饭来伸手，这样享福哲学影响于民生问题很大。一般人以享福为人生最大目的，中国民族必遭灭亡，历史上罗马之亡可为殷鉴。现在的世界是竞争的世界，如果一个民族还是一味以享受为目的，不肯以服务为目的，必归失败。我们应该以享福为可耻，只有老弱残废才配享福，而以自食其力为光荣。英国国王在幼年时，必在军舰充当小兵，唯其如此方能知兵士的疾苦。全世界最富的人是煤油大王 Rockefeller，他的儿子，做事从小伙计做起，所以他们的事业能子孙相传不替。二十多年前，中日同时派学生留学欧美，中国的学生，一看见各类机械，便问从何处购买，何处最便宜。而日本的学生，只是问如何制造。中国人只知道买，以享受为目的；而日本人则重做，以服务为目的。中国从前学工学农的人，统是只叫工人农夫去推动机器，耕耘田亩，而自己却在一边袖手旁观，这样讲究农工业是不会进步的。中国古代轻视劳力，现在已经完全改变，样样应该自己动手，这种人生观的改造，是极重要的。

以上所说的两点：第一、诸位求学，应不仅在科目本身，而且要训练如何能正确地训练自己的思想；第二、我们人生的目的是在能服务，而不在享受。

（原载《国立浙江大学日刊》第20期，1936年9月23日）

代表教职员对毕业生的讲话：谈"求是"

张其昀[1]

　　诸毕业同学，行将与母校别矣！后此行纵莫定，分布甚广，然与母校有永久之关系在，关系为何？即依于在学校时愉快之回忆，以是毕业生与母校有永久之利害，即学校之精神或灵魂之萦绕也。中国历代皆有大学，毕业之事，无代无之，使集其时卒业勉勖之辞，当可借为进德修业之资，今无暇及此。兹溯史事而为众所传布者，即"吾道南矣"之一语，此伊川先生别杨龟山先生后告人言也。龟山为闽人，故曰"吾道南矣"，今大学毕业同学，执业四方，更当益以"吾道东矣，吾道西矣，吾道北矣"矣。

　　道者何？永久使命之连系是，浙大无具体之道以言，然为同人所日数数经行之求是桥，吾人即当遵求是以为道，而出于东南西北。求是之"是"，即求真，科学所谓求是，即求真理，吾人为真理服务，静思之，明辨之，自由独立，纯粹深广，以研究与探讨，不计其功，不谋其利，无所为而为，但为"求是"之精神与学问。大学之大，为成系统，非此院彼系，支离破碎，乃可为综合，吾人固不能不为专门之研究，以成专才，更应知其相互之关系，为融会贯通之努力，以成通才。盖大学之精神，与人类文化之日渐光明，皆"求是精神"之是赖。与求是对待者，斯为"求用"，求用为无可否认之一事，然应用科学，必依于纯粹科学之上，"求是实求用之母"，前者为后者之滋养，以是非仅培其技术或办事能力，尤在思想习惯之植基，判断独立之形成，然后使其继续为用于终生，使大学无此精神，则将无创造，亦即失所凭依之道矣。中国今当空前

---

[1] 张其昀（1900—1985），字晓峰，浙江宁波鄞县（今鄞州区）人。1936年4月—1949年5月长期担任浙江大学史地系主任，亦曾担任学校训导长、文学院院长等职。

之国难，吾人固不应仅求是为忘国家民族之殷忧。"国士"云者，盖与国家同其休戚，在校研究学问，穷天地之奥蕴，辨学术之真伪，一朝学成，则出为国家之用，必要时尤应能为牺牲，"有杀身以成仁"者。大学生报国与常人不同者，即求是之精神，总理所谓知难行易，吾人作高深之研究，在求公是公非，故对政治，乃持实验室求真之精神，以求国家之真，而无与于个人之利害，是则吾人必唯力是视，以求其实现，非则绝不模棱两可，而当光明磊落以指谪之，使思想趋于一是，精神趋于凝结。今日回溯历史，乃有深刻之意义在，中国今日，何有此国难？历史上又何多国家之兴废，昔之文化灿烂者，胡忽焉其零谢？乃可见其间，凡乱离之时，必是非混淆，公道沦亡，人心堕落，纲纪扫地，人才制度，荡然无存；又若新国之气象，必其衣冠济跄，立朝多学问有道之士，且思想一其步趋，精神结为一体，纲纪井然，是非厘然。今国是已向后者，而求是精神当为发扬矣。杨龟山先生与浙大有关，浙大前身为求是，再前约七百年，为南宋国学，龟山先生留杭时，国学主持多为所荐，皆其弟子也，故"吾道南矣"一语，自于本校有密切之关系。谨依赠言之义，愿诸毕业同学：对学问求"真是真非"，对国事求"公是公非"，以真是公是为终生之依归，幸甚！

（原载《国立浙江大学日刊》第224期，1937年6月28日，标题系编者所加）

思想行为与言论
——阐大戴礼孔子语对浙江大学毕业生演词

马　浮[①]

　　诸君学业终了，便是事业开始。将来行其所学，对于国家社会能尽其在己之责任，这是学校全体师友所期望的。某以校长之属，使向诸君贡献一言相勉励，写得一篇小文奉赠。不用赘言，如诸君不以老生当谈为厌，其间所引大戴礼孔子之言知不务多而务审其所知，行不务多而务审其所由，言不务多而务审其所谓这三句话的意义，今略为申说，或者于诸君不是无益的。

　　国家生命所系，实系于文化，而文化根本则在思想。从闻见得来的是知识，由自己体究能将各种知识融会贯通成立一个体系，名为思想。孔子所谓知，即是指此思想体系而言。人生的内部是思想，其发现于外的便是言行。故孔子先说知，后说言行。知是体，言行是用也。依今时语，便云思想行为言论。思想之涵养愈深厚、愈充实，斯其表现出来的行为言论愈光大，不是空虚贫乏。今时国人皆感觉物质之贫乏而思求进，至于思想之贫乏须求其充实，似乎尚少注意。关于此点，今略为分疏。孔子说不务多而务审者，多是指杂乱而无统系，审则辨别分明之称。所知是思想主要点，所由是行为所从出的动机，所谓是言论者意义，此本通三世说。今为易于明了，故不妨以三世分说之。吾人对于过去事实，贵在记忆判断，是纯属于知。对于现在，不仅判断，却要据自己判断去实行，故属于行的多。对于未来所负责任较重，乃是本于自己所知所行以为后

① 马浮（1883—1967），幼名福田，字一佛，后字一浮，号湛翁，别署蠲翁、蠲叟、蠲戏老人，浙江会稽（今绍兴市）人。1938年，应聘至江西泰和浙大以大师名义作"特约讲座"，讲稿后辑为《泰和会语》。为浙大作校歌。同年随浙大至桂林，又转至宜山，继续在浙江大学讲学，讲稿后辑成《宜山会语》。

来作先导，是属于言的较多。故学者须具有三种力量。

一、认识过去。历史之演变只是心理之表现，因为万事皆根于心，其动机往往始于一二人，其后遂成为风俗。换言之，即成为社会一般意识。故一人之谬误可以造成举世之谬误，反之一人思想正确亦可影响到群众思想，便皆归于正确。吾人观察过去之事实，显然是如此。所以要审其所知，就是思想要正确，不可陷于谬误。

二、判别现在，勿重视现实。近来有一种流行语，名为现实主义。其实即是乡原之典型。乡原之人生哲学曰，生斯世也，为斯世也，善斯可矣。他只是人云亦云。于现在事实，盲目地予以承认，更不加以辨别。此种人是无思想的。其唯一心理，就是崇拜势力。势力高于一切，遂使正义公理无复存在。于是言正义公理者，便成为理想主义。若人类良知未泯，正义公理终不可亡，不为何等势力所屈服，则必自不承认现实主义，而努力于理想主义始因现实主义即是努力主义。而理想主义乃理性主义也。所以要审其所由。就是行为要从理性出发，判断是非，不稍假借不依违两可，方有刚明气分不堕柔暗，宁可被人目为理想主义。不可一味承认现实，为势力所屈。尤其是在现时吾国家民族方在被侵略中。彼侵略国者正是一种现实势力。须知势力是一时的、有尽的，正义公理是永久的，是必申的。吾人在此时尤须具此坚强之信念，以为行为之标准，这是审其所由。

三、创造未来。凡自然界人事界一切现象，皆不能外于因果律。决无无因而至之事。现在事实是果，其所以致此者，必有由来，非一朝一夕之故，这便是因。因有远有近。近因在十年二十年前，远因或在一二百年以上。由于过去之因，所以成现在之果。现在为因，未来亦必有果。吾人于现实社会如已认为满意，则无可复言。如或感觉其尚有不善或不美，必须发愿创造一切较善较美之未来社会，这不是空想是实理未来之果。成果如何即系于现在吾人所造之因如何，因果是决不相违的。此种思想表现出来的，就是言论。所以要审其所谓，易传曰：辞也者，各指其所之。这就是审其所谓之意。所之即是所向往的。吾人今日言论皆可影响未来，故必须选择精当，不可轻易出之。因其对于未来所负之责是最重的，这是审其所谓。

诸君明此三义，便知认识过去，要审其所知；判别现在，要审其所由；创造未来，要审其所谓。具此三种能力方可负起复兴民族之责任，易曰唯深也，故能通天下之志，是审其知之至也。唯几也故能成天下之务，是审其言行之至也。诸生勉之。如此不独为一国之善士，可以为领导民众之君子矣。

（原载《国命旬刊》第11期，第2—3页）

理想的大学

钱　穆[①]

将论理想的大学，必先及于大学教育之意义与使命。大学继小学中学而来，乃整个教育之一阶段，而特为其最后与最高者。大学教育本应遍于人人。今纵不能遽然，而大学教育乃暂为社会最优秀或最幸运者所独占。然论大学教育之使命与意义，则固不能脱离整个教育而独立也。

或讲教育即为人生，此言是矣，然反而言之，人生亦即是教育，又何须更于人生中别有所谓教育者。故知人生的教育与教育的人生其事自别。人生的教育云者，特于现实人生中自得经验，自得教训之谓。而教育的人生，则贵在人生经验中籀其最普遍而根本者，又最紧要而最精彩者，授之人人，使其明白接受，而又继续发

[①] 钱穆（1895—1990），字宾四，笔名公沙、梁隐、与忘、孤云，晚号素书老人、七房桥人。江苏无锡人。1943年春，在浙江大学讲学一月有余。

展以求理想可能的进步之一种事业也。故教育诚即是人生，而当为人生中之最普遍最根本又最紧要最精彩之一过程。教育事业者，在本以往人生之现实经验，而培育其将来人生的理想之进步者也。故教育必包两事：一者经验，二者理想。大学教育者，乃结集人生最高经验，蕲向人生最高理想之一种事业也。

惜乎今之大学教育，则违此目的尚远。谓姑举今日一般大学青年之意志与趋向，即其所想望与希求于大学者而言。今日大学青年之想望与希求于大学者，约而言之，不外两端。一曰职业，一曰知识。求职业者，如应考工农商矿各学院者皆是也。外此则大率为求知识者。职业与知识，其事非不相通，求职业必待于修习相当之知识。然投考工农学院之青年，其第一目的在谋职业，而关于工农本身之知识属其次，故曰其意在求职业也。其他学科与职业颇无显著直接之关系，如投考文学院修习历史与哲学，此固不与职业直接相关，特彼辈以为苟具相当知识，则职业自可相因而获，牵连而致耳。故其事虽相通，而不害谓此辈之意在求知识也。

职业与知识，亦为人生中一事，然殊包不尽人生，抑且非人生之普遍与根本者，且亦非人生之紧要与精彩处也。何以言之？自昔以来，职业与知识，即为人生所追求，然其间自有分歧。平民与贫者，其志多在谋职业，而贵族与富人，则其志多在获取知识。自富有者视之，职业似不如知识之重要，而在贫乏者之心目中，则知识亦每不如职业之可贵焉。故此二者，易地互观，皆不见有普遍之重要性。而实有一共通相似之点，即纵此二者之所趋，则必日陷于狭窄之境，此即今日之所谓专门化是也。何以求职业必趋于专门化，缘人事日尚分工，必专精一技，乃可期于熟练而达最高之效率。故志求职业，则为外界条件所限，自必趋于专门，见异思迁，必遭失败，此事尽人易晓，不烦多论。何以求知识者亦必趋于专门化，是则稍当申说。夫求知者必悬两境以为趋赴。一曰在我则为无所不知，二则在人则为一无所知，而后可以尽其求知之能事。否则在己既多所不知，而在外又尽人共知，此则不足以为我有知也。然人生有涯而知也无涯，今既专为知识而求知识，则首先必当划一范围，在此范围内者务求其无所不知，而在此范围之外者，既已不预我事，虽一无所知，固无害其于我之为有知也。而此范围，就理想言之，又必求其在先尚不为人知者，而后在我之无所不知，又在人为一无所知，庶可以充足表示其我有知之能事。否则尽人共知者，何得独曰我有知。故知求知识亦必趋于专门化，而此专门化者又当时时在变动中，实则其事固与求职业者蹊径相似，意态亦相肖也。

故职业在求能，而知识在求知，而知与能之能事，则必在求知人之所不知而求能人之所不能，夫而后其知能之意义乃显，其知能之价值乃高。故其求知与能之路向与目标，先则求其专，继则必求其新，求其异，求其能出奇而制胜。否则我之所知，既为尽人所共知，我之所能，又为尽人所俱能，此其知能之悬价必不高。以经济学上供求相剂之理绳之，一逮其事为人人所俱知而俱能，其知能价值必落，则人之求职业与求知识者，亦必望望然而去之。故曰果为职业知识而求教育，则此种教育必常在转移动摇之中，而受教育者亦必陷于徘徊惶惑之境。缘教育自身即前后相敌对，今昔相抵触。今日所风行者，在昔必较不为人所注意，而在后又必为人人之所不顾而去者。凡今日之教育所提倡，必先为昨日之教育所忽视，又必为后日之教育所鄙弃。此种教育，极而言之，最高可能只成其为人生的教育而已，而非所论于教育的人生。人生的教育只为现实的，自然推移，与时俱迁，而教育的人生则为理想的，承先启后，确然有向。两者相较，其事断然不同。而大学教育之意义与使命，则亦断然宜在后者而不在前者也。

且职业与知识，其事俱受外界之支配。社会如一大机器，而人生则仅当于机器中一零件。孰为锅炉，孰为螺旋，方其入学应试认选课程之时，大体早已决定。锅炉有销路，则人尽求为锅炉，螺旋偶缺乏，则人又竞为螺旋，如此而已。人人自以为有自由挑选之权，而实人人为外界条件所推排，为外界环境所限制。若论知识，则譬之一大字典，孰为水部，孰为木部，亦各自于入学应试认选课程时大体定之。今设有一人焉，尽识木旁之字，而不识水旁字，此尚得为识字人否。又有一人焉，则尽识水旁字，而不识木旁字，此又得为识字人否。今日之大学教育，方求一人专识木旁字，一人专识水旁字。入学选科者，一旦认定为木旁或水旁，则终身以之，义不反顾矣。此等识字人，试问于其自身有何意义？然在主持此等教育者，则谓集合许多此等识专门字之人，则成为一活的大字典矣。故此等识专门字之人，亦仅如一机械，一零件。其自身只成为一物一工具，以待社会之应用之而已。就此点言之，知识教育与职业教育复有异途同归之致。极二者之所趋，则必将成为机械的，格套的，部门的，死板的，不自由的，不圆活的，人人仅能供社会之用，而不能用社会。然社会何物，实是一空洞的时风众势而已。社会正需有指导，正需有驾御。社会正待为人所用，而后此社会乃能随时改进，蒸蒸日上。若仅以人供社会之用，则谁复为用社会者？此社会必渐感空虚，渐成顽固，此社会亦惟有渐趋堕落与崩溃，而至此则人生亦失其凭依。人之为人，将求一物一工具而不可得。教育之意义与使命，果在此而已乎？

今若根据人生最高经验，期求人生最高理想，则显然不当仅仅于谋职业求知识而止。就此理论而谈大学教育，则必应着重于下列之诸科程。

（一）须研求人生最高理论，此属哲学与宗教。

（二）须欣赏人生最高境界，此属文学与艺术。

（三）须明了宇宙来源，此属天文与地质。

（四）须认识生命真情，此属生物与心理。

（五）须博通已往人事经历，此属历史与地理。

（六）须兼知四围物质功能，此属数理与化学。

凡属人生经验之最普遍而根本者，又其最紧要而精彩者，必当从此认取，而人生可能之理想与进步，亦必从此培育。人生由此流出者，将为智慧与事业，而非知识与职业。智慧与知识异，事业与职业异。前者乃属真人生，而后者则严格言之，不得谓之人生，只是人生经历中所凝成所僵化之一种格套与局面耳。人生当为活的，自由的，进取的，而此种格套与局面则为死的，限制的，保守的。前者可以谓之属于人生中之性情部分，后者则只是人生中之命运部分而已。性情本之内发，故曰真人生。命运成于外烁，故不得谓之真人生。教育之所重，应属之前者，即人之智慧与事业部分，而非后者，即人之知识与职业部分也。而大学教育乃教育之最后最高阶段，则尤应注重于此。此乃人生经验中之最普遍而最基本者，亦即人生经验中之最精采与最紧要者，实应尽人而习之，尽人而晓之，而尤贵其能继续研求继续阐发。此等教育，实应为一种致广大而极悠久之努力，决不如职业教育与知识教育之与推迁，常在变动摇移中也。

若如上论，则理想中之大学校，实应以略相当于今日之所谓文理学院者为主干为中心。其次不妨有各种有区于职业之专门学院以为之辅。而职业学院又当分为两类。一者为对物的，而又其一则为对人的。前者如工农商矿渔牧诸学院是也。后者则如政治法律教育医学诸学院属之。当知后者之为业，其性质与影响，与前者绝不同。就前业者，仅使其人等于一机械一工具，有时亦可胜任而愉快。就后业者，决非机械与工具之所能胜其任，抑且其为弊害有不可胜言者矣。故以急功近利之眼光论之，第一种职业学院，不妨暂使其与大学主干即文理学院相平行，而第二种职业学院，务必以超乎大学主干即文理普通学院之上为原则。换言之，即非已毕业于大学普通文理学院者，即不得入第二种职业学院肄业是也。其各部门专门知识之研求，亦当属于大学普通文理学院之后。今试列表明之。

（1）大学普通学院（即文理学院）→研究院（文理各科之专门研究）

（2）大学普通学院→第二种职业学院（即政法学院、教育学院与医学院等属之。非先毕业普通文理各科，不得躐等修习）

（3）大学普通学院→研究院→第二种职业学院（此为第二式之变通）

（4）大学普通学院→第一种职业学院（工农商矿渔牧诸专门学院属之，其年限或可较第二种职业学院较短，然亦必先修大学普通科，再习专门，此在原理上应尔也）

（5）大学预科（即大学普通文理学院之缩短年限）→第一种职业学校（此为第四式之变通）

如此修习，庶可使学者皆得广泛通晓人生基本而紧要之以往经验，以长养其智慧，培育其理想，而不仅仅于谋一职业，求一知识，自成为一部门之机件与工具，以供现实社会之应用而止。而凡受此等教育者，庶使可以各本其智慧，发为事业，以运用社会而使人生获得更理想之进步也。

抑文有进者，大学教育，既为人生最高经验之传授，与人生最高理想之培育，故大学教育之更可贵者，尤在于大学环境内部实际全生活之陶冶，而课业之研修与讲堂之传习为之次。今日大学教育之目的，既偏重于职业与知识，其流弊，遂专重讲堂授课而大学内部全生活之陶冶转忽焉。明言之，不啻讲堂有教育而学校无教育。学校精神仅在讲堂，偏狭已甚，而讲堂之所授又不胜其偏与狭，因此学校之内有自由而讲堂之内无自由，学校之对青年几于放纵其身心而锢塞其智慧，此又乌乎而可者。故居今日而言理想大学，正当反今之道以为教，课业讲授，务求阔通，使学者心神有自由徊翔之余地，而关于学校内部全生活之训练固须严格。换言之，学校生活应求其为群众的，而讲堂课业则不妨一任个性之自由发展。一方面提倡团体规律生活，衣食住行日常活动，皆以养成其群众兴趣与群众制限为归趋。学校内部既有全体性的严格训练又当提倡各种学会组织与团体活动，相为调剂。而讲堂课程则不妨减轻，凡属基本技能方面之科业，如文学、数学等列为共同必修课，当增其分量，逐年研修。其余选修课程则一任学者之自由听习，课程皆宜尽量缩短，成为一种较长期之系统讲演，每一讲演，为期不必逾两月或三月，讲者提纲挈领，要言不烦，听者则求其能增加自读与自由探讨之时间。如此则除图书馆之利用外，尤贵于有亲师取友之风。当略仿英国牛津剑桥体制，推行导师制与小学院制，使学者各就其小团体之内，有师友长日相处观摩切磋之乐。而今日大学厉行之学系划分与学分考核诸制，则大体径可取消。要而言之，生活务求适于群体与规律，不妨注重严格之训练。学业务求适于个性与自由，则以阔通宽博为主。此为大学校应有之理想教育。否则生活既漫无准则，人尽丧其群居之德，学业又各走偏狭，相互一无会通之趣，此等教育日益扩展，社会必将受其深害，今日弊端已见，奈之何而尚不速为之谋也。

（原载《思想与时代》第20期，第1—5页）

教育之根干事业

郑宗海[1]

智慧！是人类多么一件重要的瑰宝啊！恐怕谁也不能不承认这

---

[1] 郑宗海（1892—1979），字晓沧，浙江海宁人。美国威斯康星大学教育学学士和哥伦比亚大学师范学院教育学硕士。长期在国立浙江大学任教，曾任教育系主任、教务长、师范学院院长、龙泉分校主任、研究生院院长、代理校长。

是种族生存或社会进步的重要条件。科学艺术等的必需智慧，固是显然的事实，而人类在生存竞争上的优胜，或者再高一步，在互助合作以求共存共荣，智慧都是必不可少的。

智慧可以帮助我们去选择目标，目标择定后，智慧可以指示我们去决定方法。

智慧的"根源"虽是天生的，却也需后天的启迪和培养。

依我国现时局势，有两种智慧为我民族所急需而为现时所忽略的。现在特地标举出来以资商讨。我觉得这是教育上比较根本的问题，无论生产教育，劳作教育，救国教育等其中心似乎都在这里。

（一）"社会性的智慧"　我国人顺应自然制驭自然的力量殊为薄弱，所以理科实科的教育，都说是很重要，这诚哉是重要的，至于支配人事顺应社会的力量怎样呢！以前一方有三纲五常以及礼义廉耻等观念维系着，一方有士大夫治国平天下之大道来主持着，在闭关的时代，虽然一治一乱往复循环，然而有时尚可粗安，有时且可"太平"。到了现在，因种种潮流，思想及经济状况的突变，适应大感困难，例如就国民经济将濒破产一事而论，人民生产力之低落，固是一因，然而因子远不止此，有为外交的，有为内政的，有属于经济制度的，亦有属于人民习惯的，所以狭义的生产教育，实不足以救危亡而苏困厄，狭义的劳作教育，或反与救国救民之旨背道而驰。最要紧的，还在普遍的发展"社会性的智慧"。这种智慧是能看到社会与个人深切的关系，是以社会的幸福为依归，是能高掌远跖，提纲挈领，而又能分别缓急先后的，这种智慧，自"统制阶级"以至"平民"，莫有不需要的，前者非此则无由领导，后者非此则无所适从，所谓政治训练，所谓人民训练，其核心问题，似即在培养此社会性或社会化的智慧而已。

至于怎样发展社会性的智慧呢！一在知识补充，二在思想训练，而实际合作的机会也不可少，例如要援助农民，除政治方面对此要有积极的办法以外，还须导引他们从简单的群性活动以及自治和合作事业里去多多练习，随时训练思想，随时补充知识，以发展社会性的智慧。社会教育的责任，在这件事上，和学校教育一样，要以科学的精神去观察和研究社会问题，要积极提倡人间的合作，积极地发展人民社会性或社会化的智慧，方足以实现。

（二）"合体的智慧" 一切的力量生于合作。智可畏也，合体的智尤可畏也。人人能有社会性的智慧，方可以舍短弃长，集思广益，以成"合体智慧"，有"合体智慧"的团体，为有能力的团体；有"合体智慧"的民族，为不可侮的民族，但要具有这种智慧，即从讨论或会议一事言之，也必须有开诚布公虚心容纳等客观的精神与同情的态度，又凡漫无组织的游谈，不按规则的"会议"，均可以减却合体的智慧。努力发展公心，雅量，同情以及"合体的智慧"其他一切的助力，排除私心，猜忌，冷酷以及其他一切的障碍；竭力发展社会的同心力，减少他的离心力，然后这种智慧乃可以实现。我国人民之如一盘散沙，已为不可讳言的事实，以故人数虽多，而力量竟薄弱得可怜，一旦要去抵挡有组织的新式国家，当然是"吃力"得很！不但政治侵略，即经济侵略的抗御，也非群策群力一致合同去干不可，因为这是整个民族的问题，决非少数人所能济事，但这少数人——果是足智多谋——应有指示和领导群众的责任，而群众却也有听命的义务。只要能分别出谁是可信任的领袖罢了——如此也便是一种合体的智慧。外国人或讥我不成一国家，未成一民族，我们固然不能承认，然而我们却不可不向着这个目标——一社会，一村落，一省乃至一国或一民族的合体的智慧的发展去努力呢！

以上二种，"社会性的智慧"是因，"合体的智慧"是果，前者是各个人所应有，后者是整个社团或民族所应有，前者是过程，后者是目标，以前者去实现后者，是我国今日教育上的根干事业。

环观现在国势，且莫说政治的侵略，金瓯的残缺和山河的破碎，即就别的方面而论，一则年年出超之数达数万万元，一则外侮方深，而同室操戈倍切，中华民国的人民正如处洪涛中之漏舟，而舟中的人还在喧嚷扭殴，天如不亡中国，自应再假中国以数十年，使此中之先知先觉，尚有时间竭尽自己所有社会性的智慧，去唤醒和培养各个同胞社会性的智慧，以成就合体的智慧。这是今日知识阶级的大任，也就是教育者的大任。

（原载《国立浙江大学校刊》第111期，1932年11月12日）

大学教育

胡刚复[①]

"大学教育"第一问题，为当想到大学教育有何目的？应当发展到何等标准？通常视大学教育应对各种学科，偏重专精，造就专门人才，以供社会与学术之用。亦有与此项观念不同者，以为大学教育专精固属要事，但尚有其他目标，即高等普通教育"Liberal Education"是。

考吾人在社会上，每人自具其天赋的本能，如何能适应社会，使自己生活圆满，更使他人生活亦为圆满？盖为社会努力事业，实人生最重要的天职。于此当发展本能，砥砺思想，通达事理，明辨是非善恶。当今之世，各方面皆趋专门化，无论经营何事，皆需专门学问，惟应不忘圆满的生活及健全的情绪亦人生最重要事，所以

[①] 胡刚复（1892—1966），原名文生，又名光复，江苏桃源（今泗阳县）人。中学毕业后，曾参加无锡理化研究会并入上海震旦大学预科学习。1909年赴美留学，先后获哈佛大学理学学士、硕士，哲学博士学位。1936年5月起历任浙江大学文理学院院长、理学院院长。

在发展专门技能之下，不可或少高等普通教育，以此和人生有关，由此目标得以使人发展其人固有之本能，知为欣赏，和虚心接受一切外来思想及情感，而有所供献于社会和人类。

教育效率和兴趣有关。使一人能发展其官能至最高的程度，能欣赏，知利用，如有兴趣，则效率为愈大，最好是在本能兴趣范围内，推进至最高的程度。因之，教育对于自由兴趣，甚为注意，以此关系于效率的地方很大，所谓自动比诸被动为佳。兴趣既被公认为对效率有绝大的影响，因之教育制度中乃有选课的办法，但任何制度有利亦必有弊，且实施方法及环境亦有详加考虑之必要，选课制固有若干成就及便利，但亦有流弊，故近来颇有主张废止选课而侧重于年级制者，此事当于后面再谈。

大学教育的第二重要问题，即在品格之陶冶与修养。大学教育于知识求专精，更谋博通，第一目标之外，同时应兼及品格（character）之培养。品格即中国古代所称"气节"，教育目的不专门在知识的接受，陶冶品格更关重要。反之，如仅事灌输知识而不注意品格的陶冶，仍将失大学教育的目标。中国不论在何朝代，学者士人，皆当砥砺气节，虽其人生观在以前实与今日所认识者不同，然大纲要无多变易，格物致知，穷理达性，平时既有修养，则在紧要关头，自能卓然自立而不与世浮沉，此实大学教育一重大的目的。若仅积累知识，而无高尚品格，往往非但不能济其为善，且能济其为恶，所以仅灌输知识，不能视为全部教育。在历史上，真正学问家非仅知识渊博，抑且对品格一事，深具修养，曾无丝毫苟且之处。以专精的精神，求真的态度，对学问既精益求精，对品格亦能日磨月砺，抵于至善。惟近来一般人心理上往往有错误的见解，以为求学只在求知。此事本身或亦具相当真理，果学问深邃，真达专精，即其他不闻不问，当亦能明白事理，豁然贯通。但若未达最后的完成，则危险殊甚，因知识可以为善，亦可资为恶也；譬如二十年前旧式读书不求甚解，以致读书多年，而能作一普通信札之人甚为寥寥，即在知识未到相当阶段，不易运用。专精陶冶和此略有比拟之处，专精未达相当程度之前，能力虽有，乃往往不能造福社会，反而有害人群，不讲品格的坏处，即在于此。

对知识品格，固应兼筹并顾，即体育亦不可稍忽，因为人是一个复杂体，各方训练皆应顾到，抑且体育对德育，智育皆有相互的关系，吾人日常读报，租界上外人往往有拦获杀人越货之徒，中国常有一人持械可以劫千百人而有余，非关自卑，实以我国人体格太差，以致对任何事皆存萎缩之心，绝少公德的观念，不能见义勇为，斯坐于体魄萎弱使然。体魄的强弱，影响于德智其他方面的很大，所以各种教育皆息息相通，不可重视其一而略其他。反之，各方兼顾，才可以达到圆满的结果，和教育的目标。

综上所述，大学目标有二，专精兼谋博通，求知更重修养。次当讨论思想训练的本身，课程编制教学的方法与实施诸问题。兴趣可以帮助获得很好的效率，而严格训练亦称重要，无论任何知识使其不经过相当的苦功，则往往不易永久地保持与迈进，而欲求其运用自如，尤非严格训练，条举实例，力求应用不可，盖兴趣仅是初步的推动，刻苦方是成功的基础也，若选择作缀，但顾兴趣，其害立见。其次理论与实验相提并论，而尤注重于实验，近来学生中往往有醉心理论科学而疏忽实验，视为无足轻重，此种观念，实为大错，急应纠正。因为科学根基是建筑在实验方面，至于理论科学仅为更进一步的结晶，必实验基础已固，方能运用天才再致力于理论。理论完成，固将美不胜收，有莫大贡献，然此实需要特殊天才，非人人可以做到；反之实验科学的进步，人人可以参加，只须切实做去，持之以恒，稳打、稳扎，绩功力久，不难有所成就。有人竟不明了此等区别，或过为自信，驯至偏废，其人容或本有几方秉赋，然其未能有切实的成就，甚或荒诞不经，未能贯通，殊属可痛，皆由于过重兴趣而缺乏基本训练使然。盖在普通情形之下，青年好为激进，以为愈专精为愈好，兴趣所在，全力赴之，对其他有关部分漠不关心，其始未能见到其害，待至临事乃感前此训练的缺乏，对科学认识不足。此种基本训练的缺乏，实为同学易犯的毛病，得鱼忘筌，事后始悟，实为自由选课的流弊。倘使没有说明和指导，或多使教师接触学生，让他们明了透彻，则不易到达美满的结果，将流弊多而利益少。从另外一方面看，若学校开课，教授讲学，陈义过高，致使学生不能了解，或舍本逐末，误入歧途，亦属近日教育的通病。

基本准备之重要，非但科学上如此，即其他文史、社会上之常识亦皆如此。浙大较重理工，对文史注意较少，吾人为中国人，中国文字的运用，为一基本问题，其他科学固然愈专愈好，但基本修养不可不蓄之有素。本校过去对国文只开八小时四级，实太不成话，社会科学课目亦感缺乏，学生出外任事，殊感不足应付。近来已开课程，加以纠正，则此为原则，将来改进至如何程度，虽不敢必，惟对于中国本国文化，应多一点认识，则为必不可少之事。

选课制度除兴趣与训练问题外，对于课程编制亦发生连带关系。课程编制皆须有一定的单位，学问亦可以有相当片段，因选者各人兴趣不同，当然选课互异，而同一科目凡为学校所设者各人皆可选修，此于学生及学习上殊为便利，故于英美惟行甚广。惟默察中外现状，单位每觉过小，仅成片段，不容有中心的训练。故法德制度又与英美不同，每一学科往往需一年至二年以上的时间，科目少而专精，此办法较为合理化。推法德中学学生程度高于英美，因而大学办学目标不尽相合。前者为注重专精，且集中人才，蔚为国用，故于国家经济较为节省，升入大学人数亦少，可以专门研讨，非定服务（英美工商业发达，故于社会可以容纳大量的有思想及能力的普通人才，专精方面只可稍为牺牲），公共科目甚少，学生入学，因专门的需要可以自由选修大科目的课程，学习一两年后，已可稍窥门径。考试绝对自由，且以其最后的成绩为断。此在任何立场，皆所欢迎。美制则太琐细，其失在无以整个学术为中心的原则。中国学制近于英美，补苴其失，然积重难返，一时殊不易改变，将来若能设法提高中学程度，对其他普通训练能在中学解决，则大学课程可稍较具体化而具确实之中心，可断言也。

抑教学方法及实施首贵斟酌程度及对象，若程度未能提高，而教员过于热心，或陈义过高，或太偏理论缺乏练习，学生学习不了，从之，运用不到，获益反少，皆非所宜，盖程度和对象未尽吻合，即教学不易得效。讲授科学，若能分段，则施教愈易，精确观念愈精，然决非一蹴可几，所以有些地方可以从略，有的地方先为运用工具，偏重形式的练习，然后再输入真正观念。故谈到程度对象，大学和中学显然又有不同，中学偏于运用工具，大学则偏重思想的整理。吾人研究科学的发达史及学习的阶段，知道任何知识的吸收，可以分为三个段落；第一步，仅凭兴趣及好奇心，观测事物为比较浪漫的求知；第二步，慢慢予事实以轮廓，具体，分类，一点一滴地讲究精确，再发展相当工具，并由此工具的运用，以达当然的结果；第三步彻底了解其内容，综合而成具体的观念，又复从此中心观念力谋应用以试验其是否真确，是否有用，迨全部确定以后，方集大成。故教学时亦应于观念上予以深切的了解，并加以精细的训练，对各种不同的题目，分类研讨。所以大学教育，对科学乃至文史，欲求真正达到教学目的，须能综合起来，抽象起来，对各科有正确的观念，运用始不蹈错误。反之，易入歧途。盖必其科学观念有正确的认识，始能豁然贯通，以观念比较少而抽象，亦简单而切要，故宜其为求知的最后段落。所以大学教育，希望学生有所成就，即须整理此最后阶段，希望对科目观念认清，然后迈进。科学如此，文学亦然，中学作文写读工具观念较多，大学则在使能欣赏，不仅研讨精小一如往日，且当高瞻远瞩，大学训练一事，学者教者，皆当努力及此。

学校所得，非仅在知识之积集，而希望得一种根本的训练，故教学方法重在启发个人的本能，而不应仅为注入的手续，对知识上观念既已清楚，又能从其本能训练出发，故知识其他连带的各方面亦皆能清楚。盖真实不苟，条理清楚，不仅对学问可以成功，即对其他社会问题，亦莫能例外。现今流行的选课制及其实施的方法，似确有严密审查改良的必要，盖未见其优点，已见其许多弱点。然则吾人是否将予弃置？愚意补救之方，在仍存其制，而审度环境与对象再求改进，若多加指导，多用导师制，以期与学生接近，深知其痛苦与欲望，而予以指导启发，同时使学程易得一比较的中心训练，而不徒从事于枝节及片段的训练，则庶几乎其有济。大学学生经此训练之后，一出校门容或不及职校学生，然使一为热审之后，则必能出人头地，盖能因环境之不同，而异其适应之。此外尚有训育上种种问题，或亦可借导师制而解决，俾青年思想不入歧途，师生之间毫无隔阂，故导师制之施行，实亦为当务之急。至于其他大学教育问题甚多，以时间匆促，今日恕不能一一分别讨论，仅就荦荦大者，略举如上以供参考。

（原载《国立浙江大学日刊》第125—126期，1937年2月25、26日）

施行导师制之商榷

费 巩[1]

二十七年三月三十一日教育部训令各校，"本部为矫正现行教

---

[1] 费巩（1905—1945），原名费福熊，字寒铁，后字香曾，江苏吴江（今苏州市吴江区）人。复旦大学社会科学科政治系毕业，英国伦敦大学政治经济学院研究生，牛津大学政治经济科毕业。1933年秋，应聘至浙江大学任教，主讲政治经济学和西洋史。曾任注册室主任、训导长。因参与民主宪政运动于1945年被害。

育之偏于知识传授而忽于德育指导，及免除师生关系之日见疏远而渐趋于商业化起见，特参酌吾国师儒训导旧制及英国牛津、剑桥等大学办法，规定导师制，令中等以上学校遵行"。语重心长，法良意美，诚足为吾国新教育史放一异彩。专就现行大学教育而言，诚如部令所言，亟须矫正之处正多，而导师制者，实对症之良药，惟是今兹所欲施行之导师制，在吾国为创举，规模初具，诸待试验改善，而按诸实际。与吾国旧有之书院制与牛津、剑桥之导师制亦不尽相同。故可供探讨商榷之处，亦正复不少。

一、今日吾国新式教育之为世诟病者约有三端。一曰教法偏于呆板。讲堂传授，讲解叙述而外，甚少质疑问难，是灌输知识，而非启发思想。是盖由于一班学生人数，常嫌过多，而程度智慧，又多不相等，师生之间遂少辩难机会。二曰师生关系太疏。"师生之关系，仅在口耳授受之间，在讲堂为师生，出讲堂为路人。"（引教部训令语）教师如负贩者，学生如购货者，交易而退，缘尽于此。"师道既不讲学校遂不免商业化之讥。"（亦教部训令语）三曰过重技术之传授，忽略人格之陶冶。学校仅为习艺之所，而非修养之地。教师只管学生学业成绩，品行思想如何，多不加以问闻。肄业大学四年，所得限于若干专门知识，品性德行初未受过熏陶。

凡此弊病，近年学者议论，多曾指摘及之，今教育部通今中等以上学校，切实施行导师制度，亦即为欲力纠此等缺点。导师制取法于英国牛津、剑桥之办法以及吾国固有之书院制，因请先言英国及吾旧时训教之法，俾知其可资借镜之处。英国牛津、剑桥等大学之学制，与吾国现行大学学制，完全不同。学生作业，不重于上堂听讲，而重于导师指导。大学生依其所专攻，随指定之导师研究，课业品性均由导师负其全责。导师或为教授讲师，间亦授课每周至多一二小时，或为各学院研究学者并不公开讲演授课。要之，大学教师主要之任务为任学生导师，授课乃其次要。因之，在学生方面亦以从导师研习为主要工作，上堂听讲乃属次要。每周上课至多七八小时，且性属自由听讲，并无所谓"缺课扣分""改选退选"等事，亦无所谓月考季考等事，更无所谓每学期须读若干学分，修满若干学分，始能毕业等规定也。

每一学生不止导师一人，按其专业所分之门类，别为导师数人，而任导师者所收弟子，多或二三十人，少则数人或十余人。分二三人为一组，每周接见一次，命题作文，指示应读之书，批改课卷纠谬指正而外，相与探讨辩难，导师发问，诱导学生思索，学生质疑，乃得导师薪传。此种教法，重博览群书，不重捧住一本课本或几篇讲义，重思想见解，不重强记呆诵，足以尽启迪诱掖之功，养成有器识抱负之学者。因材施教，尤足使聪明才智不为愚劣庸陋所牵累。导师与二三学子，时常相聚一堂，或坐斗室相对论学，或集诸子茶点小饮于导师之家，剖析疑难而外，并得指示学生修养之法，解答学生个人问题。导师视门人如子弟，门人视导师如良师益友，从学之期虽暂，而缔交辄终身，受其潜移默化，不觉品德与学问俱进也。

二、是为牛津、剑桥两大学所独创一格而足为举世矜式之英国导师制。至于吾国所固有之导师制，即旧时之书院制度。书院制创于唐代，自宋迄元，至于明清，先后亘一千年，为吾教育制度固有之精粹，而颇多与英国导师制不谋而合之处，足纠今日新式教育之弊。书院制最可称道，亦最足资吾仿行者，为自由讲学之风气，与人格训练之注重。先儒讲学，或以明心为言，力纠陷溺功利之弊，或训听者以切己务实，或设为疑问，以观其所向，然后从容示以先后本末之序。其教人也，专望人之自觉自动，不取干涉，故以探讨辩难为重。明东林会约仪式"每会推一人为主，说四书一章，此外有问则问，有商量则商量，凡在会中，各虚怀以听，有所见更端呈"。又明儒学案吕泾野先生语录"问今之讲学，多有不同者，如何？曰：不同乃所以讲学，既同矣，又安用讲学哉"。可见其自由讲学之风气之一斑。

自汉以后，学校教育，皆为利禄之途，无所谓人格教育也。宋仁宗时安定先生胡瑗倡教于苏州、湖州及太学，以经义治事分斋，而以身教人之风始盛。宋儒讲学，类能确指修养之法，以示学者，如张南轩之辨义利，朱子之格物致知，象山先生之先立乎大，要皆致力于躬践力行，不尚空谈。为师者皆忠信笃敬，毫发无伪，训警恳至，语自肺腑流出，宜其为群士信向也。明儒讲学，尤致力于气节之提倡。明东林党处外患内忧并起之时（努尔哈赤崛起于外，魏阉用事于内），廷臣非阿权势，即骛空谈，东林深恶之，讽议朝政，砥砺品格，作中流之砥柱，迨李闯之乱，东林死节者比比，此尤人格训练之发为事实，彪炳史册者也。

三、近年各大学所施行以及教部训令各校遵行之导师制，持较前述之牛津、剑桥以及宋明以来之训教方法，颇多出入，恐未必遂能推行尽利也。导师由专任教授讲师担任，而各校教授讲师，寻常教课多在九小时以上，大部分时间已为讲演及准备教材所占去，甚少余暇，兼顾导师职务，且所导领之学生，率在十人以上，有多至二十人者，若一一分别予以训导，尤非时间所能允许，故担任导师者，多未能专致精力于斯。其次现行教育，仍以上堂听课为主，不若牛津、剑桥之以从导师作业为主，学制根本有所不同，仿效遂难得其精微，以致导师与学生相见，寒暄而外，几至相对无话。导师除询问学生志趣、家庭状况、在校日常生活及功课上有何困难外，几无他话可问，而学生尤多不违若愚，哑然不肯发问。师生关系，甚难由此亲密，德育指导，更难望有功效。复次，施行导师制之主旨，在使教师授业而外，更能指导学生思想与修养，但大多教师固皆学有专长，唯对一般问题，未必皆有兴趣，担任指导，容或缺少热忱。凡此诸端，均为施行导师制之困难所在，须谋有以解决。

今日教部如欲令各大学彻底施行导师制，应将现行学制根本改革，酌取英国学制之长，及昔时书院自由讲学之风，力祛数十年来所深中之美国式教育之毒，始能收其宏效。惟兹事体大，当非一时所能做到，则目前之计，似可先就以下数事做起。第一，施行导师制最大之障碍，为现今学校课程之过重，导师学生皆无余暨及此，遂视为额外之负担，以致敷衍了事，虚应故事者有之，甚至名为师生曾未一面者，亦有之。故补救之道应自减少上课钟点着手。现行学制为灌输式之教育，学生依赖教师，尽恃讲解传授，课外之参考与研讨反为次要，故通常一门功课，每周须上课三四小时之多。今苟能改灌输为启发，则上课钟点尽可减少而无害。教师之所贵者，在能领导学生读书，而非代替学生读书，讲堂讲授应为教者之心得，而非书本内所能获得之知识，凡可于书籍杂志内得之者，概可令学者自阅，不必代为讲述。果如是，则每门功课可自每周三小时改为二小时，以一小时作讲演，一小时作讨论。教师上堂，于某一问题，述其心得而外，只须提纲挈领，指示门径，开列参考书籍，令学者循依纲领，自加钻研，爬梳剔抉，作成札记。以其所得，乃于下次上堂，作为质疑问难之资，或由学生报告，或由教师发问，相与研讨探索，乃能有彻底之了解。其须敬师讲解较多者，如理工科之功课，则讨论可间周为之。有此更改，不但教师授课钟点可以减少，且足令学生多读参考书籍，使能自觉自动，学问乃有深造。抑亦必先做到师生上课时间减少，始能分其一部分时间精力，于导师制之认真推行，不复视为具文。

第二，教育部令各校实行导师制之主旨，在指导学生思想，及教以修养之法。现今各大学大多以本系教师充任导师。同一学系之师生，平素晨夕相见，本较稔识，进而有导师学生之关系，以所学之相同，兴趣相近，收效自亦较易，导师之分配，在可能范围以内，自应尽量遵此原则。惟此中亦有困难，即以本系教师任导师，本门学科以外之一般问题，容有不能尽为解答者，则恐未必皆能胜任。为弥缝此一缺陷计，似可分导师为两种。学生于一二年级时，有一导师，专教以为学为人之道，其责职偏于修养方面，学校可就全校教授中征聘之，尤以文科方面之教师对此应多负责任。分配领导之学生之时，固将因此不能尽依系别，但亦应许导师与学生双方皆有相当之选择自由，或择修习其功课者，或择已经稔识者，俾较易接近，亦较有感情。分配之时，容因学生初入学，与教师晋接之机尚浅，选择无从，则他日学生苟欲更换导师，亦应许之，务使双方结合，出于自愿勿稍勉强。迨学生升入三四年级，则应有一本系教授为其导师，其责职偏于专门学术之指导，学生可就其最有兴趣欲加专攻之某一学科，在其本系教授中择一从学。试以国学言之，有性近经史者，有爱好诗词者，试以政治言之，有欲穷研政理者，有喜文物制度者，亦有欲从事外交者，性情各有所偏，兴趣各有所专，则正可各从其志，从一专门学者研索得之。

至于指导之法，固然刻板之方式，然苟一二年级偏重人格修养，亦非能徒托空言，须有实在工夫要做。导师应指定时间，分组接见学生可以二三人为一组，每星期每组各接见一次。见面所谈宜力避空泛，每次应有一预定之题材，以供互相探讨，是在导师预为规定准备。概括言之，导师应就学生性之所近，指定有裨修养之书，令于事前细心研诵体会，例如名人传记，先儒文集，以及记述先哲先贤嘉言懿行之书，皆足为学生课余假期良好之读物。而为之师者，尤宜先自读过，每次接见，先听学生述其所见，然后出其修养所得阅历所及以告诸生。诸如勉学问，谨言动，慎交与，练事情，宏度量，励志行，省愆尤，安义命等道理，均足为逐次谈论之题材。循序渐进，每次见面，有一题目可讲，始有实益可言，而于平日，导师尤应随时考验诸生身体力行之工夫如何，而有以督教之。举凡礼貌仪态举止言动，皆应恳切训教，随时指正。所谓应对进退，穿衣吃饭，皆是学问，所不可忽。必如此，师生之关系始能日进于亲密，而亦始有师道可言。关系既深，相知有素，学子自肯吐其肺腑，个人如有难题，必乐就教于师，若人生观，若公民之立场，甚至恋爱经济就业等问题，均可就商于导师，导师因人因事而施教，而所谓生活指导之一问题，亦联带解决之矣。

三四年级之训导，设如前文所言，偏重专业之研求，则可以稍异其趣。学生从一导师，为某一专门学术之研究，亦可预先约定每周晋接之时间。任导师者，应代有以擘画、规定两年之内应看过之书，而为析成若干问题，令为有系统有计划之写读。按时缴呈所作，为之批改，与之讲论，务鼓励学生思索辩难，务启发学生思想见解，学生经其诱导，得其薪传，所谓亲炙教训，学业乃有深造，至于人格修养，并非谓学生一至三四年级，即已成为完人，不必再讲。人品与学问，本无法强裂为二，特学生年龄学业既有增进，况于修养已经下过一番工夫，于为人处世之道，当能自己领会，此时只须偶加指点，不必复时常谆谆以此为言。只须任其专业导师者，品学端纯，足为表率，学生倾心相从，熏陶日久，自被感化于无形。是故从其作业，亦即同时受其陶冶。可以身教，正不必复以言教。师生相喻于无形，潜移默化之功，在不知不觉之间。

总之导师制之采施，固不失为矫正现行学制之一对症良药，但欲求其推行尽利，亦须具备若干条件。在教师，必须使之视担任导师为其重要职务之一，始能致其精力于是，认真将事，故应先谋其功课之减轻。在学生，必须使之觉受教于导师，真有实益可得，始能自愿从学，感悦奋发，故应先谋训导材料之充实。能如是，导师制之要谛在其中矣。其他如评定操行，出给证书，以及填写表格，颁订章程等等，皆为末节，可有可无者也。

（原载《国立浙江大学师范学院院刊》第1集第1册，第46—52页）

真善美相互间之关系

郭斌龢[1]

　　今天我所要讲的题目看看是抽象的，与现在的环境没有关系，然而我以为大学里所研究的不应当只顾目前，注意应时糕点；而应当注意有永久性的东西。真善美三者，如天厨的味精、上海公司的医油；天天不可少，餐餐不能缺；现在需要将来还是需要。大学生与别的专门学校的学生不同，不论是文、理、工、农、师范各科的学生对人生基本问题，应发生兴趣并且须能了解，然后方是一个完备的大学生。

　　严格地说，求真的精神在中国似乎没有。求真的精神，是西洋希腊的精神。在中国只有善和美，据《说文》上"真者，仙人变形而登天也"经典但言诚实，无言真实者。诸子百家有真字；道家求真的目的，只在怎样成仙，与科学的不同。善与美同从羊，羊者祥也，是和平吉祥的意思。

　　真善美三者的分别；真是知识的，为知识而知识（knowing）；善是行为的（doing）；美是感情的（feeling）；即所谓"智""情""意"的三分法。真全在乎发挥知识方面，善与意志发生关系，必须有选择，否则便无善恶之分。美与感情有关系。求真的精神产生了科学与哲学；科学是将宇宙间种种现象加以分析，加以描写叙述；所谓科学，即一科一科，很完密而有条理的学问。哲学则不是一科一科的，而是整个的。求善的精神产生了伦理与宗教，所研究的是"应该与不应该"的问题，他有一个选择的余地，如研究伦理

---

[1] 郭斌龢（1900—1987），字洽周，江苏江阴人。1917年考入南京高等师范学校文科，1919年转入香港大学，获文学学士学位，后留学国外，为哈佛大学研究院硕士、英国牛津大学研究院研究员。1937年8月—1946年任浙江大学教授，历任中文系系主任、外文系系主任、师范学院国文系系主任、文学院代理院长、训导长、代理校长等职。

宗教；在叙述宇宙人生的现象时，可以说是科学；在叙述完后，问其应否，则成为伦理宗教了。例如一朵花，用知识去观察其类别、形态、生理、病态，目的全在了解此花，知道此花，则全为科学的。如在公园内见到了这一朵美丽的花，欲摘回家去；则发生道德问题，便是在问"应不应"了。若对此花发生一种情感，如诗中所云"感时花溅泪，恨别鸟惊心"；词中所云"落花人独立，微雨燕双飞"的情绪，用欣赏的态度，那是情感上的表现，便是美了。

中国的文化，善的观念特别发达，注意人事，其特点好处与坏处都有，互相影响。中国人没有宗教，虽讲善恶但均以人为本，所有宗教均是外来的，道教是一种杂教，而是模仿的。中国同时也无理论科学。虽有所谓格物致知，但并无发挥。在西洋有了理论科学，然后才有实验科学，才有机械、文明，才有新的经济制度及文物，到现在止，中国仍讲实用，故大学工科学生多而文理科学生少，此为讲实用的结果。一方面无宗教，一方面无科学，崇尚中庸之道；好处在和平中正，坏处在平庸狭隘。

再从历史上可看出真善美的消长关系。秦汉以前，文化是善的，孔子讲人伦道德，（人事）以人为本；老子反对道德，但并不反对道德的本身，以为道德应普及，不应限于少数人；法家注重守法，亦是道德的。汉时有考据之学，即所谓汉学，有人称其为科学的精神，是科学的萌芽；一方面含有善，一方面含有真。魏晋六朝的善与美分开。普通的文章称"笔"，美丽的文章称"文"；生活亦艺术化，美的观念至此发达。唐代各方发展，韩愈古文运动，在文学上矫正唯美的流弊；同时图画、雕塑、音乐均有很大的成就。宋明之时，善与美更分道扬镳，善的方面有理学，美的方面如书画，如诗词，如小说戏曲，如印刷皆极优美。清代学风，真善美并驾齐驱，有考据、义理、辞章三者并重之说。考据是将求真的精神应用到书本上去；义理是善恶的探讨；而辞章则是美的研究了。乾嘉以还，考据之学，风靡一时，前汉书河间献王德修学好古，实事求是，清代汉学家就拿"实事求是"四字，做他们的口号。浙大的前身求是书院即是在这种考据空气中产生的。

现在做大学生的态度，第一要有求真的精神，以发展知识为第一天职，要提倡希腊的求真精神，思想不能糊涂，时时要注意对不对的问题，但求真的态度是很冷酷的；理智要能控制，要能想象，要看到远处。第二，善是要身体力行，有力行实干的精神固佳，但不能乱干。宋儒讲"文以载道"，现在人说"文艺要宣传"，于是讲干而忽略了知，那是很危险的。第三，美是善的具体化，所谓充实而有光辉，充实是真善，光辉是美，人人均知美，但美须高尚，高尚的美无不善，且亦无不真也。

（原载《国立浙江大学校刊》复刊第54期，1940年8月10日）

研究学术要先把学说和事实分别清楚

薛德焴[1]

"研究学术，要先把学说和事实分别清楚。"我为什么要选这个题目呢？因为我觉得五四运动以后，青年学生，虽然很注重学问，尤其是比较地注重科学，出版界有许多出版物和春笋般的萌芽，但经过十余年的今日，青年的思想，反比从前混乱，有些不知不觉糊糊涂涂；有些放荡不羁堕落无救；有些趋于烦闷；有些趋于极端；演成极不安定的状态。其原因固然很多，而青年辨不清楚学说和事实，也是一个重大的原因。

学说和事实，到底怎样区别呢？现在举个例来说明：譬如，这

---

[1] 薛德焴，字良叔，江苏江阴人。日本东京高等师范学校毕业。1932年任浙江大学事务主任。

儿有一块黑板，甲、乙、丙三人来估计他的长度。甲说：长二十二尺；乙说：长二十三尺；丙说：长二十四尺。他们三人的主张，可以说是三种学说。既有这三种不同的学说，当然要互相辩难互相攻讦了。但当他们辩论得正热闹的时候，有个丁来用尺把这块黑板量了一下，结果是二十四尺五寸，于是甲、乙、丙三人便哑口无言，知道自己的主张不对，那么丁所量的尺数，已经不是学说而是事实。可知学说和事实的区别，实在是很简单很明显的。通常事实只一，而学说则多至不可枚举。

可是，求得事实，确不容易，时间的修短，更无从预定。如达尔文进化论，经世界各国许多学者几十年如一日的研究和讨论，始得由学说成为事实。但是怎样进化的方法，至今还议论纷纷，没有解决，所以有惠诗曼氏的生殖质说，窦佛雷氏的突变说，欧米尔氏的直进说，华格南氏的隔离说，洛兹氏的杂种说。谁是谁非，尚难判断。

再举一个例：假定有甲乙丙三人推测明日的天气怎样。甲说："明天一定下雨。"乙说："明天不下雨但是没有太阳。"丙说："明天晴朗。"这也是三种学说的争辩，必待明日的事实证明，而后方能解决。要是明日天晴，那么丙的学说便推翻甲乙的学说而成为事实了。自今日的争辩起，到明天的日出止，中间所有的时间，就是学说的寿命。

现在中国的政治界学术界，各有各的主张，闹得一塌糊涂，杂志刊物上的文字，只看见彼此互相攻讦，都没有事实的证实，其间的真假，谁也判断不定，公说公有理，婆说婆有理，于是落得无聊的争论，讨得无谓的牺牲，大家在莫明其妙中，竟或以学说当作事实，或先定学说再去找事实，前者蹈于假，而后者蹈于难，无异乎背道而驰，都没有达到目的的希望。因此青年的头脑和思想，杂乱无章复杂极点，无论什么事都不容易辨别真假，判断谁是谁非，结果没有一事没有一人可以完全信仰。头脑不清楚的人，糊糊涂涂，混混时间。头脑清楚的人，只觉得苦恼烦闷，不知不觉趋于激烈极端的一途。在这种状况之下，教育家应起来担负矫正的责任。

青年学生怎样会把学说和事实辨不清楚呢？原来青年有两个缺点：一是听了便信；一是见了便信，不肯用脑去思索、实地去调查。换句话说：贪省事，走捷径，不肯下刻苦的功夫，举凡各色各种的传单标语，新闻和谣言听到了见到了便以为真，丝毫不疑。像这样毫无怀疑的态度，除了中国以外，实世界各国所稀有的现象。我们负教育责任的人，平常训练青年的时候，要注意到这两种的缺点！

不过，有许多事实，很难知道。譬如说："皮球是圆的，黑板是方的。"这种事实是很容易知道的。假使说："地球是圆的。"这种事实就不容易证明；因为证明的手续过繁。还有些事实，虽已明了，但实际所知道的并不是的确的事实，不过和事实很接近罢了。例如"血液"和"精液"，普通人都说是知道的，其实真正知道血液，要知道他有赤白两种血球和血小板才行。又如精液，要知道他含有精丝才行。这种事实，从前的人是不知道的，直到显微镜发明以后方才知道的。

要知道事实，有时须借精密的器具，很好的方法，但是还不能十分可靠。同是一匹布，十个人用尺去量，或许有十种不同的结果，总有几寸几分的差异。再扩大地说：十个人去测量地球，差异的程度更多，更觉不可靠。青年学生，通常对于不可靠的事实，都看得很轻不去注意，这就是缺少怀疑的态度，对于学术研究，影响甚钜。负教育责任的人，应当改变态度，要使学生对于任何学说事实，都要抱一种怀疑的态度去研究，遇事先观察，次实验，再比较，然后再下判断，凡是一种学说，用这种方法去研究，就知道他的学说和事实究竟符合不符合。通常有完全不符的，有一半符合，有八九成符合的；学说的可靠不可靠，就可以决定。大约有八九成符合的，就不妨算他是事实了——通常决没有十成符合的学说。假使一种学说尚在讨论之中，不得遽信以为真。须至确确实实不用讨论以后，始可信为事实。就进化论说：进化论的根本主张，现已无人置疑，所可议者，不过是进化的方法因果和事实的证据罢了。

普通一般的人，向来不注意这些事。譬如说："一个立方公厘的血液中，男的含有五百万个的赤血球；女的含有四百五十万个赤血球。"我教了二十年的生理学，接触了许多的学生，从没遇到一个人质问过，这样大的数目，这样小的赤血球，究竟怎样计算出来的？像这种轻信的态度，要去研究高深的学术，实在是危险得很。又如德国史坦纳哈氏倡"返老还童"的学说，把老人的生殖腺除去，换其他强壮的生殖腺，受了内分泌的影响，就可以返老还童。在德国，不过当作是一种学说，并没有人完全信仰。后来有一个德医到上海来，大登其广告，一般野心勃勃的中年和老年人，争先恐后地相信他，不惜花费几百元的报酬，要求他能施行手术，这真有些莫明其妙。又如最近欧洲各国有一部分的人，见到近代的人，对于衣服，装饰过分，失去衣服保护体温的原意，于是倡"裸体生活"之说，好使身体接近日光，增加抵抗力，这还是一种学说并不是事实。上海一部分趋时的女子，便去模仿而实行袒胸赤脚，结果大招警察的干涉。

教育方面要想矫正以上的弊病，先要注重"常识common sense"。近来我国的学校——尤其是小学，每把常识弄错。集各校所谓常识题目，细细儿研究，如"寄平信要几分邮票？""中国第一任大总统是谁？""现在政府的主席是谁？"……这种题目只可说他是"普通知识"不能说他是"常识"，因为common sense并不是这样的意思。你们查Webster大字典common sense项下的注释，明明白白说："常识是根据以前的经验所下的判断"，可见常识含有判断的意思，并不是记忆某种事物。真正常识的试题应该要这样出："汽车油我们知道着火便燃的，那么管汽车的人，一面灌油一面吃烟，好不好呢？"我们要拿这样的常识问题在小学里训练儿童，才能养成儿童的思想力和判断力。我国的小学，专重记忆不重判断推理，中学校也是一样。结果，毕业离校的学生，只知道以人之耳目为耳目、以人之识见为识见，难怪青年们没有辨别真假和是非的能力，只有模仿没有创造的精神。这是我们要矫正的第一点。

其次，要批评高深的学术，仅有常识还是不够，须要有"知识"才行。记得在五四运动正热烈的时候，各种出版物很多。有一次，某杂志上登了一篇批评达尔文进化论的文章，我看了那篇文章是拿克鲁泡特金的"互助论"攻击达尔文的"生存竞争论"的。我调查这篇文章的著者，是一位中学校四年级（旧制中学）的学生。我就去访问他，称赞他的胆量。问他曾经读过达尔文的哪几部著作？达尔文的生平事迹是如何？达尔文的全部学说是怎样？　他便面红耳赤说：对于达尔文的学说没有深刻的研究。所以一般青年昧于知识而妄作表面的批评，实在是可怜得很。要知道没有极深的知识，决没有批评学术的资格，也不会辨别学说和事实的。这是我们在教育上所要努力矫正的第二点。

要之，中国一般人民，在过去教育中，没有受过常识和知识的训练，所以很容易受人家的欺骗。如红丸白丸满布中国，致中毒而不能自救，也是缺乏常识和知识的结果。再不努力改革，中华民族永无复兴的希望。新式妇女们一知半解地学外国人，把牛乳来替代人乳喂小孩子，一个不好，便把小孩的性命送掉，也是这样情形。同样，各种尚在讨论的学说，在外国通常不准编入中等教科书中（只见于杂志），中国则不然，往往杂测其间，混淆莫辨，再加以青年的头脑，素来没有受过很好的训练，对于真假是非无从判别，一见便信，一知便行，就造成绝大的危险。要想中国前途有一线光明，这几点不能不先解决的！

（原载《国立浙江大学校刊》第109期，1932年10月29日）

应用科学在学术上的地位

杨耀德①

　　所谓应用科学者系对纯粹科学而言，如医、工等专门性的学科统称应用科学；又应用力学、应用物理、应用化学等诸名词亦属通用。医、工等专门学科是科学知识加上专门技术，以解决各该部门内的一切问题。应用力学、应用物理、应用化学等系指学科内容侧重于应用方面，而在理论方面则稍减轻其分量。本文所指应用科学系属广义的，专门技术性的，即以医、工等科学为主者。

　　应用科学即由纯粹科学的原理演绎而来，非谓有一种直接实用的科学知识，可以离开其他任何科学知识而单独成立者。故"应用"与"纯粹"仅可当作寻常的形容词看，并非在"纯粹的"科学以外，别有所谓"应用的"科学也。学术专门化为近代学术研究的一般倾向，然学术的分割则为不必有且不应有的现象。各门学术由观察实验以迄推理归纳，其间必经过实际的与纯理的各项步骤，而由科学原理推展到医、工、制造等实用方面，亦为极自然，极合理的演进。在学术发展的过程中，纯理与应用恒互相发明，互相启示，交错迭出，相辅而行。故纯理与应用可视作学术的两面，理因用而发明，用因理而精进，而专门化的意思不单是专精致志，而且

---

① 杨耀德（1897—？），江苏松江（今属上海）人，美国俄亥俄大学电机工程硕士。历任浙江公立工业专门学校教员、国立浙江大学附设高中电机科主任、国立浙江大学电机工程系教授。

是取精用宏，苟如是则分割之弊可免，而政用之道益广矣。

应用科学系综合（一）科学知识，（二）专门技术，（三）原理运用，（四）展开研究四部分而成。盖现代工艺及制造之一切程序，几乎全在物理、化学及生物学等领域以内。凡应用科学上的发明研究皆以数学为工具，理、化、生物学等为基本，观察推理的科学方法为依据。且学术愈进步，则纯粹科学与应用科学间的界限愈难明确地分割，而习应用科学者所需纯粹科学方面的素养亦愈感重要。兹举一例以明应用科学与理、化、生物等基本科学间之联系。吾人书斋内一盏电灯为现代科学的产物，其发明的过程实至堪玩味。灯泡内灯丝最初是用碳丝，日后则改为钨丝，所以采用钨的理由是因其物理性相宜之故。钨丝之制法，前后倡议者甚多，在任何一法中均包含许多化学反应，挽近所用者是一种抽丝法。钨丝灯所发光线虽强，然与日光不类，若在钨丝灯泡内配合汞弧，则其光线更与日光相似。最近发明的荧光灯是因紫外光线射激荧光质料而发出光辉，荧光质料经适当配合后可以得到近似日光或他色的光。除了照明用途外，特种的电灯还可用以驱虫、杀菌，促进动植物的生长，治疗人类的疾病等。可见电灯的发明研究是与许多门类的科学知识关联，电灯如此，所有其他于应用科学方面的研究亦莫不如此，故吾人欲谋应用科学上的发明及改进，必先对于基本科学知识得到确实的明了而后可。

除科学知识外，专门技术亦为应用科学的基本要素。当应用科学研究的结果演进成为一种生产计划时，就发生许多实际性或技术性问题，如设备的选择，材料的检验，品质的控制，工具的改良等。所谓技术者不仅是指技艺或技巧而言，技艺或技巧不过是技术的一端，而非技术的精要。今试举一生产方面之实例以明此旨。上述书斋内电灯的电流是电线传导过来的，制造电线之铜丝须具极高之纯度，提取高度纯铜须用电解法，此种铜料通称电解铜块。此铜块原料先经滚床滚成铜条，再经抽线机抽成铜线。因经过抽线手续后，铜线质地变硬，导电性亦稍差，故放在韧煅炉中处理之以回复其导电性。再次则通过熔锡之槽以镀锡于铜线之表面，而后传递至绝缘包裹机上包上一层橡皮，镀锡之目的为避免铜与橡皮内硫黄化合。最后则在编织机上绕以编织辫线，用绝缘混合剂浸染以保护内层之橡皮绝缘。电线之制造程序至此乃告完成。当抽线工作进行之际，铜线所受张力有一定之限度，庶能获得最良好的效果。又韧煅与镀锡的温度，包裹橡皮与编织辫线等各项动作皆有最适合的规定。故技术是从实际知识及经验中所得到的推断，此种推断系根据于观察及实验，虽乏确切的理论证明，然其引申亦颇合于科学方法。吾人做技术上的计算时，往往用经验公式，所谓经验公式者即未获学理证明之定案也。迨学术进步，在以前所尚未了解的现象，现已获得完满的解释，则昔日经验公式已演进而为学理所可证明的结论。凡一切自然现象必有数学的函数关系存在其间，现象的变化无穷，而由数学可以诱导的函数有尽，所谓技术上之经验知识即未能用导出的函数来说明实际现象的变化也。故技术精者凭其以往经验以制成断案，此种断案往往能与理论相印合，而获到实际问题的完满解决。盖科学方法亦不外乎选择集合来的事实资料作成一个假定以串合诸项事实，然后试验所作假定的准确性：倘所作假定能合于多次重复试验而皆准，则此假定就成为一个定理。技术师则根据其所经验的某种事实以作成断案，依此断案以解决生产程序中之某项问题，视其效果如何而论所作断案的确当否。苟经累次试用而皆获得优良之成绩，则无疑地可以判定此断案的可靠。况学理尚未发明而技术已先成立，在科学史上实属数见不鲜。如氧化铜整流器的原理，至今犹未完全明了，故其制造方式迄未脱"经验的"型范。在工艺制造中，此类技术问题尚多，故专门技术亦为应用科学的一个基本要素，因技术问题的是否适当解决，足以影响到生产计划的成功与失败也。

其次当讨论科学原理的运用于实际方面。美国著名电机工程师兰姆曰："所谓天才有两种型，其一种是创作的，即彼能运用神智于新创的境域，另一种是建设的，即彼能运用已知之事实与原理以达到成功的结果。"前一种天才是代表纯粹科学家，后一种天才是代表应用科学家。凡纯粹科学上的原理都是以统一化、简单化为主，将自然界某种相类现象归纳于一个共同定律之下。科学愈进步则统一化的范围愈广，而简单化的迹象亦更觉明显。应用科学的方式是将统一性与简单性的原理运用于确定环境下的特种现象上面，以研究此环境对于此现象所发生的影响，然后设法控制此环境以产生所要得到的现象。自然界的环境至不齐也，其所呈现象最纷纭也，取统一性、简单性的原理，以分析至不齐的环境，与最纷纭的现象，而达到成功的结果，非具有创造天才，想象能力，分析本领，与实验精神者诚未易办到。且科学愈进步则自然界之秘奥将更能被人类所窥探，但此种类窥探必须借助于更精微、更新颖的科学工具，因此其所得结论往往带着抽象的色彩。凡科学原理愈微妙，则应用科学方面的发明将愈显神通，而所获得的效果亦愈见伟大。譬如无线电的发明系基于电磁波原理，此原理是极富于统一性，凡热辐射波，X射线波，Y射线波等皆可用电磁波原理说明之。由此原理所演绎出来的应用科学，除了无线电外，还包括电视及雷达等，此种成就使科学界放出异彩，而更开拓科学研究的领域。故自然界不啻一大实验室也，自然环境的一切变化是实验中的过程也，其所呈各种现象是实验的数据及结果也。纯粹科学家在此大实验室中为考察各种现象以推究原理，应用科学家则运用此种原理以控制自然环境，而逼出一种新的实验结果来，此结果被设法利用后，即成为有益（有时或反有害）于人类的科学产物。可知纯粹科学者与应用科学所研究之目的虽有不同，而所实验之对象则属一致。应用科学者所解决的问题不免是偏于实用方面，然其所操之工具为科学分析的方法，所研究的对象为自然界所启示于吾人之消息。故应用科学者欲达成创造的效果，第一须把握基本科学原理，第二须对大自然有清楚的认识。

应用科学的发明端赖基本科学原理的运用，已如上述，然除原理运用外，又必须佐以展开的研究，而后应用科学，发展更易推进。盖纯粹科学原理是带归纳性的，而应用科学的发展是演绎的，是扩充的。如上文所述无线电所基者是电磁波原理，但无线电之发展实有赖于电子管者甚多，因而连带的展开关于电子管方面的研究，先由双极扩充到三极，再由三极扩充到多极。又无线电的主要任务是传音，于是由传音而引申到传波，由传波引申到检波、调波、扩波等，此类问题须分别加以研究。应用科学的研究恒从单纯条件推展到复杂条件，从已知界域推展到未知界域。例如物理学只考究单根导线动过均匀磁场所诱导的电势，而电工学则扩充到多数导线动过不均磁场所诱导的电势。均匀磁场是单纯的条件，磁场不均则条件就复杂得多了。单根导线动过不均磁场，此条件已经是相当复杂，今有多数导线动过不均磁场，则其复杂程度又增高倍蓰。磁场虽属不均，而其形态系固定，则尚未见十分复杂，倘有其他条件使磁场的不均形态瞬息改变，则复杂性又不知加高了若干倍数。从单纯条件扩充到复杂条件，所依靠的解析工具是数学，因为数学是研究在不同条件下的数之变化者。从单根导线引申到多数导线所需数学工具为行列式、范式、张量分析等。从均匀磁场引申到不均磁场所需数学工具为傅立叶级数、共轭函数等。从固定形态引申到瞬变形态所需数学工具为运算微积、机动的积分机等。且应用科学是在不断地演进的，促成演进的因素为新的物理现象的发见，新定理的导出，与新材料的创制。新的物质现象将引出新应用来，新定理将引出新设计来，新材料将引出新制造来。故应用科学的研究恒从已有方案展拓到未有方案，从已知数据展拓到未知数据。应用科学家恒向新的原野前进，获得一个据点，就立刻向四方展开出去，恃其创造的本领，以达成开物成务的功效。应用科学是科学知识加上专门技术，但科学知识必须济之以原理运用，专门技术必须济之以展开研究，方能发挥出创造的力量。苟徒有知识而不善运用，徒有技术而不善研究，则知识不过是一堆材料，而技术不过是一种技术，于是应用科学将成为各门实用的技艺，此则并非应用科学之本义也。

应用科学的内容性质，以及与纯粹科学间的关系，在上文中已有明白的申述，今继续说明应用科学与人文间之关系以毕其义，应用科学的目的为利用科学知识，控制自然条件，以达成创造的效果，此种效果对于人类生活将发生巨大影响，因而促进人群活动与组织的变化。英国政治家巴尔福称："科学乃社会变动之伟大工具，其尤伟大者因其目的不在变动而在知识，彼之寂然适应此卓越之机能，包围于政治的与宗教的纷争之喧嚣声中，为近世文明发展之一切革命中之最重要者。"应用科学所表显的最大力量是取消从前使人类隔离的空间与时间限制。在数世纪前，亚洲人往欧洲去，欧洲人到亚洲来，苟非游涉重洋，便要横渡沙漠，时期不能预定，途中且有风涛之险，或瘴疬之忧，以致东西文化沟通不易。现在则已从海陆交通进步到空中交通，快速的飞行可以在两星期内环绕世界一周，四海一家渐成事实。电话电报的发展使世界上各部分都能密切联系，瞬息交通，此一因素已能完全改变国际间的关系。电力输送网之完成能使瘠土变为沃壤，数十万匹骏马的力量在架空的高压线上昼夜奔驰，以供给足以代表数百万劳工的动力到远方去。故应用科学的成就已破除了任何政教力量所难能克服的天然障碍，而产出一个新的世界文明与国际局面，其结果为使人民生活习惯，乃至当时学术思想皆发生变动，且产生此种变动的主要力量尚在继续的增长中。因为应用科学为推进社会文明的一个重要因素，故人文训练与应用科学教育间亦有密切关系，美国著名科学家兼教育家康泼登说："吾们大学（指麻省理工）的教育方针是授予学生们人文的、科学的、专门的综合训练，俾学生们将能适合于做现社会的创导人物，在此社会中，科学、工程与建筑是占着主要的位置。此种训练是经苦心计划，以准备学生们依志趣与个性之所近，做将来的工程师、建筑师、研究员、实业家或大学教师。从此种训练所得到的有用知识及精神教训，是如此广厚而基本，也可成为其他事业的最优良的共通训练。"康泼登氏所阐述的教育方针，虽则是为了伊所主持的大学而发，但伊所把握的基本见解是十分切实而活泼，可作一般大学内应用科学教育的借镜。可知人文训练为习应用科学者所必需，但此处所谓人文系指历史、经济等社会科学的精要部分，以及表达个人意志思想的能力，而并非是文字上之技巧。今总括本文以上诸节及本节所申述的各点意见，而作下面的结论，即（一）应用科学系科学原理及知识的运用，加上技术的推断及展开的研究；（二）大学内应用科学教育应包括科学的、人文的、专门的适当综合训练，俾能培育出应用科学方面的创导人才。

（原载《思想与时代》第47期，1947年9月，第6—9页）

工程学生应有之认识

李熙谋[1]

近岁以来，国内青年都竞习工程，证之历届统一招生考试报考生之志愿，与国立各大学工程学系新生人数之特增，此种趋向，

---

[1] 李熙谋（1896—1975），字振吾，浙江嘉善西塘镇人。美国麻省理工学院电机工程硕士、哈佛大学哲学博士。1927年国立第三中山大学成立后，出任工学院首任院长。1938—1942年再度应邀担任国立浙江大学工学院院长。

至为显著。苏俄教育家斯华克斯基氏（Svadkivsky）在所著《苏俄教育》一书内，称苏俄于第一次五年计划实施以后，国内工程学校及学习工程之学生数，均突然增进；工程学校占全国学校数百分之八十以上，学生占全国学生数百分之九十五以上。国家经革命或战争极度破坏之后，复兴工作激进，工程学校之发展与工程学生之增多，似为应有之趋势。我国工程事业向称落后，抗战三年，沦陷区域之内，一切工业，悉被蹂躏攫夺，丧失殆尽。在此抗战建国奋斗之时期中，后方工业建设之殷与工程人才需要之急，可以想见。我全国青年，际此时期，皆以学习工程为职志，可谓知其所急务矣。

我国自鸦片战争之后，始知西洋文化之重要，继经甲午之败绩，庚子之受挫，更恍然于国势之不振，由于武力之不足，军器之不修，欲救亡图存，非效法欧美、讲求实学、振兴工业不为功。全国上下，急急遑遑，设学校，派留学，造铁路，通航运，兴矿务，采煤冶铁，造船制兵，于是近代工程之在我国，实自此始。

欧美文化偏重物质，工程学术因以发展。虽西洋文化不仅在物质，更不仅在工程，而西洋文化之所以见重于近世，实以工程为之前驱。工艺制品之精美，机械构造之巧妙，交通工具之迅疾，军器枪炮之犀利，既足以使世界崇拜景仰，而推陈出新，特制创作，若自动车，若潜水艇，若航空飞机，尤使人惊奇赞叹。欧美国家至今殖民属地遍及五洲，政治武力磅礴世界，莫敢抗衡，是皆机器枪炮轮舰飞机之力，而是皆为工程产生之物品。立国于今之世，盛衰强弱，一视其国内工程事业之兴废以为断。为国家民族争生存者，乌可不以发展工程为唯一之职务耶！

然工程者不仅工程技能与工程学术而已，工程为建国之事业，故工程必须适应民族生存与军事国防之条件。工程为进化之学术，故工程必须有科学研究以为之辅助。工程为近代物质文化之一部门，故工程必须有思想建设之背景与经济资源之基础。三者缺其一，工程之本身，失其健全之发展，于国家民族之贡献，亦失其最大之效用，此则为习工程者所不可不深思玩味者也。考我国史籍所载，工程建筑之可称道者，不胜屈指：若秦之阿房，汉之未央，万户千门，工程巨构。汉渠之兴建，离堆之开凿，至今为宁夏四川数百万民众之福利。他若长城运河，规制宏巨，尤为古今中外工程界所重视。然我国古时工程或为帝王游观之乐，或为民众福利之谋，如是而已。近代欧美工程事业之发展则不然。欧美自狭义民族与国家主义勃兴以来，政治上一切措施，莫不以国家民族利益为中心，而工程之发展，亦即以此为目标。近代工程事业如道路、桥梁、采矿、冶金、制糖、制纸、漆料、染色、制酸、皮革、酒精、炼油、炼钢、弹药、毒气、纺织、农具、航空、船政、机车、自动车及军器制造等等，若依性质而类别：或为交通运输所需，如道路、桥梁、电讯、船政、机车、航空、自动车是也；或为人生日用所资，如纺织、农具、糖、纸、革、漆、染色、冶金、采矿是也；其他若弹药、毒气、炼油、炼钢以及军器制造等，则为国防军事上急要之工程事业。而交通运输与衣食需要亦为军事国防不可少之物资，自机械化部队与空军成立以来，则自动车与轰炸战斗飞机，又为直接军用利器。故凡欧美国家之工程事业，为政府所提创，社会所奖励者，非为纺织、农具、制糖、制纸等，足以增进国家财力与国民日用物资之轻工业，即为炼油、炼钢、造舰、造车、军器制造与飞机制造等足以加强军事国防之重工业。其日夜孜孜所求者，以发展工程为方法，以保卫民族利益与伸张国家势力为目的。苏俄五年计划，几倾全国经济力量以谋工业、农业与交通之发展；而工业之中，尤重冶金、机械、电力、燃料与化工等工业，其目光之所注射，亦不外民生日用与军事国防之充实。世界之趋势，足为我国之借鉴。习工程者于此而能体会观察，则知责任之重大。求学之对象，不仅在学问事业之成功，而尤在为民族福利国家安全谋发扬保障之道也。

舟车之为用，在我国已有数千年之历史；造纸术之发明，距今已二千余年，火药为近代战争不可少之物品，亦为我国所创造；谓我国人于工程上无创造发明之能力者，是自视太低之陋见也。然在欧美，火车轮舰发明以前，我国水陆交通工具，犹为三代以上之舟车。造纸方法经二千年而未加改进，火药制造流入欧洲人之手，其效用乃大著。此何故欤？曰：是乃有技术而薄系统之学术，好创造而不作精深之追求，有以致之也。欧美工程非一跃而有今日深造之地位，前有数百年物理数学化学三项基本科学之发展，为之建造其根基；继有十八世纪工业革命，予以推动之力量；复经十九世纪以来，工程学者分门别类，厘为有系统之学术，成为大学校专科学系，于是工程方大有进步。最近数十年间，欧美工程学术研究之风气，传布尤广，自高深大学黉舍之中，普及于私人企业，与政府机关之内。私人企业之经济力较充者，莫不有研究部之设置，以为扩展企业之中心。民众投资之倾向，几全视企业之是否有研究部之设置以为转移。各国政府莫不有国立研究院之建立，以领导全国学术研究，宜乎工程学术，突飞猛进，造成今日灿烂光辉之事业。据美国电机工程师学报专论所载，谓美国政府在一九三七年内所拨发款项专为科学研究用者，计美金一万二千万余元。全国私人企业公司所费于学术研究者尚倍之而有余。而美国国家研究专门委员会主席现任麻省理工大学校长康本敦氏，尚以一万二千万为不足，贵政府之措施为轻视科学研究之举。还视我国情形，国立研究机关若中央研究院及北平研究院，每年经费仅一百数十万元，私人企业之设研究部者，如永利公司之黄海化学研究所已属绝无仅有，国立大学尚无研究专款之指拨，故研究工作大半零碎而无系统，科学落后，工程事业事事步人后尘，乃为必然之结果。追想我国古代民族创造能力之优厚，而未能将工程技能发扬光大，推考国内现在建设事业之迈进，而终不能将欧美学术迎头赶上，益知工程为进化事业，空言无补，必须于真实科学研究上努力，方得有所成就也。

工业革命之成功，为推动欧美工程进步之原动力，前已言之矣；英国为工业革命之策源地，自棉纺机发明而兰开夏棉纺工业乃蓬然以起，自瓦特蒸汽机成功而大工厂原动力之供给问题乃得解决，自焦煤之采用，冶铁方法改进而机器原料乃得大量生产，是皆促进十八世纪英国工业革命成功之主要因素。然工程之进展，虽由此开始，而工程基础之建立，则远在十八世纪以前。盖欧洲各国因美洲大陆之发现，与东印度航路之开辟，君臣上下，眩于货利，莫不以争致海外财宝之是务。于是有开拓殖民地之竞逐，有重商主义经济思想之流行，二者虽原于富国强兵之政治上动机，而于日后工程之进展，具有极大之影响。重商主义者之理论，以金钱货币为财富之渊源，为繁荣国家之必要条件，于是不得不趋重国外贸易，以图利润。国外贸易以物品买卖为基础，于是不得不发展制造工业，以增加生产。故重商主义之经济思想，由商业观察点出发，乃以促进工业为归宿，实为建树发展工程思想之准备。土地为财货蕴藏之所，土地既广，资源乃充，故殖民地之竞逐争夺，原为开拓疆土好大喜功之作为，而其收效则为经济资源之占有，辟日后工程原料之宝藏。至今英法诸国工业称盛，而主要原料若棉花、树胶、矿物油及五金矿产等，大部分仰求殖民地之供给。欧洲之大战，乃各国夺取经济资源之战争，而胜负之数，乃系于经济资源之贫富与有无。由此以观，工程之发展，必须有适宜之环境，稳固之基础，成熟之思想，方乃有济；犹气候温和，风雨调顺，土壤肥饶，而草木方得发荣滋长也。故十六、十七世纪，重商思想之发展与土地开拓，实为十八、十九世纪工程事业先驱之准备。此则事物之先后本末，因果始终，亦为习工程者所不可不察也。

语有云："十年树木，百年树人。"人者，人才之谓也；树人才而须百年之久，言树之之不易也。工程学者欲担负巨大之责任，必须有久长之修养，若不恢宏其气度，崇高其志气，深造其识见，则其所成就者，恐不过技师工员而已。若夫建国之才，则学术技能之外，必须具高瞻远瞩明达事理之才，能与鉴往知来经纬国家之度量。昔人云："取法乎上，仅得乎中。"工程者，建国事业也；工程学者，建国人才也。当今青年学者之何去何从，全视其平素识见气度之修养与学术识之深刻何如耳，本校化工系同学有刊物之刊行，嘱为一言，因书对于工程职务应有之认识数端，以为芹献，且共勉焉。

（原载《化工通讯》第4期，第1—5页）

在甲种农校的演说

蔡孑民[①]

鄙人素无农学知识，本不该妄谈，惟到法国后，常与友人李石曾君盘桓。李君本在法国农校毕业，又进巴斯笃微生物学院，研究有年，因偕同志建设远东生物学研究会，发明黄豆制品，可以代牛乳制品，遂创立豆腐公司于巴黎。李君因为豆腐公司工人设工余求学之规则，而悟得俭学之理，乃发起留法俭学会。会中之人，多习农学，皆鄙人所常见。鄙人有子曰无忌，今尚在法国南方一农校肄业，故鄙人于法国之农校，略窥一斑。法国多数中等农业学校，多冠以实习字，其毕业期或二年或三年，课程则半日听讲，半日做工。二三年间，农家应有之工，均次第实习之，假期中学生愿留校者，则终日做工，校中不收其膳费，而稍有津贴。校中因有农产物

---

① 孑民为蔡元培字。蔡元培（1868—1940），又字鹤卿、仲申、民友，浙江绍兴山阴县（今浙江绍兴市辖区）人。中华民国首任教育总长，1916—1927年任北京大学校长，1928—1940年专任中央研究院院长。

之补助，得少收学费，膳宿费每月不过五十佛郎。而学生毕业以后，苟非进高等学校，再为深造之研究，则恒得与普通之农夫，共同操作，以应用其学理，此农业之所以进步不已也。我国甲种农业学校规程，每周实习十六时，较之法国实习农校相去颇远。然诸君苟能于实习时特别注意，催起兴会，则三年之久，亦未尝不可熟练，他日学成以后，必能与普通之农夫，共同操作，而输灌以新学识，可无疑也。世人恒分实业为农、工、商三种，今之富国，多以工商业闻。然有识者，已鉴于工商都市之流弊，而欲提倡农业以振济之。其理由有二，一曰卫生。工商都市，人居稠密，空气恶浊，而农人所居之田野，则反是。故各国征兵时，检查体格，农人鲜有不及格者，而都市之人，则及格者渐少。二曰修德。工商社会，易染侈靡沉湎之习惯，因此演出种种罪恶，农人则常守其勤朴之美风。故如托尔斯泰一派，至绝对排斥工商社会，而独尊农业。虽不免失之偏激，然亦足以见农业之可爱也。吾国古人如舜耕历山，伊尹耕于有莘之野，又如三国志演义中，所艳称之诸葛孔明，亦尝躬耕南阳，皆播为美谈。长为农夫，正是佳事。科举时代，人人以作官为荣。民国成立，此种习气，当可破除。若以有益社会为标准，则社会非实业不能成立。而实业之中，工所制造，商所转运，大半取资于农业。然则吾人而为农夫，亦大足自豪矣。鄙人初返吾国，即闻吾国大患。在多数之人，无相当之职业，学校毕业生尤甚。夫使人人欲为官史，为议员，人浮于事，奚怪其然。今若立志躬耕，则何地不可得业，又安所用其患得患失耶。诸君毕业以后，自然可进高等农校，自然可膺实业家之聘任，然不可不作不得已而为普通农夫之准备。准备如何，即今日于听讲外，尤注重于实习是也。诸君以为然否。

（原载《浙农》杂志第1号，"讲演"栏目，第1—2页）

对于中国办理农学院之感想

卢守耕[①]

今日讲题为"对于中国办理农学院之感想"，予平日对于农业教育，曾无深切之经验与研究，然依据于若干年来服务之结果，略为报告于次：

吾人皆晓然于中国以农立国，农民凡占中国人口百分之七十以上，中国经济为农业之经济，而中国文明，亦即农业之文明，乃至社会一切，要莫不基于农业，故中国农业之兴衰，系于社会菀枯与国家命脉，实至深且巨也。乃近五十年来，中国农业之衰落，日甚一日，前此国际贸易，占重要位置之丝若茶，今则日即式微，其世界地位，乃为他国所攘夺以去。他如食料、木材，国产皆不敷用，而年年输入之数，直堪令人惊骇。如民国二十一年，由外国入超之总值，约达五万五千余万两，其中包括大量农业物，如米、麦、木材、棉花。中国固尝以农立国，重以地大物博，而乃对于此等衣食原料，仰给外人，不啻以中国生命，操诸外人之手，平时既云危殆，一旦对外有事，将有不堪设想者在。抑且此日中国农村情形，日在崩溃之中，自耕农则凌夷而为佃农，昔得维持生活，今则不遑糊口，故欲以农立国，势非复兴农业救济农村不可，而此种责任，固当由多方面任之，然其中负最重大之责任者，则为大学农学院。此其故，以大学农学院为研究之最高学府，改良之中枢，居指导之地位，故所任振兴之责任綦重。综论大学农学院，其使命不外下列三者。

---

① 卢守耕（1896—1989），字亦秋，浙江慈溪天元镇润房村（今周巷镇芦城庙润房村）人。毕业于杭州中等农业学校、北京农业专门学校，美国康奈尔大学科学硕士、哲学博士。1936年夏—1939年任国立浙江大学农学院院长，1939—1945年任农艺系教授兼系主任。

一、训练人才——此为最重要之使命，中国国土既云辽阔，重以农业对国家之关系巨大，与复兴之责任綦重，盖非有大批人才不为功，使能有所取材，然后立于一战线上，共同负责，群策群力，始可以云有办法，而造成此项实际有能力之高等人才，其唯大学农学院任之。

二、研究——大学农学院之成立，匪仅造就少数人才，乃至毕业若干学生，即为尽其能事，而其最终目标，端在研究改良之道。中国以往，但认农业为技术，而不认为科学，今则已一反此种谬见陈说，故大学农学院，非徒限于训练人才，且须能解决全国农业上一切重要之问题，否则当为空虚。抑人才与研究每相得而益彰，盖无研究，则无新教材，即所传授，亦不切用，故非研究，不克养成学生之兴趣，斯从人才与改良农业言之，研究亦异常重要事也。

三、推广——此农学院与其他不同之处，以已训练成功之人才，与研究已具之结果，使不实地谋推广之道，则依然不克完成其使命。考农业推广之事，美国最称完备，一八六一年美国密西根州，改令大学教授，须离开大学，而就农夫讲演，斯为美国农学院推广事业之滥觞。一八七〇年，有数州乃召集农夫予以农业上新的指示，成立Farmmer institution。一九二九年，农学院之经营此者，凡约七千五百所农民学校，全国加入之农夫，达四百万众之多。其余如移动学校，巡回各地，以训练农夫；如教育车；如示教工作Demonstrate work；即营养卫生之事，亦有人负其责。美国之训练农村青年，无间男女，以"四H"为主：一曰手Hand，实地操作；二曰脑Head，手脑并用；三曰心性Heart，修养德行；四曰健康Health，注意卫生。此种事业，于美为盛。外此则每年大学农学院有一度之展览，或以州为单位，或以县为单位。而大学农学院又每于春季开学之前，有农事周Farm week；于此六日之内，召集农夫，至受训练，全国之用于此者，迫百万美金。其后又感于各州之用不敷，乃由Smith与Lever提议于中央，通过Smith-Lever' Act由中央拨付各州以巨款，示中央与各州合作，以从事于此，故自此案成立后，美国农业推广，乃有一日千里之势焉。

至言中国农学院之历史与现状：则中国当二十世纪之初，即逊清末叶，京师大学设置农科，为其嚆矢。即今之北平大学农学院也。其后各省，续有成立，然为数终寥寥。河北除北平大学农学院外，则有保定农学院，陕西则西北农林专门学校，河南则河南大学农学院，湖北则武汉大学农学院，安徽则安徽大学新近成立之农学院，首都则中大、金大，皆有农学院，江苏南通之南通学院设农科，闻将有改为大学农学院之举，浙江则本校，广东则中山大学、岭南大学，广西则广西大学，皆设有农学院，为数不过十四。顷闻清华大学，将于湖南成立农学院，福州协和大学，亦有成立农学院之说，然合以上计之，亦不过为数十六耳。夫以中国范围之大，与大学农学院为数之少，其为效用，可以想见！至云过去成绩，除一二外，要多不能令人满意。论其历史，垂三十年，而真正影响之所以甚少者，则有下列数因：

第一人才缺乏——无论质与量，中国此种高等人才，皆寥落可数，屈指可计一二专门人才，亦此攘彼夺，然憧憧各处者，终不外此少数之人也。且一究其实际，即此一二专门人才，年事既轻，比诸他邦白发教授，其经验学识，恐又当望尘莫及。盖历史既短，人才缺乏，无足怪也。

第二经济拮据——农学院既负上言三种使命，经济困难，则举措维艰。

第三设备简陋——此与上节经济有关，使设备不足，则教授学习，以至研究推广，皆当受其影响。

第四习俗固陋——对于大学农学院，无人不认为单纯之机关，学生卒业，即为了事，对于研究，漫不经意，此为无成绩一最大之致命伤。

　　然再一视他国，有如美国：则集中全力于农事改良。试验场即附设于大学农学院中，不仅撙节经费，抑且分工合作，众擎易举。如推广则由农事试验场主其事，而研究则大学农学院观其成。乃在我国，教授与设备，皆求应付上课即足，对当前之农业问题，固未尝一为经心也。斯属空虚而无实际之影响，要为当然之结果。

　　另一原因，即为中国政府，未尝或付大学农学院以直接改良之责任也。今日间亦有之，然仅为分外之义务，而非法律之责任，譬如以某区交大学农学院办理之事，因始终未见。以是大学农学院，乃仅为人才教育之机关。无研究改良之责任，对实际问题，迄未参与。乃至一省农事试验场，亦各自成系统，不相为谋，若云对实业部之各种改良场所，更终鲜联络，以此考绩，宁不戛戛乎其难哉！

　　以美为例，美国各大学农学院，州立居多，其与各州，既有联络，即与中央实业部，亦关系綦切。美之农事试验场，一七八五年间，尚未注意及此，然皆感觉各自为政，多费经济，如附设于大学，则大学教授，即试验场之技师，而于训练人才，亦多利便，后此设立农事试验场，除纽约数州外，皆设于大学农学院之中，或其附近，其后法律明白规定，各州皆设农学院，试验场即由前者负责。中央拨予巨款，终嫌不足，相继通过Adam Act，与Paller Act，以为各院场研究之需，综由中央补助之数，近四百三十万金，以美国四十八州计，每州约得九万金，借为专门研究之用。抑中央且于农业部，特设一司以监督执行其事，限于研究，而不得挪为他用，故每动用计划，必俟核准后，始可从事。又中央亦时派人考察，或与各方工作人员讨论，以谋改进，其多见成绩，固有其道存焉。中国则见不及此，未尝努力，其为落后，有由来也。

　　是以大学农学院之使命，不仅在训练人才与造就学士已也，其最称重要者，则为解决当前之问题，故考察其良窳，当于下列三端征之：

（一）造就人才，于质的方面如何？其人才是否对农业有兴趣，有研究，与有独立解决农业上问题之能力。

（二）对实际农业有无贡献，与有否改良，以便农业得有实惠，栽培得有新法，生产得有增益，与病虫害品种得有改良。

（三）能否发扬本国之农学，使本国国际学术上之地位，得以增高。

然使上列三点得有满意之答复，则必以下列诸事以为断：

1.研究精神之培植——盖此种精神不能养成，则大学农学院难获良好之成绩，浙大对此，过去未能十分注意及之。上周总理纪念周时，校长报告本校每一同学须耗国帑千五百元，然使实际上得发明良法，补苴当非难事也。

2.与省国机关谋取联络——即与当地省政府建设厅与其附设各机关共负一省之改良责任，更与中央密接，以互为利用于设备、人才，进而共谋全国之改进。

3.对于教授当力谋使之安定——教授之成绩良窳，与安定之关系甚大，农学院尤为重视于此，以研究有时间性也，当有一种研究，须费三年五年，乃至十年，如时为更调，则前此研究，将全功尽弃，而不克表现矣。

4.农学院教授今后尤须注意于国防——民生切要问题，首应注意，中国米之入口及二千万石，小麦也如之，他如棉花，不仅用于纺织衣被，抑且资为军火，又如油料亦可由植物油提供之，凡此皆须注意者也。

（原载《国立浙江大学日刊》第21期，1936年9月24日）

科学的教育学与文科的教育学

黄　翼[①]

教育学是否科学或能否成为科学的问题，大部分是名称上的问题，但教育学的性质与前途，好像是显而易见的。教育家的职务与医生工程师相类；他们都有一件应做的事业，要做得成功完美。医生的事业，是医治防御疾病；工程师的事业，是建造种种建筑物；教育家的事业，是培植受教之人，指导他们的学习发展——目的都在"做"得好。

凡做一件事要做得好，必需有精密详确的知识为根据。所以近代医学工程学，根本建设在物理化学解剖生理等科学之上。他们以"做"为最后目的，而以"知"为必要条件。这一类的学问，最近的倾向是称为"技术学"（Technology）以别于以致知为直接目的的"科学"。

如果要把教育的事业办得好，一切设施，必须同样地建设在坚固的科学知识之上，这是很显然的。教育学必有一日彻底科学化，成为道地的技术学，这是我们所相信希冀的。不过要达到这个目的，教育学所依据的种种科学，必须不断地进步；从事教育的人，对于科学的根本态度与方法，必须有充分的训练；对于基本科学的具体内容，必须有深切的知识。脱离了科学的研究与训练而谈教育学的科学化，不啻缘木求鱼。

凡做一件事要做得好，知识上应有尽有了还是不够，还要有相当的经验。叫爱因斯坦来动手修理手表，装置电灯，恐怕还不如一个寻常工人做得好。所差只在一点经验。学教育的人既是要"做"

---

① 黄翼（1903—1944），福建厦门人。留学美国斯坦福大学、耶鲁大学，专攻心理学，获哲学博士学位。1930—1944年在国立浙江大学教育学系讲授儿童教育、心理实验和变态心理学等课程，筹建心理实验室。

的人，科学的训练之外还要有充分的实习，这也是显而易见的。

　　以上所说，无非常谈。但现在国中教育学生所受的训练，是不是向这几方面努力？教育学向来属于"文科"。所谓"文科"，是与"理科"或"实科"对举的。据一般人的见解，文科学生是文绉绉地在那里读书、讨论、做文章。特别是教育生，将来是穿长衫马褂做先生的人。他们的训练，与科学实验风马牛不相及。实习也不拘多少，无须特殊的计划设备，我知道许多人因为怕数学科学太难，所以学教育。又有许多人，因为自觉对于各种特殊的事业或学问都无特长或兴趣，因此选一种最普通空泛的学科——教育。本校沈有乾教授与两位同学做过一个大学生的兴趣的调查，结果习教育的学生大部分对于自然科学表示厌恶或无兴趣。大多数教育学生科学的常识与脾胃至为缺乏薄弱。常有因为基本的知识不足，不能了解应该知道的材料。或者能记得主义原则，而不能深切地领略具体证据的论理。或者对于实验的事实与量数之分析，认为琐碎繁杂无聊——教育学生的态度造就，自然难脱风气与训练之自然结果。

　　如这种情形与见解继续下去，教育学不但永远没有科学化的可能，而且根本不能成一种有价值的学问。因为在这种风气之下造出来的"读书人"，与八股先生一鼻孔出气。现在许多粗不肯细不能的高等游民，多少是这里出来的。

　　还有一层，现在的教育学生，是将来的教育学生的指导者。从前英国牛津大学的校长某，不识希腊文，于是也不以为牛津大学中需要希腊文课程。他对人说："我不懂希腊文，既然可以做到牛津大学的校长，那么牛津大学中何必教授希腊文呢？"这种思想，并不稀罕，我们都难免有这种倾向。现在以文科观念为背景的教育学生，将来自然不容易领略下一辈教育学生有实验科学训练之必要。于是辗转轮回，教育学永无进步之日。

　　所以现代的教育学生，必须打破"文科"的谬解；教育学课程，必须有充分科学与实习的成分；教育系教育院，对于教育的实习及对于教育所依据的基本科学之研究与训练，必需有充分的计划与设备。否则教育学的科学化，永远是虚夸的妄想，永远没有实现的希望。

（原载《国立浙江大学校刊》第119期，1933年1月7日）

中国学术与今日大学之中国文学系

郦承铨[1]

今日讲题为"中国学术与今日大学之中国文学系"，此题范围甚广，于短时间中实难于简单说明，且诸君大考期近，亦不能多费时间，今将此题酌分为三部分，为诸君简略言之。如何分三部？

（一）中国学术是什么

中国学术，规模宏远，千汇万状，不易提要钩玄，已属众所共喻，兹先说明其范畴：盖范畴既明，则沿流溯源，不难探索矣。中国学术，先秦时代，圣哲辈出，已立后来学术之规模，太史公司马谈，论六家要旨，则已有儒、道、阴阳、法、名、墨等家矣。自秦火以后，经籍散亡，学者收拾于灰烬之余，故有考订训诂之学。复以时会所趋，有图书谶纬之术。汉武表彰六经，罢黜百家，别黑白而定一尊，于是学术有所依归，哀平之世，刘向歆父子校中秘书，遂著《七略》。旧籍至此，得一结束，亦为中国目录学之祖焉。《七略》为辑略、六艺略、诸子略、诗赋略、兵书略、术数略、方技略等。《七略》中，辑略为总目之类，实不过大略，然较史公列

---

[1] 郦承铨（1904—1967），字衡叔、衡三，号愿堂，别署无愿居士，江苏南京人。著名诗人、学者、书画家。1939年8月—1949年任国立浙江大学中文系教授。

诸子而不及"六艺",为详密矣。迄魏秘书郑默,始创中经;秘书监荀勖,复因中经,更著新簿。总括群书,分为四部:一曰甲部,记"六艺"及《小学》等书;二曰乙部,有古诸子,近世子家,兵书术数;三曰丙部,有史记、旧事、皇览簿、杂事;四曰丁部,有诗赋、图赞、汲冢书。大凡四部,合二万九千九百四十五卷,盖依《七略》而变通之,至隋书经籍志,亦为四部,分为经、史、子、集。则又取其法,而稍移易,所不同者,以乙部为史,丙部为子耳。后此至清高宗修《四库全书》,皆仍其例,不复变矣。是所述者,即吾祖先数千年以来,辛苦经营之唯一遗产也。中国学术之分类,大抵如是。此分类法,在过去沿用已久,亦无甚问题。惟至今日,学术类别,愈益周密,则经、史、子、集之分,乃觉不能无遗憾,而宜有所厘订。如汉魏南北朝集之一部,及宋元明理学,当入哲学类;经部之尚书春秋,当为史学;而诗经则为文学,此其性质,甚较然明白者也。故鄙意可将中国旧来学术分为哲学、史学、文学三类,较之四部,似差为适宜。此亦略据刘宋元嘉时,文、史、玄、儒,四学之分,但合其所谓玄、儒,为吾之哲耳。盖所谓"为天地立心,为生民立命"者,中国之哲学也。"为往圣继绝学,为万世开太平"者,中国之史学也。"温柔敦厚,微言相感"者,中国之文学也。明乎此,而后可以言中国之学术矣。

　　中国学术之大端,已略述如前,次乃进而言前人治学之方法。清儒戴东原、姚姬传、曾涤生皆分义理、考据、词章,以为三项。东原晚年,以为义理者,即考据词章之原,而姚、曾又倡三者并重之说。实则如此分法,只是一事之三方面。例如张横渠《西铭》,人皆知为哲学上重要作品,然吾人推究其理一分殊之义,则义理也。欣赏其笔力之雄健,气息之深淳,则词章也。稽求其仪封人崇伯子之事迹,则考据也。又如《史记》一书,明其天人之际,则为义理,玩其文笔神妙,则为词章,推详其典章制度,年月先后,则为考据也。故知义理、考据、词章三者不能分割，即亦不能偏尚也。譬之人生，义理则生活准则也，词章则生活兴趣也，考据则生活质料也。学术亦如是，明乎此，则治学之态度，从可知矣。兹乃更言其着手之最初基本工具：一曰小学，小学即语言文字之学，凡读古书，必于其文字声音形体之原，明其本义借义，即清人"审音以识字，识字以通经"之旧说，而实一切学术之门径也；二曰目录学，目录学者，所以辨章学术，裁定群言，此犹泛海之南针也，未有不明流略，而能治群书者也；三曰词章，文以载道，然未有不通其词，而能了解其微言奥义者。故此三者，实治学之最初基本工具，必具有此基础而后始可言为学之方也。

凡期于成学者，既具其基，复有三事焉：一曰纵横，纵横者，即博约之谓也，博约之说，亦不能偏重，譬如作战，虽欲得中央突破，而又不可孤军深入，故清儒言"不博通群经之义，不能明一经之旨，不明一经之旨，亦不能通群经之义"。此非诡辩，以博约二途应随时相济，如仁之与义，相反相成，自纵者言之，得深入一分，则横处亦当扩大一分，若直线深入，而遗忽其四旁，鲜有不败者，反之曰盘旋其表而未达其里，亦犹是耳。学人如堕一偏，即宜自知其弊，而力矫之矣！二曰内外，内外者，所谓"成己成物"，"己欲立而立人，己欲达而达人"是也。吾人之为学，自以有用为目的，然必要先能有用于吾身，次乃可以言有用于人，故务外而忘内，侈言事功，而遗德性，不得谓之善学也。大学之道，贵乎"知所先后"，必先之以格致诚正，乃及修齐治平，今或"以其昏昏，使人昭昭"，本末倒置，不知其可也！三曰综合一贯，凡吾所言基本工具也。纵横也，内外也，要必能综合一贯，何以言之？盖吾人治学之最后目的，为实现吾人最高尚之理想，完成吾人最伟大之人格。故凡所以学者，学此事也，所以教者，教此事也，易所谓"同归而殊途，一致而百虑"，是乃中国学术之特点，凡反乎此者，即非中国文化之精神也，亦即凡与人无关者，皆非所重也。

吾人既明前人治学之方法，则吾人今日所从入之途，亦可决矣。然当前之初学，常有两大问题，不能解决。此两问题为何？一则专与博，一则新与旧也。专博一事，吾已言之，今且一论新旧问题；吾今可为诸君告者，学问只有是非，无所谓新旧。自远古以来人类思想，时时转变，所谓"穷则变、变则通"，决无死守不变之成法，即亦决无停滞不进之文化。故吾人目前惟应求一是之归，而新旧问题，可勿论也。且即凡世俗之以为新奇可喜者，自吾人视之久已夫其腐朽矣。

（二）今日大学之中国文学系

依照前几年部颁课程，大学中国文学系，分文学与语言二组。以准吾适所言者，乃相当于三种基本工具中之二而已，复次吾人试一平心察之，今日大学之中国文学系，固不乏非常卓绝之才，发而为广博宏肆之论，但吾人若就其病痛处言之，则其弊有不可胜言者。兹略举四端，就诸君一相商榷：一学与人离支，凡今之所谓文学者，语言学者乃吾人所认为治学之工具耳，今则倒因为果，误以工具为归宿，于一己之身心，乃毫无关系，故有口之所言，为大众文学而身所享用者，乃贵族生活。亦如旧日之八股先生其心目中，本只知"状元一生吃着不尽"，而乃大言不惭，高谈圣学，无以异也。其言行相违学用乖戾，是愚所不能苟同者，一也！二见小而遗大。学问固而不应大而无当，亦不应琐碎饾饤，穷岁月之功，以求解决一小问题，而人所共见共闻者，乃反弃之以为不足道，遂至布帛菽粟之不知，日眩奇斗胜于无益之地，亦可悯矣；如近日之以敦煌俗文学专家自豪者，乃谓焦仲卿妻诗，在《昭明文选》中，又或究心佛曲变文三言二拍，而汉晋唐宋大家之诗文，或不屑一顾，此孟子所谓"养其一指，而失其肩背者"，是愚所不能苟同者，二也！三缺通识。凡人之贵乎学问者，不能不贵乎其识见，故承学之士，要必照烛群言，各明其用，不则是丹非素，滞于一隅。今乃崇一先生之言，甚或一切废弃，所谓"宁道孔圣误，不言服郑非"，适见其为夏虫不可语冰而已，是愚所不能苟同者，三也！四无归宿。今国家需才之急如此，即吾人今日所欲造就者，为何种人才乎？将以造就语言文字之专家乎？抑能写幽默小品之名士乎？恐不然矣。吾人今日所希望于大学中国文学系者，冀造就发扬中国民族文化，真实有用之人才也。明乎此，则凡中国文学系之一切设施，要当以此为依归，反于此目的，而谬为哗世取宠之论者，是愚所不能苟同者，四也！

（三）吾人今后之出路

愚已略陈今日大学中国文学系之病痛矣，然则吾人将遵何途径，而得实现吾人之理想乎，今更简述鄙见于次：盖吾人自应以介绍中国学术于世界人类，为吾人之责任，亦即求实现孔子之大同主义于世界也，故吾人之工作，当为三阶段：一、认识吾国固有之学术，文史哲也，经史子集也，要必明本知类，精粗兼到，如是乃可谓预于学术之流；二、介绍欧洲思想，凡文化交流则转而益进，如佛教入中国，而后宋儒之理学兴，利玛窦为传教东来，而吾国之算学大进，则今日吾人之不容拒绝西方文化，毋庸议也。但中国民族文化，自有其特点，今当取人之长，以稗吾之不足，非可尽弃其学而学焉，是则不能不加以别择者；三、吾人既明乎我之为我，复洞悉人之为人，然后吾人当前所应出之途，自如康庄大道之陈于吾前，而无疑矣，区区之见，略尽于此。希望治中国学术同人，更有具体之方案，使中国学术早得发扬光大于全人类之前，则尤所日夕企盼者也！

（原文载《国立浙江大学师范学院院刊》第1集第1册，第29—33页）

艺术的效果

丰子恺[1]

艺术常被人视为娱乐的消遣的玩物。故艺术的效果也就是只是娱乐与消遣而已。有人反对此说，为艺术辩诬，说艺术是可以美化人生，陶冶心灵的。但他们所谓"美化人生"往往只是指说房屋衣服的装饰；他们所谓"陶冶心灵"，又往往是附庸风雅之类的浅见。结果把艺术看作一种虚空玄妙不着边际的东西。这都是没有确实地认识艺术的效果之故。

艺术及于人生的效果，其实是很简明的：不外乎吾人对艺术品时直接兴起的作用，及研究艺术之后间接受得的影响。前者可称为艺术的直接效果，后者可称为艺术的间接效果。即前者是"艺术品"的效果，后者是"艺术精神"的效果。

直接效果，就是我们创作或鉴赏艺术品时所得的乐处。这乐处有两方面，第一是自由，第二是天真。试分述之：

研究艺术创作或欣赏，可得自由的乐趣。因为我们平日的生活，都受环境的拘束。所以我们的心不得自由舒展，我们对付人事要谨慎小心，辨别是非，打算得失。我们的心境，大部分的时间是戒严的。惟有学习艺术的时候，心境可以解严，把自己的意见希望与理想自由地发表出来。这时候，我们享受一种快慰，可以调剂平时生活的苦闷。例如世间的美景，是人们所爱乐的。但是美景不能常出现。我们的生活的牵制又不许我们常去找求美景。我们心中要看美景，而实际上不得不厕身在尘嚣的都市里，与平凡污旧而看

---

① 丰子恺（1898—1975），原名丰润，又名仁、仍，号子觊，后改为子恺，笔名TK，浙江桐乡石门镇人。1919年毕业于浙江省立第一师范学校，1921年，赴日本游学10个月。1939年4月—1941年在浙江大学开设艺术教育、艺术欣赏、新文学等课。

厌了的环境相对。于是我们要求绘画了。我们可在绘画中自由描出所希望的美景。雪是不易保留的，但我们可使它终年不消，又并不冷。虹是转瞬就消失的，但我们可使它永远常存，在室中，在晚上，也都可以欣赏。鸟见人要飞去的，但我们可以使它永远停在枝头，人来了也不惊。大瀑布是难得见的，但我们可以把它移到客堂间或寝室里来。上述的景物无论自己描写，或欣赏别人的描写，同样可以给人心一种快慰，即解放自由之乐。这是就绘画讲的。更就文学中看：文学是时间艺术，比绘画更为生动。故我们在文学中可以更自由地高歌人生的悲欢，以遣除实际生活的苦闷。例如我们这世间常有饥寒的苦患，我们想除掉它，而事实上未能做到。于是在文学中描写丰足之乐，使人看了共爱，共勉，共图这幸福的实现。古来无数描写田家乐的诗便是其例。又如我们的世间常有战争的苦患。我们想劝世间的人不要互相侵犯，大家安居乐业。而事实上不能做到。于是我们就在文学中描写理想的幸福的社会生活，使人看了共爱，共勉，共图这种幸福的实现。陶渊明的桃花源记，便是一例。我们读到"豁然开朗。土地平旷，屋舍俨然。有良田美池，桑竹之属。阡陌交通，鸡犬相闻……黄发垂髫，并怡然自乐"等文句，心中非常欢喜，仿佛自己做了渔人或者桃花源中的一个住民一样。我们还可在这等文句外，想象出其他的自由幸福的生活来，以发挥我们的理想。有人说这些文学是画饼点饥，聊以自慰而已。其实不然，这是理想的实现的初步。空想与理想不同。空想原是游戏似的，理想则合乎理性。只要方向不错，理想不妨高远。理想越高远，创作欣赏时的自由之乐越多。

其次，研究艺术，可得天真的乐趣。我们平日对于人生自然，因为习惯所迷，往往不能见到其本身的真相。惟有在艺术中，我们可以看见万物的天然的真相，例如我们看见朝阳，便想道，这是教人起身的记号。看见田野，便想道，这是人家的不动产。看见牛羊，便想道，这是人家的畜牧。看见苦人，便想道，他是穷的原故。在习惯中看来，这样的思想，原是没有错误的；然而都不是这些事象的本身的真相。因为除去了习惯，这些都是不可思议的现象，岂可如此简单地武断？朝阳，分明是何等光明灿烂，神秘伟大的自然现象！岂是为了教人起身而设的记号？田野，分明是自然风景的一部分，与人家的产业何关？牛羊，分明自有其生命的意义，岂是为给人家杀食而生的？穷人分明是同样的人，为什么偏要受苦呢？原来造物主创造万物，各正性命，各自有存在的意义，当初并非以人类为主而造。后来"人类"这种动物聪明进步起来，霸占了这地球，利用地球上的其他物类来供养自己。久而久之，成为习惯，便假定万物是为人类而设的：果实是供人采食而生的，牛羊是供人杀食而生的，日月星辰是为人报时而设的，甚而至于在人类自己的内部，也由习惯假造出贫富贵贱的阶级来，大家视为当然。这样看来，人类这种动物，已被习惯所迷，而变成单相思的状态，犯了自大狂的毛病了。这样说来，我们平日对于人生自然，怎能看见其本身的真相呢？艺术好比是一种治单相思与自大狂的良药。惟有在艺术中，人类解除了一切习惯的迷障，而表现天地万物本身的真相。画中的朝阳，庄严伟大，永存不灭，才是朝阳自己的真相。画中的田野，有山容水态，绿笑红颦，才是大地自己的姿态。美术中的牛羊，能忧能喜，有意有情，才是牛羊自己的生命。诗文中的贫士、贫女，如冰如霜，如玉如花，超然于世故尘纲之外，这才是人类本来的真面目。所以说，我们惟有在艺术中可以看见万物的天然的真相。我们打破了日常生活的传统习惯的思想而用全新至净的眼光来创作艺术，欣赏艺术的时候，我们的心境豁然开朗，自由自在，天真烂漫。好比做了六天工作逢到一个星期日，这时候才感到自己的时间的自由又好比长夜大梦一觉醒来，这时候才回复到自己的真我。所以说，我们创作或鉴赏艺术可得自由与天真的乐处。这是艺术的直接的效果，即艺术品及于人心的效果。

间接的效果，就是我们研究艺术有素之后，心灵所受得的影响。换言之就是体得了艺术的精神，而表现此精神于一切思想行为之中，这时候不需要艺术品，因为整个人生已变成艺术品了。这效果的范围很广泛，简要地说，可指出两点：第一是远功利，第二是归平等。

如前所述，我们对着艺术品的时候，心中撤去传统习惯的拘束，而解严开放，自由自在，天真烂漫。这种经验积得多了，我们便会酌取这种心情来对付人世之事，就是在可能的范围内，把人世当作艺术品看。我们日常对付人世之事，如前所述，常是谨慎小心辨别是非，打算得失的。换言之，即常以功利为第一念的。人生处世，功利原不可不计较，太不计较是不能生存的。但一味计较功利，直到老死，人的生活实在太冷酷而无聊，人的生命实在太廉价而糟蹋了。所以在不妨碍实生活的范围内，能酌取艺术的非功利的心情来对付人世之事，可使人的生活温暖而丰富起来，人的生命高贵而光明起来。所以说，远功利，是艺术修养的一大效果。例如，对于雪，用功利的眼光看，既冷且湿，又不久留，是毫无用处的。但倘能不计功利，这一片银世界实在是难得的好景，使我们的心眼何等的快慰！即使人类社会不幸，有人在雪中挨冻，也能另给我们一种艺术的感兴，像白居易的讽喻诗等，但与雪的美无伤。因为雪的美是常，社会的不幸是变，我们只能以常克变，不能以变废常的。又如瀑布，不妨利用它来舂米或发电，作功利的打算。但不要使人为的建设妨碍天然的美，作杀风景的行为。又如田野，功利地看来，原只是作物的出产地，衣食的供给处。但从另一方面看，这实在是一种美丽的风景区，懂得了这看法，我们对于阡陌、田园，以至房室、市街，都能在实用之外讲求其美观，可使世间到处都变成风景区，给我们的心眼以无穷的快慰。而我们的耕种的劳作，也可因这非功利的心情而增加兴趣。陶渊明躬耕诗有句云："虽未量岁功，即事都所欣"，便是在功利的工作中酌用非功利的态度的一例。

最后要讲的艺术的效果，是归平等。我们平常生活的心与艺术生活的心，其最大的异点，在于物我的关系上。平常生活中，视外物与我是对峙的。艺术生活中，视外物与我是一体的。对峙则物与我有隔阂，我视物有等级。一体则物与我无隔阂，我视物皆平等。故研究艺术，可以养成平等观。艺术心理中有一种叫作"感情移入"的，在中国画论中，即所谓"迁想妙得"。就是把我的心移入于对象中，视对象为与我同样的人。于是禽兽、草木、山川、自然现象，皆有情感，皆有生命。所以这看法称为"有情化"，又称为"活物主义"。画家用这看法观看世间，则其所描写的山水花卉有生气，有神韵。中国画的最高境"气韵生动"便是由这看法而达得的。不过画家用形象色彩来把形象有情化是暗示的；即但化其神，不化其形的。故一般人不易看出。诗人用言语来把物象有情化，明显地直说，就容易看出。例如禽兽用日常的眼光看，只是愚蠢的动物。但用诗的眼光看，都是有理性的人。如古人诗曰："年丰牛亦乐，随意过前村。"又曰："惟有旧巢燕，主人贫亦归。"推广一步，植物亦皆有情。故曰："岸花飞送客，樯燕语留人。"又曰："可怜汾上柳，相见也依依。"再推广一步，矿物亦皆有情。故曰："相看两不厌，只有敬亭山。"又曰："人心胜潮水，相送过浔阳。"再推广一步，自然现象亦皆有情。故曰："举杯邀明月，对影成三人。"又曰："春风知别苦，不遣柳条青。"此种诗句中所咏的各物，如牛、燕、岸花、汾上柳、敬亭山、潮水、明月、春风等，用物我对峙的眼光看，皆为异类。但用物我一体的眼光看，则均是同群，均能体恤人情，可以相见、相看、相送，甚至于对饮。这是艺术上最可贵的一种心境。习惯了这种心境，而酌量应用这态度于日常生活上，则物我对敌之势可去，自私自利之欲可熄，而平等博爱之心可长，一视同仁之德可成。就事例而讲：前述的乞丐，你倘用功利心、对峙心来看，这人与你不关痛痒，对你有害无利；急宜远而避之，叱而去之。若有人说你不慈悲，你可振振有词："我有钞票，应该享福；他没有钱，应该受苦，与我何干？"世间这样存心的人很多。这都是功利迷心，我欲太深之故。你倘能研究几年艺术，从艺术精神上学得了除去习惯的假定，撤去物我的隔阂的方面而观看，便见一切众生皆平等。本无贫富与贵贱，乞丐并非为了没有钞票而受苦，实在是为了人心隔阂太深，人眼不平等而受苦。唐朝的诗人杜牧有幽默诗句云："公道世间惟白发，贵人头上不曾饶。"看似滑稽，却很严肃。白发是天教生的。可见天意本来平等，不平等是后人造作的。学艺术是要恢复人的天真。

（原载《国立浙江大学师范学院院刊》第1集第2册，第49—54页）

世界经济大势与中国之影响

马寅初①

世界经济大势，往往由几种原因而变迁。第一是人口问题，现在世界著名研究人口论者如汤姆逊辈都赞成马尔塞斯的人口论，马氏以为人口之增加是几何级数即由二而四，由四而八，由八而十六；食料的增加是算学级数即由二而四，由四而六，由六而八。因此过了数百年之后，人口大增加，食料不够了。不过有些人怀疑

---

① 马寅初（1882—1982），字元善，浙江绍兴嵊县（今嵊州市）人。毕业于天津北洋大学，耶鲁大学经济学硕士，哥伦比亚大学经济学博士。曾任浙江大学校长。

这个学说，以为人类的知识能力是进步的，人类可以改良品种，增加出产，但照实际看来，马氏的理论确是对的。为补救食料缺乏，于是只有用移民政策，一八五〇年以后欧洲移民到美洲去的很多，后来美国有一种移民律对于各国移民有一种限制。这限制的数量，是以一八九〇年各国在美国人口做标准。各国移民不得超过各该国在一八九〇年移民人数百分之二。譬如德国在一八九〇年移民美国的有一万人，现在可移入的不能超过二百人。日本在那时移民很少，照这标准计算，现在日本人可到美国去的只有五十余人，而美国连这五十余人都不准他们进去。所以日本对美国恨极。但移民仍不能解决人口过剩，于是只有发展工业，将制造品推销于外国。例如英国是一个岛国，他的土地用集约耕种的方法，已经多年了，土地的生产已受生产递减例之支配，所以他及早注意工业，而工业发达最早，那时其他各国工业都不发达，无人能与之竞争，故不必采用保护关税政策，他要吸收各国的原料，同时他的制造品可以在其他各国销售，若采用保护政策，则他国或纷纷仿行，于推销上反为不利，所以采用自由贸易，将生产过剩的货品，推销于外国。但要国际贸易发达，必须有强大的力量为之保障，故英国海军最强。英国出口的工业品，以纺织物及毛织物为大宗，羊毛原料是从澳洲来的，棉花原料是从美国与印度来的。但现在世界各国都工业化了，英国货物的销路，也逐渐地被夺了，各国都为自己的东西想出路，自己用得有余，即推销于外国，又恐外国货物侵占本国市场，于是采用保护关税政策，使外货难以输入，一面尽量推销本国货于外国市场，但外国处此环境，当然亦采用报复主义，使其货亦不得入，于是国家为奖励出口贸易起见，遂给一笔补助费与本国出口商，以助其发展本国工商业，此外还有一种方法谓之倾销法，俗称屯并，就是本来值四块钱的东西，他到外国去卖三块钱；本来值三块钱的东西，他到外国去卖二块钱。使各国购买他的货物，并打倒各国同样的工业。

凡工业化的国家其生产必是大量，且为时愈久，规模愈大，这是工业化的原则。盖在会计学上所说的成本原有两种，一为固定成本，一为活动成本。譬如铁路公司，没有局长工程师秘书等职员及车轨车头车站等设备，假使这路没有生意，这些人的月薪及这些设备的开销，必不可少的总要支付的；反之若生意甚好，这些月薪及这些设备的开支，亦未必因而增加，所以生意愈少，成本愈大，反之，生意愈大，成本反愈轻。推而广之，无论何种工业，必须先使其生产量增加而后方可使其成本减轻，所以工业化的国家，其生产规模必日益扩大，若夫活动成本则与生产量比例的增减，譬如铁路运货所用之煤与所运之货成比例的增减，由是观之，要使货物成本减低，惟有大量生产，然而大量生产，必须有大量的出路，于是商业上互相竞争，用种种方法如保护关税及补助金及倾销等方法以助其发展，其实国际贸易应以自由贸易为原则。譬如巴西产咖啡，中国产茶，两国互相交换，以其所有易其所无，这是最好的办法。

若巴西自己产茶，中国自产咖啡，非不可能的，但气候不宜，成本太大，二者皆不合算，反之，若两国各尽其能，有无相通，岂不最经济吗？市场买卖和赌博不一样的，赌博于一方有利，必于他方有害，国际贸易于双方均有利的，所以赌博是要禁止的，国际贸易是必须要提倡的。

现在各国皆从事于各种工业，其目的在求各种物品之自给，不仰给于外国，一旦国际战争发生，什么东西都可自己供给，不要到外国去办。但军事上虽应如此而经济上是不可能的，譬如日本没有好煤，没有钢铁，没有棉花，金银也很少，必须取给于外国，欲求自给，不可能的，世界上没有自足自给的国家，但各国都为这种妄想所误，竭力推广生产，但一面因各国皆采用保护关税政策，销路不易推广，结果生产过剩。

　　以上所述之要点，约略述之如下：因人口增加，移民政策不能实行，于是咸趋于工业化，把生产推销国外，以工业品交换食料，欲求成本之减轻，一变而为大量生产，生产既增，非推广市场不可，一面用保护政策，使外货不得入，一面用倾销等方法奖励出口贸易，但各国皆采用保护政策，市场不易觅得，以致生产过剩，酿成今日之经济恐慌。

　　现在有几个后起的经济学家，主张取消私人资本主义，而用国家资本主义，因为私人资本主义发现种种不良影响，譬如有几十个私人开办纺织厂，有设在天津者，有设在上海者，有设在青岛者，各自为谋，不顾市场需要，于是生产过剩，一旦发生恐慌，工厂关门，工人失业，其原因全由企业家计划之错误，其补救方法，应请各企业家互相商量，计算市场上究竟需要若干，否则生产易陷于过剩，工人失业，社会不安，法律不能发生效力，地方秩序大乱，所以有人主张把私人资本主义取消而代以国家资本主义，又有人以为私人资本与私人产业是一而二，二而一的，其实两者并不相同。美国是一个极端资本主义的国家，他现在亦觉到私人竞争之不利，所以颇有人主张国家应设一设计委员会，集全国大企业家，共同计划如何生产如何分配，借以救济目前的经济恐慌。

　　现在所讲的是世界的大势，可是在这种情形之下，中国究竟怎样呢？中国是一个落后的国家，因为无力抵制外货之输入，中国很难工业化。其原因：（一）幼稚工业，需要关税之保护，但中国关税太轻，中国关税虽已自主，但只有对于奢侈品抽百分之五六十，棉织品仅百分之十以上，虽原则上关税可以随时增加，但在此时而增加关税，外交上很感困难。（二）租界，中国若采用保护关税，提高进口税率，外国即可到中国租界内开设工厂，将制造品运销中国，复不受海关进口之限制。现在英、日两国在国内所设之纱厂，即利用此点。（三）领事裁判权，中国有很好的工厂法，保护童工女工，限制工作时间等等，但因领事裁判权的关系，外国工厂不受中国工厂法的限制，可以延长工作时间，雇用童工女工，使成本减轻，中国工厂若受工厂法之取缔，便不能与外国工厂竞争，中国工厂落后，欲用保护关税，效力亦小，且外国皆来倾销，把货物倾销到中国来独占市场。中国要救济这种事实，当然可以应用取缔倾销法，但是很难实行啊。

今年日本于沪变之后，将三百五十万吨之日本煤，倾销于中国，每吨只售银七两，中国自己的要卖三十元一吨，开滦煤也不能与之竞争。虽然抗日工作很烈，而大利所在趋之有人，于是日本的倾销政策可奏成功了。倾销云者以贱价销售之谓也，于倾销者有害，于被倾销者有益，苟国内无同样之生产，则他国以贱价倾销，固所欢迎，反之，若国内有同样之生产，则一旦打倒之后，他便垄断一切，奇货可居也。从前美国煤油大王在美国与其他煤油公司竞争，他煤油每箱四元，别家也跟了卖四元，他卖三元，别家也跟了卖三元，后来他卖两元，别家损失不起了，他于是把各小公司的煤油统统吸收进来，然后独占市场。价钱由四元加之五元，由五元加之六元七元八元，逐步地增加了。中国现在成为一个世界各国的倾销市场，或不免蹈美国之覆辙，这一点要请各位注意。中国的经济政策，应采用：

一、保护关税　虽然兄弟素来主张自由贸易，但在中国现在情形之下，必须采此以保护本国的幼稚工商业。俟工商业基础巩固，即应将税率逐步减少以达到自由贸易之目的

二、实行取缔倾销

三、收回租界

四、取消领事裁判权

世界经济恐慌，为日本夺取东三省之主要原因，盖日本深知各国无暇顾及远东也，但日本固受经济恐慌之赐，迟早必受其害，

因美国对外贸易是仅百分之十，对内有百分之九十，所以不怕封锁的。日本全仗对外贸易的，日本对外贸易有五十万万，进口约占三十万万，出口约占二十万万，以丝为出口大宗。但当世界经济衰落之时，不容易有销路，因一般人没有丝绸的购买力，况且有人造丝可以代替，不必一定要真丝的啊。美国的出产，都是必需品，如钢铁等，所以日本绝对比不上美国。现在日本鉴于国际管不到远东，就来攫取东三省，但日本现在入口很多，出口很少，所以日金落至百分之六十。近来停止金本位，即停止现金出口，日本因输出少，输入多，譬如输入有三十万万，输出仅二十万万，这相差的十万万，日本拿不出现金去清付，所以日金比价低落了。讲到世界大势，美国或不会和日本打仗的，或用经济封锁政策，万一日美战争，成为事实，日本一定要来占领我国沿海各要口，尤其是吴越平原，即浙江、江苏一带，是商业繁盛区，亦是中国的文化中心、经济中心，他同时还要占领上海等地，使不能供给美国，而将中国金融大肆捣乱。一八七〇年俾斯麦到巴黎后即搜查法国银行之准备金，甚至用热水冲浇各处，找寻不着，中国经济的命脉在各银行的准备金，一旦日人占领上海，必来提取各银行的准备金。有人主张运准备金至内地，但也不甚妥当；运到外国去汇费损失甚大，且战时不能应用。所以现在我们应先有一种准备。

以上所述的三点——

一、世界经济之大势与中国之影响；

二、日美之经济关系；

三、日美竞争前我国应有之准备。

（原载《国立浙江大学校刊》第107期，1932年10月15日）

甲午战争之最大教训
——现代战争中精神力量之重要

陈训慈[①]

近世中日自从始订商约（同治十年即一八七一年）至今，已有七十余年的外交关系；其间日本渐渐进逼侵略，可是经正式宣战面对面作战的，只有一次甲午战争。以后日俄战争是以中国为战场，八国联军是日本参与一部分的；民国以后日本在侵略行动中应用武力，但连九一八事件前后战役在内，都是不宣而战的。最近中日间的作战，也还不曾正式宣战，而从双方动员之众，作战规模之大，无疑地已是现代民族间的战争；中国以举国一致的积极精神，对强邻正面作战，自甲午以后这还是第一次。在这严重抗战中，我们常易联想到四十年前的甲午战争；而从甲午战争失败之主要因素，以测今次抗日的前途，策今后更大的努力，应是一种有价值的历史教训。在这次复杂的战争中，历史事实最明显的一点诏示：就是甲午战争胜败的关键，是中国精神力量的薄弱。这是本文所想略为剖析证明的。

自从甲午六月中日二国军在朝鲜开火，至乙未二月日陆军进占辽东，海军南据澎湖；甲午战争实际上仅不到八个月的时间（一八九四—九五）。比较十年后俄军劳师远来作战中心地域相似的日俄战争，却支持了一年四个月之久，也可以见得我国当时作战之未尝充分发挥军事力量，而日本只是在某种心理优越的条件之下，取得幸致的胜利。不是日本已够强了，而是中国太软弱不争气了，造成了彼胜我败之局。

---

① 陈训慈（1901—1991），字叔谅，浙江慈溪官桥村（今属浙江余姚市）人。1924年毕业于国立东南大学。曾任国立浙江大学史地系教授、浙东分校首任主任、驻京代表等。

从开始备战之踌躇不决，海战之黄海威海两败，陆战之旅大不战而陷，以至于和约条款的接受，辽东的侥幸收回，自始至终不到一年的光景。战事形势常有变化，只有一个因素没有变化，就是勇气、团结力、自信心的丧失。战和重心人物李鸿章，自始就没有自信力，清议是外强中干，多数疆吏朝臣，一面不敢拂清议，一面还迎承"宸旨"，表面当然拜受了所谓"着沿江海督抚遇倭轮迎头痛击悉数歼除"之宣战诏，可是心底里却谁也不想着甲申海疆丧师还有余悸，更回想鸦片战争以来洋兵的凶锋？他们相信充分洋化的日本军一定不是易撄，规避，蒙蔽，退缩，大多胸有成竹了。这种恐怖心，同样笼罩着沿海的老百姓；至于内地人民，大都各安生业，更是不知不觉。军队无勇气，人民无知觉，而军民都有的只是恐怖：驱此辈以抗气焰方张的敌军，自然铁甲会抵不过蛟艇，大炮也许抵不过步枪！所以甲午战争的败绩（当然也有军备战略等关系），不是军事的失败，而是政治的失败，心理的失败。甲午战争给予我们的最大教训，就是一个国家人民之精神力量，在现代民族间科学化的战争中，与过去时代战争同样地操着最大的关键。

记得某战争专家论现代战争胜败之要素，除去财政、经济、军事教育、军需、战术战略以外，竟于开宗明义第一事举列"精神团结"的一点。欧战统帅福煦亦说"战胜由于精神的优越，而战败由于精神的沮丧"。日本陆军省小方少将论日军队在过去一切的胜利，"主要应归功于国民之精神力量，忠君观念，爱国心，与优秀纪律"。毛奇大将与乃木大将在战胜后都感谢小学教师，是国人所耳熟能详的，就连迷信人力、在一九一八年还力持要以一百五十万人牺牲博取胜利之德将Ludendorff，也不能不郑重宣称"民族精神的团结"是发生实力应付长期战争的要素。现代战争诚然是机械化战争，科学化战争，断然忽略不了优越的军火与战术战略，也决计离不开大量的财源与后方经济的裕足。可是支持这配备优厚、财源充裕的军队之根本基础，在最科学化的军事学家的眼光中，还离不了那"精神力量"。

甲午战争失败要因在乎精神力量之丧失：识者当不否认此言。假使以此战比观今次的对日战争，我们可以断然地说：情势是大大不同了。那时代充满朝野心理之外力恐怖，现在代之的是遏抑已久之全国抗战要求；那时代之主帅颟顸不决与畏怯心理，现在是全国第一流军人与政府当局之作战的决心；那时代之将校与士兵的暌隔，将领之不相统属，人民与军队之疏远，内地将吏的观望，现在是将士的凝结，军民的合作，军事之统一指挥；那时代之地方军队作战（有人说甲午一役只以直隶一省，或北洋部属军队，以与日本全国抗，虽不尽然，殊可深省），现在是由全国军人的团结合作进图全国人力物力之集中抗敌了。从敌人方面说：诚然我们不能轻敌，不应太渲染铺张日本国内之内在的矛盾与裂痕，可是稍明史事的人，自不能否认今日的日本已不是三四十年前方兴未艾精神力量发皇而统一的日本。有这种种原因，辅以我们前方将士的有勇有谋，才使北战场西战场虽退而犹常反攻不败，上海一带敌人倾精锐进攻而我坚韧至此。我们的战术战略军需当然已发挥伟大效力，但支持这战事力量之发挥的，却是这举国一致敌忾同仇团结自信的精神力量。

可是历史又警诫我们勿过自夸大，勿讳言弱点；它也鞭策我们勇于认过，勤于增进那已有的精神力量。我们现今没有那地方主义的军人么？我们今日没有扼险而不守的一辈将领么？没有望外国起来干涉就可罢息的心理么？社会底层没有恋私忘公的"失败主义"的潜伏菌么？军民够合作么？政府干部人物够团结么？上下果已愤悱自新、精神相孚、步趋齐一么？总而言之，我们的团结力、自信心、牺牲心够坚强么？如果我们不愿讳疾忌医，就应为战局前途民族前途而大声疾呼着"不够"。愿全国同胞猛省，愿全国同胞奋起实行。我们有比甲午时代优越的物质配备与精神力量了，但是那精神还不够坚强，不够普遍，不仅军备之不够科学化而已。

我们不用过分看重了前线战事一时之胜负得失。从历史的教训，我们既已认取了精神力量在战争中之伟大势力，就应大家用种种方法来推进这势力在今回抗战中的作用。甲午战争给予我们一种自信：就是我们已着实恢复了那时所欠缺的精神力量，而使我们得到必取胜利的信心，同时，甲午战争也给予我们一种警策：就是我们现在的精神力量还不够坚强普及，只有大家加强这团结自信等精神力量，才真能实现了却敌取胜，洗雪了马关、青岛、济南、沈阳、热河、塘沽、淞沪、平津、察绥重重无量的耻辱！

（原载《国命旬刊》第3期，第3—8页。有删节）

学府小记

浙省农校十周纪念会参观记

一 农

农校开十周纪念会之声浪，传播遐迩。记者出身田亩，对于农事特具情感。数年前曾往该校参观一次，虽未能尽如人意，亦有可资参考者。缘于纪念日特乘车至笕，为精密之考察。车中人极拥挤，均往该校者。据车中办事人云，已特添客车二辆。下车，见该校学生持旗欢迎。因随之前进，一入该校区域，气象迥然不同。道路修洁，行道树已绿叶成荫。先经兽医院、林场，至果树园门首。见纪念石柱，巍然峙立，为教育厅张君手笔，正面书十周纪念四字。园临河堤，垂杨夹道，风景宜人。过桥即校门，为省长题额，始知校门已改成北向，气象轩昂，迥非昔比。入门，即由学生分送该校印刷品多种，由招待员导入休息室小憩。随闻铃声开会，随众至大礼堂。壁悬历任校长肖像，及各界赠送之对联甚夥。最足注目者，为该校毕业生赠送之大钟，及美术学校赠送之油画。入座后，先奏国歌，次由校长致开会辞，继由各长官致训辞，次来宾演说。记者本拟登台有所贡献，嗣以来宾众多，且时已近午，因而不果。随唱校歌、纪念歌，奏乐、摄影、散会。午餐后，先至学校成绩展览部参观。第一室为农艺，陈列者为稻、粟、豆、麦、棉、麻、茶、桑、蚕茧、蚕丝等。第二室为园艺，陈列者为各种果树、花卉、蔬菜，并病虫害各种标本、图画。第三室为农产制造品，陈列者为该校创制之各种酒类、花露、罐头、酱油，以及纤维、肉铺、果酱等，多至二百余种。第四室为森林，陈列者为木材标本、竹类标本，及临平山学习林地质标本等。第五室为林产制造，陈列者为樟脑、木醋、木炭等，及各种制造用器械，并测量器具。第六室为畜产，陈列者为孵卵器、保姆器、各种鸡种，及各种家畜之图画模型。第七室为兽医，陈列者为细菌培养器、解剖模型、病菌标本、寄生虫标本、酒精渍病体实物标本，以及药品暨手术用各种器械。第八室为行政，壁悬各种图表，凡历年学校之经费、建筑、设备、学生之毕业人数、社会服务状况等，尽萃于此。尤新颖者为该校教职员所制作之新农村模型。全村假定为三十六方里，每方里划为一区。以中央二区为公有地，凡公共建筑物，如村行政所、农村学校、会堂、通俗图书馆、医院、合作社、消防所、邮电局、村农事试验场、长途汽车停车场、公园、公众运动场、村社、植物园、风致林等均应有尽有。村民住宅则围绕公区以便儿童之就学。此外，河道分天然河、人工河二种，及排水蓄水之设置。道路分县道、村道、农道三种。沿河两岸及行道上均栽树木。村之西北有山，山下为公共放牧场，山上遍栽森林，为全村水源涵养之地。游览一周，恍若身入其境，如匠心独具之桃源焉。壁间悬有新农村详细说明书、各种组织规划及办法咸备，洋洋千言，不及备载。总观各室，陈列丰富，均由学生分任说明，有询及者，均娓娓陈说，毫无倦容，故虽不识字之农夫村妇，亦获益不浅也。承该校厚谊，遂下榻于是。

第二日为运动会。晨由招待员导至运动场。场位于校舍之南，广二十余亩，作长方形。中心为国技运动区，跑道绕之，供田径赛运动，环其外者，为来宾席。场之北，依校舍而建司令台。与大礼堂后壁通焉。是日天气晴朗，观者甚众，万国旗飘扬空际。运动节目循序而进，各运动员均精神百倍，争夺锦标。虽烈日当空，而观者亦无厌倦之色焉。午膳后，余以昨日参观未尽，央指导员导观学生展览部。指导员告余曰，本校学生部采用村自治制，每室为一村居，村民十人。村有长，公选之，以总理村务。东首各村合而为东乡，西首为西乡。值此十周纪念，两乡举行春社。各村自出意匠，制作关于历史、学术、国际、社会等有益于通俗教育之实物表演，以为改良农村赛会之模范。余遂村观览，如共和村之神农祠，柏叶蔽体之神农像璃丽堂皇，深符农家报本之意；大同村之古代博物陈列所，罗列各种模型，若没字碑，大人迹，孔子麟、羊公鹤、陆郎桔、邵平爪之类含有历史上之兴味，亦庄亦谐。其联语云"开辟千五载乾坤，凭临一瞬；搜罗廿四朝人物，纪念十周"，超脱可喜。正谊村之二十一条，以纵横大地之雄狮而为二十一条绳索所束缚，非经济绝交之利刃，将无以自救。恭俭村之胜棋亭，局势险恶，存忘之机系于一着，是皆足以引起观者之国际观念也。精勤村之害虫驱除，纯洁村之森林防水，尤足以唤起农民之注意。其他如忠恕、廉明、互助、合群、博爱、仁让等村均勾心斗角，各有所长，农民能采取斯意，以为娱乐，当获益非鲜也。

第三日晨由招待员引观校外各部。先至农场，场在校之东北，广约百四十亩。分作物、园艺、桑园三部，各部分经济、试验、实习、标本等区。道路沟洫，位置井然。场之北为事务所，陈列农场各项产品，壁间图表多至数百件，应有尽有。事务室之前为花卉园，中植草本、木本、花卉，不下一千余种。园之东为温室，迤南为雨天作业场。场之东为农夫宿舍。综览全局，规模宏大，他处罕有甚匹焉。次至林场。场在校之西北，广约二十余亩，分播种苗圃、移植苗圃、竹园三部。场中为事务所，林产制造室、林学研究室属焉。前为植物标本园，广植本地木本植物。为认别树种之资，东为白蜡虫、五倍子培养区，其北倚池筑炭灶一座，为实习烧炭之需。闻演习林场尚有一千五百亩在临平，距校约二十余里火车、水道均可通。上分四林班，学生以时上山实习，树种以松杉为主。第四林班为天然林，一二林班均已造就，第三林班方着手进行。夫该场面积既大，交通亦便，又以科学方法经营之，将来材木长成，浙江之模范森林舍此其谁属哉。林场之西为兽医院，解剖室、药品室、诊断室属焉。前为牧草地，后为畜舍。该院成立虽仅三载，而一切设备已具基础。午后，学生扮演新剧，予膳后往观。剧名《市虎》，为校中自编之剧本。剧中描写乡村恶霸绰号王老虎者，欺压农民，巧取强夺，无所不至，致有破家荡产出奔他乡者。赖有令子，半工半读，学农有成，复归故里。适恶霸谩藏海盗，自杀其身。而农子乃得用其所学，改良社会，卒成模范农村。假优孟之衣冠，写农民之疾苦，惩世劝学，用意良深。洵不背化装讲演之本旨，台前悬有剧目，并附有美术画之斑斓猛虎及题词若干首。特录三首：（一）悲世难将涕泪收，任他蛮触斗神州，抽毫窃取阳秋意，为写农民万斛愁。（二）盗钩盗国太纵横，大好山河满刺荆，独具阮生双白眼，玄黄血里看分明。（三）市井群歌猛虎行，更无郑侠画流氓，现身说法氍毹上，聊为齐民诉不平。诵其诗亦可以见是剧之旨趣矣。余于演剧毕趁车入城，亟出笔录，匆促成篇。方拟修润，适该校某君过访，阅稿，谓该校将有《浙农新声》之发刊，请以之充篇幅，因以畀之。稿虽不文，亦纪实之作，未与斯会者，读此当能得其大略也。

　　（原载《浙农新声》第1期，"来稿"栏，第1—4页，1922年。略有删节）

迈进中之浙大

文 曲

　　浙大的同学很幸运地能够住在风景优美的杭州，早夕亲近西子的温柔，似乎应该无心读书了。但相反，浙大学生对湖光山色并没有多大的留恋，就是在星期日，你很少能发现佩着鹰形徽章的青年，在粼粼的湖波上荡着船舟，或是在庄严的古寺名山中游览盘桓。他们是深居简出者，他们的行踪不出下列数处：图书馆，实验室，画图室，自修室，阅报室，运动场。农学院的同学很多都在温室里，园圃里，或畜牧场中，观察他们亲手培养的动植物的欣欣向荣。

　　浙大学生的宿舍兼用作自修室，两人一间，一座三楼的洋房约可住百人。因为人多，在宿舍里的读书环境不及图书馆那么幽静，舒服，温馨。那里有着柔和充足的灯光，冬天有火炉，所以在图书馆开放时间中常常是高朋满座的。藏书之多，专科杂志之富，使喜欢课外研究的同学们趋之若鹜，还有毕业班同学准备作论文，更与图书馆结不解缘了。

　　浙大的特点是好学风气的普遍，读科学的同学常常把礼拜天假日都送给实验室。虽然实验课程的规定时间是下午一时至四时，但每天我们都能看见穿白色工作衣的同学在夜色深黑时才离开实验室，回到饭厅，饭厅里只剩着狼藉的杯盘。工学院的同学穿上蓝色的工场衣，吃过中饭就站到工场的紧闭的门前，等到汽笛一鸣，大门开时，一伙儿蜂拥而入，于是汗的交流，铁椎的飞舞，火星的溅射，和着马达的运转，奏成一曲伟大的交响乐，这交响乐一直维持到五点钟散工汽笛的呼叫，于是大门口陆续跑出一些油脸黑额的青年。图书教室里在假日一定有人在运用T字尺三角板的，就是在夜间，微弱的灯光下，他们也用硬铅绘着精细的线，不管眼睛的损伤。真的，浙大的功课是太繁重了，学生是太好学了，所以四只眼睛的同学超过两只眼的同学的数目。

从前浙大的运动风气很微弱，在省会的各种运动技赛时，浙大常常是落后的。但自从舒鸿先生长体育部以来，每个同学都有运动的机会，体育课程是严格化了，设备是完全了，最能表显浙大体育的进步，是浙省区运动会时的优胜，和女子篮球的雄霸全杭。校内各项运动竞赛练习的起劲，网球运动嗜好的普遍，都足显示浙大学生对训练体格的重视。

浙大最近更有新的变迁，使这青年大学走上更完美的路径。本年五月竺可桢氏来长浙大，对学术研究提倡甚力。其办学方针，首重师资，次则扩充设备。尝谓教授不但需要丰富渊博之学识，更需有研究之精神，教授能研究，则学生自能从之研究也。故今年教授入选一新，如外国文学系主任梅光迪先生，新办史地系主任张其昀先生，文理学院院长胡刚复先生皆国内知名之士。此外图书仪器亦极力充实，现拟建造新校舍，正向政府请示中。

学术演讲每周必有数起，学生往听者极踊跃。讲者皆为校内外专家。一月前英国诗界权威艾温斯曾在浙大讲演两次，美哲学家亚力山大及各国科学家多人，均被请来浙大作学术演讲。张其昀主任最近以其研究及实地考察所得演讲"绥远之军事地理"，校外慕名来听者极众。

学生方面各集团研究组织乃为雨后笋生，如英文研究会、时事研究会及各学会等。聘请教授为指导，出版物有各科学报告、工程季刊。

浙大学生静若处女，动若狡兔，平日埋首案下作学术的研究，但参加救国运动时，其组织力之强大，热情之高亢，为杭市各校之冠。此次绥远告警，除慷慨解囊，捐金援助外，复深入民间，下乡作扩大宣传，唤起民众敌忾国仇之情绪，作舍身报国之准备。

（原载《报国友声》第9期，第11—12页）

谈浙大的"读书"

翼 文

初跨进浙大的人，总会感到这一点：浙大的"读书"空气太浓厚了。你瞧，星期日图书馆阅览室总是客满，平时随便什么时候，宿舍里总是做题目写报告的比看杂志弄乐器的多，一早晨求是湖边就有不少的同学们在那儿高声地读着英文。真的，在这样的环境里，若还不用功"读书"的话，真是无可救药的了。

在一个大学里，能养成这样的风气，谁还能说不是可喜的现象？

但你若在这里住上两三年，你会慢慢地觉得，这种"可喜"的现象里，却有一件"可虑"的事。他们太"用功"了！大部分的同学几乎把他们全部读书的时间花在教科书和讲义上。在这里，似乎已养成了一种很普遍的概念，认为只有"做功课"才算是"读书"，至于社会的情形，国际的关系，政治经济的常识，都是不屑一顾的东西。至多，也不过在"读书"之余，随便拿一两本杂志翻翻，消遣消遣，所谓"看闲书"是也。然而，就只这么翻翻，被别人瞧见了，准还得被人带着讥笑的口吻说："喝！留心时事，了不起！"

这实在是一件值得注意的事情。

每一个人底生活，脱不了社会的环境的支配。一切家庭、学校，以至国家民族的错综复杂的关系，组成了许多大大小小"圈子"。套在你的周围，我们若想得到理想的生活，完善的社会，就先得对这许多"圈子"都要详细地考察一番，去找寻它们的优点和弱点，然后才能够去改变它们，使它们适合我们的理想。这就是说，要生活，必先要认识社会。我们决不能只应付学校的功课为满足，我们一定要知道些功课以外的东西。学校只是许多小的"圈子"之一，而学校里的"功课"更是小而又小的"圈子"。这句话并不是蔑视"功课"的重要性，我们必须认清楚，我们现在所学的知识和技能，正是将来我们应付社会环境的重要工具。但是，我们更应该认清楚，有了这工具，更需要对社会和自身有深切的认识，才能够应用自如。如果这看法是对的话，那么，这种"读书只是做功课"的态度，显然是极其危险。对于社会机构既没有清晰的概念，而观察和思想的方法又没有经过一点训练（纯粹做教授指定的功课，我敢断言，是决不能得到活泼的有系统的思想方法的）。单靠着讲义上的知识，闯到社会上去，正如盲人骑着瞎马一样，随时有落入失败的深渊的可能。

但上面所说的这种现象是学生自己的责任么？不，你只要查一查每一个同学平均一星期要应付多少考试，交多少题目和多少报告以后，你就不会贸然地下这个断语。同时，你只要看在下课休息的十分钟，阅报室里川流不息地挤着看报的同学，更足以证明他们并不是不愿意去认识这社会，但功课的重担却逼得他们不得不丢开这个，而那种对社会的动态完全漠视的态度所以会形成，当然这也是最大的原因。自然，抱着"国家事管他娘"的态度的人，那是应该算作例外。

然而，更值我们注意的，另外有许多同学在这样的空气里，正在努力地克服这些艰难，而更积极地学习社会科学的知识，观察现世界的动态。他们聚集了几个同志在一起互相作系统的报告、讨论和批评。他们的努力，是纯出于自发的求知的需要，这种团体是值得在这"介绍专号"里提出来"介绍"一下的。

他们因友谊的关系和兴趣的不同而形成了各个不同的组织。最先得介绍的是时事研究会，它的历史比较最长久，经过了一度的改组，由学生自治会的一个特种委员会而成为现在旳私人的团体。

他们每星期举行一次讨论会，对现在社会上所发生重要事件，加以分析讨论，同时对人生观、世界观等等问题也同样地注重。每次讨论之先，由负责人征求问题，然后把所征求到的问题通知大家，使大家先加以充分的思考，到开讨论会时，每人都提出意见。然后互相讨论，到底怎样的结论才是最正确。当然，还没有走出校门的学生，决不能有极好的学识和经验，但以许多人详细讨论的结果，总比一个人的意见要更接近于真理吧？他们讨论的题目，例如，英日合作与中国的关系，自杀与人生观，青年们努力的目标和步骤等等，总努力使所讨论的内容活泼、现实、正确。讨论的情形总是非常热烈，虽然他们人数不过只有二十多人，大家都是争着发言，绝没有毫不发言的人，所以论争非常剧烈，而结论也因之更比较正确。他们无所谓会员与非会员，谁是同志，就欢迎谁来参加。

其次要提出来介绍的是农村服务研究会，这是一个新成立不久的团体，由几个热心于乡村工作的同学发起，很快地就得到许多同学的加入而成立。他们讨论的主要范围是中国农村问题，他们一方面讨论农村经济的理论，另一方面却更注重在怎样做乡村工作的问题。他们是预备到乡村去做实践的工作的，因此理论的工作是在更加努力准备。他们每两星期开一次讨论会，每个会员都要认定一个题目搜集材料做有系统的研究，在讨论会中轮流报告研究的结果。他们预备等材料相当的丰富以后，要集起来印成小册，送给每一位要到乡村服务的同学，这种热诚和毅力，是叫人非常的敬佩的。

还有一个教授同学一起组织的，就是史地系的读书会。史地系虽只开办了一年，但却有很丰满的活力，在他们的读书会中，可以说是古今中外，无所不谈。一个经学考据的问题，可以和西班牙战争的问题同时提出，这表示了史地系的特色。他们是先由两个会员演讲，然后就这两个主题讨论，史地系全体教授同学都是会员。同时也欢迎非会员参加讨论。他们在这一年里曾屡次应时代的需要举行了许多有价值的展览和演讲，绥远抗战初发生时，举行了绥远图籍展览会，而尤其张其昀先生的精辟生动的演讲，几乎受着全校同学的欢迎。记得有一次张先生把他在西北旅行所摄的几百张照片举行一次有系统的幻灯讲演，竟使电影迷的同学都认为比看十张著名的电影还值得，其受欢迎，可以想见。同时也足以证明同学们对认识社会实在有很迫切的需要。

另外，在前一个多月，曾有几个同学发起组织一个演说辩论会。他们在发起宣言里声明并不是为演说而演说，为辩论而辩论；他们是一方面希望训练演辩的技能，一方面也更希望由演辩的内容里得到正确的知识。但很不幸，大概同学对演说辩论感到太难吧，加入的人非常之少，因此始终没有能够成立。这在浙大的同学说来，当然也是一个损失。

最令人"可喜"的，这些团体中，除了史地系的读书会有专门性质而外，加入讨论的同学，文理工农各院都有，这证明他们认清了他们的环境，同时也认清了应付这些环境，除了专门学识之外是还需要别的更重要的知识的。

希望这些团体能在自身的修养之外，更时常做些对全校同学服务的工作，例如把他们讨论的结果，发表出来贡献给大家，举行关于社会问题时事问题的座谈会或公开讲演等等。这些工作在现在整个中国民族求解放的时期，当然有非常重要的意义。同时，如果这几个团体能进一步互相密切地联络，这些工作一定可以很不费力地做到，而在他们自己知识的修养方面，也一定能得到更大的助力，这篇"介绍"也就不算白写。

（原载《浙大学生》第3—4期，第49—51页）

一天中的生活

敬 平[1]

"还有一个报告没有做完,非得开个早车不兴了。"在晨光熹微的时候,就实行黎明即起而去埋首案头了。

有几位卫生家,素抱早起习惯,在万籁俱寂之中,早早抓起,在空气格外新鲜,精神格外爽适的晨光中,做着一上一下的深呼吸,操着忽左忽右的八段锦。

有运动癖的先生们,在天刚发亮,就穿了单衣短裤,雄赳赳、激昂昂在操场上练习跑跳,抛掷篮球了。

八百多的同学中,不过少数是如此。一般的同学还是正做他们甜蜜之梦,有的虽是醒了,依旧躺在床上养神玄想,起身铃一响,他们才肯停止他们的床上生活。

起身,盥洗,吃早餐。再休息了半点钟,当!当!当!的钟声响了,"八点钟上课了"。于是一个个夹了书本摘记簿,从宿舍里走出,走到课堂去听讲了。说来稀奇,一样的上五十分钟课,有的觉得时间太快,有的觉得太慢。遇到了博士硕士的教授,言语流利,讲解得法,同学们都很情愿去听他,这样一心一意地上课,光阴自然觉得过去很快;有的骗饭的教员,抱敷衍的政策,糊糊涂涂地说了一点钟,使学生听了毫无趣味,时时巴不得快快打下课钟,这样不静心的听讲,光阴自然觉得过去很慢。

上午有四班课,不过间有一二天是二班三班的。在空课时,用功的同学总回到房里,预备明日的功课,不用功的就过他们的"吃"与"耍"的生活了。第二和第三班中间,有二十分钟的休

---

[1] 敬平为范敬平字。范敬平(1908—1997),江苏吴县(今苏州市吴中区)人。1930年毕业于国立浙江大学工学院化学工程系,留校任文理学院化学助教。

息，有的跑到大便室去大便；有的跑到阅报室去看本埠报纸；有的到消费社去大嚼了。

午膳完毕，距离上课时间有一点钟。这一点钟内各种的学生会务都借此时间振铃开会。其余的同学大都消遣在运动场和图书馆。

下午的功课，化学与电机科都是实习和工厂的课程，所以比上午要轻松些。

四点钟到了，在旁的学校，大约是学生得解放的开始了，大家喜喜欢欢到校外去游玩了。但是我校呢？却不然。吾国受到帝国主义种种的侵略，种种的压迫，吾校的学生都是愤恨达了极点。于是准备自强，准备奋斗，准备牺牲，组织了学生军，实行军国民教育，以备将来效死战场。每天操练的时间，就定在四点以后，上课钟刚打完，学生军操的军号洋洋，继续不断地吹了。同学们都是欣喜万分，包含了热忱，负了莫大的救国巨责，换了军服，束了皮带，穿了草鞋，跑到操场上去接受严格的军事训练。操过后时已五点半，休息片刻，看看上海报，六点钟的晚饭铃又打了。

吃过晚饭，横河桥、蒲场巷一带，三五成群，络绎不绝地散步。一天中最使人身心愉乐，大约就是此刻了。

七点半起是自修的时候，预备Assignment, Report & Exercise颇觉忙碌。对数表，计算尺，自来水笔和热天用的蒲扇，这四件是我们自修时最知己的朋友。

十点钟规定是就寝时间，熄灯前十分钟，校中特将各宿舍内电灯暂熄一二秒钟，告诉我们说灯要熄灭了，快快预备就寝吧。正在预备功课得津津有味，骤然灯熄，不免感到怨恨斋夫之不通融。有时逢着明朝要小考，有的同学不得不点起蜡烛来开夜车了。

电灯刚熄的十分钟内，同学的嘴里都是随心所欲地唱着各色各样的歌曲：《因为你》《毛毛雨》《我爱你》，一唱百和。灯灭后，歌声渐低，而鼾声继起。咕哩咕哩的声浪，突然发自一角，这一定是朱世兄的梦呓了。

（原载《国立浙江大学第一届毕业纪念刊》，第117—118页）

自修室小记

朱缵祖

我们的孔老夫子不是讲过的吗，"学而时习之"，"温故而知新"，这两句话的意思，当然就是说求学的人，除了跟着教授学习之外，第二个重要点就是完全要自己温习了。进一步说，倘使听讲之外，不做第一个工作的时候，虽则你能将教授所讲的东西完全了解，你所得的也不过限于书册的范围之内罢了。换句说，倘使你能注意到第二个工作的时候，非但能使你更加了解得透彻，并且你处处可以得到学问的泉源。所以求学的人，第一当然要有学识丰富的教授的指导，第二还要你时时刻刻自己去找那学问的泉源的。爰从斯义，所以一个学校之内除图书馆外自修室就要占的地位了。现在我就把我们学校的自修室，对于我所发生的几个感想记在下面：

本校自修室，现在计有三层建筑五座，颜其额曰仁、义、礼、智、信，完全是可以说得上朴而不华，雅而不俗；尤其是顾名思义，不觉使人自然而然地感觉到我中华固有的美德——孙中山先生所说过的中国应当保存的几个固有的美德，致诚、格物、忠孝、信义、和平、博爱——时时很深刻，印入我们的脑海里，使我们专门从事于科学的学子，常常在无形之中得一种德育上的修养；对于现在世风浇漓的社会中，我敢大胆地说一句，未始不是一种对于青年很有用的训练。

每层建筑中计分拾六室，如关一门一窗，室可放丈，居六人，四壁白垩皎洁，明净异常，室中备有壁上书架二，普通书架一，桌灯各六。中悬电灯，光线强度适宜，分布亦均。各物之大小式样无不相称，随便你怎样去布置，横列直列散置，都可以得到相当的余地，使你一点也不觉到过分的拥挤。同室的人，完全由我们自己约定，所以总是气味相投，性情相同的。在工作的时候，既可得到互相切磋的益处，而且关于应用的仪器等物，完全可以随便"顺手牵羊"地携取，就是在比较远一点的桌上，也可以很便当地传递过来。差不多我们都可以说"衣服车马与朋友共"的实行者了。在休息的时候，大家都是信口开河，纵谈今古，有的逸趣横生，有的妙语如珠，真有所谓姑妄言之姑妄听之之慨，尤其是歌唱无论哪一种歌曲的时候，总是一唱众和。所以随便哪间房屋内，都可以说得上"乐意融融"的，一种欢笑之声，亦无不时达户外，这真是我们极乐国呀！还有，倘使我们凭窗西瞩，则蔚然山色，即可引之于几席之上，虽则不能领略到西子湖中荡漾的银波，也能望见许多苍翠的山巅。当那朝暾初上时的晓雾迷濛中，我们还可以领略那含有诗意的"双峰插云"呢。在那夕阳残照里的云霞灿烂中，我们又可以望见那孤芳自赏的"保俶古塔"。在阅读书册疲倦的时候，我们只要举目遥瞩，就可以得无限含有诗意的大自然美来安慰我们的心神。在我们单调的麻烦的科学生活中，能得到这样大自然美的调剂，这是何等值得赞美的一件事呀！

（原载《国立浙江大学第一届毕业纪念刊》，第119—120页）

信　箱

城　敌

我们校里信箱的创设（这里我是指全大学的），到现在已有一年多的历史了。记得在没有使用信箱之前，信件是由门房送的。我们上完了课回到宿舍时，常常可以在书桌上发现一两封信，使我们马上要拆开来看而忘了吃饭。自从这信箱制实行之后，情形就大不相同了。门房再不替我们送信，而要我们亲自跑到收发室内去拿了。早上去上课时，我们总得在进了文理学院的大门后来一个向右转，将视线向着那几近一千格中的一格的目标瞄准。这种工作，起初是感得有点麻烦的，但经过了长久的训练之后，就练习得敏捷又正确了：一看那玻璃后而小小的一格里是"空空如也"的，我们就掉头不顾地前进，若是看到有什么在里面呢，那就得三步并作两步地跑进收发室去，轻轻地敲着玻璃，说出自己的学号。等一会儿，我们手中就拿到早被盼望着的东西了。

信箱是那么多，一格就有一个红色的号码，骤然一看，是颇为悦目的。然而我们一天看它两三次的原因，却不在此，而是在那不止悦目而且悦心的事物。你可以讨厌一个人，你可以讨厌一座房子，但你却不能讨厌一封信，当你还在做学生的时代。那里面有的是家庭中温煦的爱，知己间真挚的情，以及师友的指教，稔熟者的消息；当我们读过之后，使我们的精神感到兴奋，心弦感到调和。我相信同学们，都会承认我这句话。可不是么？我们常听到"怎么我还没有信呢？"之类的嗟叹，却没有听到人说着"真讨厌，又有信来啦！"的话。你也许懒得好久不写信，但我相信你收到信却一定是觉得高兴的。因此，信箱就成为我们最亲近的朋友了。

手里拿了信，快活地从收发室里跑出来的事，固然是常见；但向信箱一看那里面空无所有，因而感到一点失望的事，却是更不少，好像信箱有着很大的权力，它可以使我们高兴或是使我们失望，而我们在失望之后，却无法提出一点抗议。

收发室里的一面墙上，也是我们注意的地方，尤其是为经济所窘的时候；因为那布告橱中，是挂号信的通告处。无论是谁，当他受着经济压迫时，看到通告上自己的名字，总是眉开眼笑的。我们不必说什么"金钱是万恶之源"之类的不着边际的话，无论如何，缺乏饭票总是一种痛苦，平信常给我们以精神的慰藉，而挂号信常给我们以物质的供给，二者岂不都是决不可缺少的么？

然而在信箱中，也有我们所不盼望的东西的，那就是晏起的警告书。但这是不难避免的，只要你下一个决心，每天早起就得啦。这比盼望着朋友的信，不是容易得多了么？

所以，信箱是常给我们带来好的礼物的。若是有人问我学校里谁有最多的朋友的话，我一定毫不迟疑地回答他是信箱，我还确信着我的回答可以使他满意。

（原载《国立浙江大学校刊》第205期，1935年3月16日）

记春季运动会

振　振

四月廿七日，天气非常的晴朗，春假以来的那一副阴霾的气象早消灭了。早上，每个青年的灵魂都兴奋得非常，谈话的集中点已由功课转换到运动会去了。

"喂，老黄，你参加什么项目呢？"

"我啦？掷铅球，不行啊。"谦恭加着笑意。

"哦，大有希望，别客气。"于是二个年青人便笑起来了，怪热情地。

九点钟，土山上钟声四下一间歇地响了，大家的心更活跃了。趋土山道，走过文理学院，穿过新教室，"刀茅巷"是每个底目标。果是，白布大字的匾额挂在化学系底门口，里面更热闹了，新搭起来的凉棚，正栖息着大批的健儿，迎着网球场的是"优胜门"，于是便想到巴黎的凯旋门了，意思正含蓄得大呢。运动场四周绕着的铅丝栏竿，中间靠着城墙搭起高大的司令台。还有，还有那罩在四周底蓬勃的朝气！

是时候了，几个校工点起大号的高升，那声音紧张了会场的空气，在军乐队领导下，数十位职员以及数百位选手，全都打起兴奋的步伐，绕场一周。接着就举行过简单而有力量的开会式。几分钟后，那以大喉咙著名的郭师典先生，便已高据着高椅子上报告节目了。

听说罢，这一次的运动会，参加人数之多，打破历届纪录，就以百米说罢，就有十二组预赛得举行，虽然结果只取有限的几名，但谁都拼着力在向前挣扎，没有退后，也没有畏缩，"胜负无关重要，精神要有始有终"不是么？浙大不是供养选手的学校，是提倡普及运动呀。

这次的项目也特别的多，所以当裁判员的也特别苦，然而我们的裁判员莫不是平日谆谆善导的好教授，他们热心地策划和奔走，没有一点儿逃意。我听见某教授说"我爬一天山也没有这样苦"，然而他怕苦么，第二天他还是来得很早的。

为了要引起一般的兴趣来，这一次很添了些平常运动会所没有的项目，参加的人也非常踊跃，成绩也非常优异。例如三足赛跑吧，冠军的成绩只十七秒多些，平常人单身跑不也须这些时光么？

这一次的成绩，据我的估计，大概本校纪录恐怕是全部动摇；至于打破全省纪录，计有铅球、八百米和千五百米三项；接近的更不少，可称非常优异。然而这是凭空得来的么，我们不是已有一大半同学受过严密的体育训练么？我们的优秀分子不还是每天在刀茅巷有特殊的练习么？过去浙大的体育是默默无闻的，现在方是头角崭露，我敢说，二年之后，至少杭州体育界，必为浙大之天下！

最足以表示团体精神的是拔河比赛，那每队十人结成一颗心似的都想把对方拉过中间的白线，"哼……呀，哼……呀"没有别的声息，五官四肢都在奋力，就是身子给对方拖倒了，那还是拉、拉、拉；就是腕上皮拉擦掉了，那还是拉、拉、拉；这还不够表现中国人中还有很坚强的团结力在么？

听说教职员也组织了一队与锦标队赛一下拔河的，时间定在廿八日下午，我不及看到，但想来一定很可观，为了表率后进，这是很有意义的。然而你说教职员弱么？光说冯建维先生罢，他表现的掷铅球成绩，恐怕同学中尚无敌手呢！

虽然是第二天的天气不大好，接连下着丝丝的春雨，然而这够摧残我们的兴趣么？没有的事，照旧地执行裁判，照旧地参加运动，我们掷铅球的优越纪录，就在那会儿产生的，怕什么？我们大会终于很圆满地，很欣悦地，结束了。没有一点纠纷。

想说的话好像还是很多，以我个人而论，二天来实在是太兴奋了。好在体育部会将成绩揭示出来的，大家等着看吧。在这儿我已憧憬着有一大批健全的青年战士，在向着民族复兴的大道迈进，迈进！

（原载《国立浙江大学校刊》第211期，1935年5月4日）

麦子收获忙

楼秀山[①]

今天天气很好，蔚蓝的天空，布满着暖曛的朝霞，忽红忽紫，变幻得不可捉摸，太阳出头了，它就无形中地消灭了。此时正是我

---

① 楼秀山，浙江大学代办农业职业学校初农部学生。

们排队在操场上，大家一齐动员到华家池南面割麦子的时候。各人手上各执一把镰刀，腰束一条青布，路上壮烈地唱着镰刀歌，雄赳赳气昂昂，精神很是十足，配够做一个新农夫。一霎时到了目的地，这时歌声也不闻了，大家摩拳擦掌，重整衣冠，预备着"开始"。一片广阔的麦田里，鸦雀无声，除了擦、擦、擦的割麦声外，没有一点别的声音夹杂着，若是远处目不转睛地望来，很像一阵的乌头老鸦伏在田里吃麦子。

转瞬之间，茫茫一丘的麦田，不觉已征服一半，督率我们的"X"先生连忙说："麦要割得贴根些，麦头要整整齐齐，切不可杂乱无章！"我们连声应几个"是！"仍旧埋头苦干着，汗一滴滴落在地上，沾湿了一大块土壤。几个乡下老百姓，路上走过，不断地夸奖我们能干，一个说："试验场（因为他们不晓得本校是初农学校，都唤作试验场）到底是试出来的，你看，田里长得这么大，这么高，哈哈！"一个接跟着说："他们这班小先生，不知哪里招来的，倒有这样大的本事！"我们被他们戴了几个高帽子，益发振作精神，格外努力奋斗，不到十点钟，就割得一坦平洋，看去光光的没有一根麦子存在。这时饥渴相逼，实在难受，正想拉开脚步，回去解决民生问题，忽然如晴天的一声霹雳，"X"先生又在说："麦子捆好，穗头要拾干净再说。"我们敢怒而不敢言，只好随口应着"是的，不错！"只管捆，只管拾，太阳当空，热如火烧，头颅暴在火焰下熏蒸，真有些吃不消，汗流浇背，贴身的衬衫如水中捞起来一样，我口里虽不免有说几声"苦"的，但心头却没有丝毫的冤恨存在，我们是抱着将来农村不复兴，我们就是枉为人，我们要做个新农夫，不得不在此苦中磨炼。

狼吞虎咽的一顿饭吃饱后，使得精神反而有些疲意，眼帘真有些想合拢，但我们为了责任未完，不敢稍微怠慢一点，慌忙选几根粗些的棍子，双双对对去抬捆好的麦子，去的时候，照例唱着镰刀、锄头及励志等歌，精神仍不亚于早上，来的时候，虽肩负重担，但我们的精神始终是一样的，也唱着挑夫曲等歌，以消解重压的难受，这样一担又一担，直抬到五时三刻，终算是抬光了。呼呼气、松松四肢，自以为责已塞了，正是跨脚到浴室里，不幸又被"X"先生叫回，他严肃地说："麦子既抬至校里，就该叠好，马马虎虎从事，将来怎能担起复兴农村的重任！"被他骂得惭愧无地，摸看两个肩膀，肿得红变紫，垂头丧气，没精打采，走到晒场上，见几个同学已在那里叠成几个丘字形的小堆，老王见了我，用手做着姿势，似乎叫我快些动手，此时一腔闷气，饱和到极点，恨不得哭出来，但是呀！冥冥中有神在耳边告诉我，这是使你多得些经验，你怎可怨天尤人？

吃过晚饭，背上麦芒刺痕，还是觉得很痛，洗又洗，擦又擦，愈洗愈擦愈是痛，结果搽些牙粉了事，走到布告栏上一瞧，布告上分明写着："明天大家将麦子脱粒。"心头不禁起了一个寒颤，夜里倒在床上，四肢笔直，却觉得写写意意，舒舒适适，这苦中得来的滋味，难以言喻，未曾亲自尝试过的人，是不能晓得的，一夜睡到天明，身也不曾翻一翻，只是梦里糊糊涂涂，好像还在割麦与吃饭。

（原载《国立浙江大学日刊》第207期，1937年6月8日）

农院记趣

晓　风

农院的优美，不在伟大的建筑，而在良好的环境。它没有旷野的寂寞荒凉，但有大自然的幽丽伟大；它没有都市的十丈红尘，却受了新世纪文明的洗礼，它真是乡村的城市，城市的乡村。我在这样的一个环境中生活着，虽然不上一周，可是已经深深底感到它的可爱了。

古人往往以领略风景于几席之上为快，我却能卧游，离床不过三步，就是一块园地，鲜红和嫩黄的鸡冠花，妩媚俊俏的美人蕉，青苍蓬勃的大葱兰，拥护着高耸直上的棕榈树，一阵阵的野风，吹得它瑟瑟作婆娑舞，好像在爱抚着它底下的好友似的。园地之外，围着作物田地，从稻穗芝麻的丛樾中远望过去，便是湖滨的山峦，濛濛地羞怯地阴在林端云际，凝神地欣赏着，竟能导你梦游呢。

当你出外散步，不，即使在室内，一定会觉得新鲜空气的存在，不知不觉中会扩大你的胸膛，挺起你的脊骨，弛张你的心情，于是稻香花草香和不知名的香，一和镂在你心之深处，这种澄清甜蜜的气息，真是闻着使人陶醉啊！

漫步院中，总是乐而忘返的，朝晖夕霞，风雨晦明，宜人景色，千变万化。成荫的列树，精致的花圃，满布的实验区，自一草一木以至万紫千红，没有一样不是使人爽心怡神的，觉得可亲的。置身其中，竟不知是诗境抑是画境？

秋虫，常被诗人赋咏的秋虫，在这里真可以说是它们的大本营了。无论是丛草中、树枝上或阶石下，都有它们在寄迹。当你快乐的时候，它们会替你奏乐，当你忧伤的时候，它会代你悲号。金铃子常是"铃铃铃"地叫着，它们是很机警的，当你的步伐近它时，它们会礼貌地停止，然而你稍微离开一些，它们又会重振其翅，再放厥词。再有树铃，鸣声和金铃子仿佛，但是响了许多，就是远离里许，还得聆它清音。夕阳西倾，便有织机娘和纺绩婆的鸣声出现了，她们的鸣声，真和人们的纺纱和织布声一般，听得了会使人感到须要勤劳地工作和振作的意思呢！现在纺纱织布已经少见，不知她们觉得寂寞无伴否？

　　在全国庆着丰年的欢声中，农院当然不会例外，金黄色的稻穗，一大片一大片地绵延着，迎风拜舞，摇曳生姿。本来农院的种植，好像是富家的养儿女，特别来得讲究，所以为着要免这嫩熟的穗受鸟雀啄食的缘故，额外雇了两三个小孩作看护，他们或她们整天底在田中巡视，拿了洋油箱和长竹竿，不让只鸟入境，他们的惊呼声，也会时常中断了我的读书工作，而使我感得有一种不可言喻的情趣。

　　上完了课觉得厌倦时，遇着来此的小贩们，也是一件乐事，他们有新鲜的鸡蛋，和藕菱糖果点心等类。有一次，一个乡下女孩有黝黑的肤色，圆胖的脸儿，短衣赤足，似笑非笑地立在廊下，从两只明爽的眼睛中，射出神奇的引诱似的光彩，原来她一手提着篮儿，放着十多个鸡蛋待估呢。像这样羞怯似的买卖，这里很易见到，他们并不怎样居奇他们的货品，显出农民的可珍贵的诚实与和爱，为了这种天真，是值得一记的吧？

　　秋虫不全是可人的，夜间的扰人的虫类，这里也特别的多。电灯一亮，成群结队的小虫就飞舞前来。要是不幸的话，口耳鼻中都会有虫侵入。有一次一个虫直冲到我的喉头，弄得啼笑皆非！而最为恼人的要算是蚊虫，十个中有九个是疟蚊，只要你有隙可乘，就要受到它狠命的痛刺，使你坐立不安，还谈得上用功吗？

　　　　　　　（原载《国立浙江大学日刊》第34期，1936年10月8日）

未名之路

林　曲

　　感谢神圣的劳动者，他们在求是桥边竟造成这样富有诗意的路。从前围绕着土山，一边只有依稀的小径可寻，一边是杂草丛生的泥渣路，爱好散步的同学们，顶多只能走上数十步，就得回头。现在可不然了，你不但可以一直走到尽头，还可以绕一个圈子回来。路，白蛇似的绿茵中伸卧着，平坦得可以驶车。不再有细草上的露水沾湿你的鞋尖，不再有惊蛇飞虫碍你的行进。你可以用着君子坦荡荡的态度踱你的方步，你也可以学着健儿们雄赳赳的姿势练你的长跑。自然，还有草木可供访问，座椅可供休息……

这是一条未名之路，我很想自作聪明地替它起一个芳名。我时常清晨在那边看日出，傍晚候月升；这路的尽头的天空，总挂着一轮红日或明月，那是光明的泉源，是黑暗的征服者。我从始点走上此路，一点点接近光明，私心对学校国家民族的前程，生出无限光明的希望。我想它将是一条"光明之路"。

每天，有不少青年在此平坦的路上运动早操，也有许多同学在读他们的外国语，它对于同学的身心两方都有重大的贡献，该叫作"健康之路"和"智慧之路"吧！

然而我并没有忘记它清丽的风景；有水有山，有虫鱼花鸟，隔河古老的城垣上，更有牧童横笛牛背的点缀，最近更发现道旁的空地被辟为花园，数百盆的菊种在受阳光的培养，一个月后，也许往日的旷地将成为东篱隐士们的王国了。那么，我似乎应该用一些最美丽的字眼来形容它了。

（原载《国立浙江大学日刊》第46期，1936年10月24日）

男生宿舍素描

可　人

多数人一提起"女生宿舍"，以为这名词多少总带点神秘性；

一若里面蕴藏着无穷尽的耐人寻味的事情似的，所以对"女生宿舍"作种种推测的也颇不乏人。但是我就很少听见有人提到关于"男生宿舍"的事；以为这名词总不能引起一般的兴趣，而且平淡得一无讨论的价值。这病态的表现，在将来或者会渐渐地消失；但眼前的事实总是无法掩饰的。在这当儿，我偏提出不引起一般的兴趣的"男生宿舍"来，或者有人会说我是无聊虫吧？！

宿舍中住着两派不相同的同学：一派是用功分子，他们的哲学是"少壮不努力，老大徒伤悲"；另一派是乐天主义者，他们的哲学可用"今日有酒今日醉，明朝上课明朝愁"两句话来代表。用功分子在宿舍中除了看参考书，做报告、题目、笔记，及预备考试以外，其他是一切不问不闻的，所以他们的日常生活情形简直像推不倒的定律，是无可描写的；乐天主义者对于功课多少带点敷衍性，在宿舍中时常会想出新鲜的花样来，随时表示着他们的存在。

宿舍里的陈设很简单，但是每一间房间却十足可以代表房主人的个性。例如：运动家的房里总贴满了运动的照片，横七竖八地陈列着球鞋、网拍等运动器具；戏迷们在房间里乱堆着京胡、戏考，或其他电影明星的照相；艺术家在桌上斜放着玲珑的小玩意，把一切的书籍、衣服等都安放得带有三分艺术意味。有人的桌上空得一无所有，书架也收拾得很整齐，像终年不会移动的一样；有人的桌子上乱堆着书籍和字纸，简直连桌面都看不见；床底下积着不很清洁的衣袜等什物；书架上除了书籍以外，还放着饼干、药水瓶、球鞋、蚊虫香等等以及食用品。

下午五六点钟以后，大家都夹着书陆续地回到宿舍里来，尽量地消磨着他们自己的时间。一吃过晚饭，对门的二簧、西皮已上了班，还夹着不三不四的说白。隔壁的圆桌会议也早已开幕，常常七八个人挤在一处高谈阔论。他们谈到国事，谈到学问，谈到人生，也谈到恋爱问题；但是最多的还是批评个人，例如："老王人很有才干，只可惜用得不当。""XX这家伙同他一开玩笑，老是脸红。"诸如此类的话每天总能听到几句，有时因为意见不合，彼此也大声地争辩着；虽然有时态度很那个，但这都是纯洁的冲突，是丝毫没有别种用意的。用功分子偶尔高兴，也会参加讨论；然而往往一个问题还未解决，早已又溜回房间里去做题目了。

星期六的晚上，比平常格外热闹些，这也许是因为明日不上课的缘故吧？！除了少数同学上街去以外，大多数总是照例地挤在一处谈笑，并且老是捉住一个人开玩笑，这样你一言我一语地直要到被捉弄的人面红耳赤，接着大家来一个哄堂大笑，然后再开始换演新节目。有时几个人还聚在一处偷偷地喝着酒，大把的花生米抓着往嘴里送，直吃得瓶底朝天为止。宿舍里除了自己及自己的朋友以外，似乎没有其他的人生存，也没有其他的事物存在。所以大家都恣意地谈笑着，充分地表现出每人的个性，这里没有像教室里的一样的正经面孔，也没有虚伪的敷衍，更没有像上课时一样的静寂。一天到晚总是乱哄哄地，直要到打过困觉钟才渐渐安静。

（原载《国立浙江大学日刊》第77期，1936年12月1日）

我们的饭团

张克坚

倘若你厌弃了都市生活而愿意呼吸农村的新鲜空气的话，那笕桥便是你理想中最好的地方了。

短而整齐的冬青树，曲折地夹着煤屑路的两旁，弯弯的绿水，环抱着农学院校舍的周围，那萧萧的白杨，衬着疏疏的法国梧桐，显着肃穆而幽默的样子！寥阔的天空，一片片的红霞，伴着一缕缕的白云，仪态万方地自在地舒卷着，太阳偷偷地从这云霞的背后，射出金色的光辉来——我将怎样赞颂这美丽的农村的景色呵！

然而，我所要写的，只是饭团，关于这些，只好存而不论了。

饭团也者，即是因为吃饭的目的，而自由组织的一个团体也；饭团而曰我们的，那这个饭团之为我们所组织，也就毫无疑义了。

至于我们怎样组织这个饭团的呢？那是有它悠久的历史的背景的。自从农学院的饭厅因为不能满足一般人的需要而停顿之后，农村饭店代之而兴，而我们的饭团，也就在这时成立了。组织的方法，是极其自由的，既无要缴纳会费，更不必审查资格，凡是抱着吃饭的目的而来的同事先生们，我们是照例竭诚欢迎的；而且，团员是无定额的，多多益善，少亦无妨，既不必加以淘汰，也无庸征求顶补，这样来者不拒，去者不留，所以本团员新陈代谢的更迭，也就不可究诘了。

大概到过农学院的人，总没有人不看见院后广场上的一排短小而整齐的平屋吧！那就是所谓农村饭店，也就是我们的饭团所在地了。当然，农村饭店的构造和设备，是没有像西冷饭店那样高贵和富丽的；但它却自有其"普罗"的色彩，和幽默的情调，在这清新而质朴的农村里，显着并不平凡的样子。在一家饭店的三间屋里，用白布隔着，里面摆着桌凳之类，很像普通酒店之所谓"雅座"；而这"雅座"的顾客，便是我们了。每天中午和傍晚——除了星期日是例外——老顾客的我们，按时莅止，照例是"座上客常满，桶中饭屡空"，生意是这样的发达，无怪乎饭店的老板笑逐颜开了。

然而，我们的饭团，其意义并不如你所想那样简单，它是除了可以达到我们吃饲的共同目的之外，又能满足我们其他欲望的；虽然它只是一个吃饭的团体。

农学院既然远在乡间，因为时间和交通的关系，不远数十里或数百里而来授课的先生们，是不能怎样方便地遄回杭州或上海，所以除星期及例假外，总是天天见面，时时接触，感情是十分浓厚的；这是乡村学校特有的良好的现象！较之城里的学校，一敲下课钟，便"杳如黄鹤"，甚至同事多年，不知姓名，彼此陌生面孔，连点头之交都没有的情形，是不可同日而语了。然而，天天挟着讲义夹吸着粉笔灰的刻板而平凡的生活，谁也不能不感到单调和枯燥吧？谁也不能不需要调剂和慰安吧？但是这里听不见安乐宫的歌声，看不见奥迪安的银影，除了大自然的美丽而明媚的景色，足以引起人们的欣赏外，其他还有什么呢？想不到我们的饭团，在这急迫的需要中，却能不断地给我们以适当的调剂和最大的慰安，这是应该怎样大书特书的呵！

饭团集合的时间与地点，是有一定的，而我们团员的时间观念，也是非常准确的，所以不烦邀请，而自然"济济一堂"，决没有流会的危险。在吃饭前后和吃饭当中，有着充分的时间，我们尽量地使着各种方法，来调剂和慰安每个人及他自己。在这里，我们可以畅谈和讨论一切，各纾怀抱，可以研究和批评一切，别出心裁；而我们谈话的范围，也是扩充到无限制的：汪精卫出国，罗斯福当选，陈独秀被捕，回教徒请愿，日本飞机，谷贱伤农，以及学校的新闻，和发薪的消息，这一切的一切，都可以做我们谈话的中心资料；有时因辩论救国问题，而至于面红耳赤，有时因叙述滑稽故事，而至于捧腹喷饭，有时聚精会神在阐明学理，有时嬉笑怒骂在批评傻瓜；真是绘色绘声，形容尽致，而饭团之妙，也就不可以酱油了！在这样庄谐并作逸趣横生的饭团里，自然也就不觉得单调和枯燥了！所以我们的饭团，在某种意义下，实在就是我们的课余同乐会，而同时，又兼为我们的学术研究会和救国讨论会了。

有着悠久的历史，共同的目的，和广大的意义的我们的饭团，谁能否认它存在的价值？它是怎样深长的给我们以不可磨灭的印象啊！这耐人寻味的饭团！

（原载《国立浙江大学校刊》第112期，1933年11月18日）

我们的衣食住

同　素

一个学校的能得使人注目，第一是靠学校功课的表现，第二就靠它的生活如何。中产阶级的子弟，决计走不进五六百元一年消费的学校。我们要社会明了我们学校的一切，在此我就把我们的衣食住约略地写一写。

衣

工学院同学对于衣，可说得上俭朴。所谓纨绔少年，可算是绝无仅有。百分之五十以上，喜欢穿皮鞋和西装裤；年级愈高，穿西装的方才愈多。化学工程科的同学，尤其朴素。恐防三酸的绣上锦花，所以从头到脚，都不讲究。但一到礼拜六，那就不同了。有的穿了西装，有的换了华服，三五成群地去访谒六桥三竺，绿水柔波的湖滨了。学生军起，衣装顿呈一大变态。个个都是黄色的短裤戎装，雄赳赳，气昂昂，羼行于新民路上，报国寺前，竟又是军人化了。

食

五元一月的一粥两饭，四荤一素，也可以说得上俭朴。吃饭时候，都是浪漫式，没有举案齐眉的庄重态度；尤其是浙江人的立着举餐，六人围立一桌，且谈且食，终餐而不思座。我们初见此状，是引以为可笑之事，但不久也会被他们同化而不自知。校里有消费协作社，大宗货物是食品，院门附近，还有小食店，所以同学的小食消费，倒为数不少。同学们最欢喜吃甘蔗小胡桃，你只要一走进工学院的院门甬道，就见着渣壳满铺。校工们的打扫真是受累！

住

我们住处，也说得上俭朴。院内几斋房屋都是坚固耐用。院外还有宿舍两处，它们的建筑完全是中国古式大厦。据学校的消息，自下半年起，住院外的同学将一齐迁住院内，而脱离那贵族式的大厦云。

（原载《国立浙江大学第一届毕业纪念刊》，第118—119页）

八千里路云和月——从杭州到黔北

朱希侃[①]

"在杭州，月亮是美满而光明的；到建德，月亮是变冷了；吉安的月亮面色老是铁青；泰和未免太白些；宜山的月亮是可诅咒的巫女，成晚哭丧着脸；遵义的，说不出来，黄黄的'像病后贫血……'"一位远离的同学在信上如此叙述着。"八千里路云和月"，母校学生自治会摄影展览会上也如此写着。的确，你我都常常怀念已往的遭遇，但已往并不是梦。

杭州

不知道你曾否坐在六公园的椅上，面对着西湖，看过落日？宝俶塔披上半臂殷红的袈裟。你还能记起湖上的十里荷香，和双堤上葱茏的柳荫？然而，我知道，你永不会忘记求是桥下的倒影。是的，我不必再像导游者告诉你到大厨房如何走法，大礼堂前便是女生宿舍，校长公舍和文理学院挤在一起，而农学院却孤伶仃地在城外华家池。或者告诉你工院五斋前的石像如何板着脸，一天到晚拿着铁锤；操场上的国旗如何在晨曦里飘扬，和体育部里温热的淋

---

① 朱希侃，字汉民，江苏吴江（今苏州市吴江区）人。1940年毕业于国立浙江大学电机工程系。

浴。因为你至少在那里住过一年，每个角落里必有你亲切的痕迹。但是我要告诉你的是琐碎的，在你的记忆里也许已经忘了的事情。

出文理学院过求是桥向左手转弯，是一条依山傍水，林木葱郁的幽径。再转弯，便隔河对着城墙，路旁排着一列列的座椅。有一次，月色很好，我一人踏上这条茫然的路，是多么富有诗意的境界！月光偶然从树枝里洒进，一片片贴在地上。忽然有一对影子远远地走近，又轻轻地向后转了。我在黑影下的椅上坐下来，但，就在椅的另一端，有两个人立起来了。我怪自己为什么事前不留意他俩，更侥幸没有坐在他俩身上。目送他俩轻盈地远去，月光在他俩身上拂过，是一对穿花的蛱蝶，疑心是在银幕上啊！在归途上，恍惚又看到几对，不仔细。以后每晚只是在操场上徘徊，倚着球架，而没有椅子可坐。然而，我很安心，不怕搅扰人家。这条路，私下就名之为"情人路"。

不过，良辰易逝，美景难再。"八一三"后，敌机天天在头上沉闷地号叫。因之，情人路旁的土山，风物全变，开了一个防空洞。这时候，体育部后新建的游泳池正在铺瓷砖，工院里每天吐黑烟的大烟囱拆掉了。只是那板起脸的石像，仍是紧紧地握住那铁锤！

现在，该让你想，想那在杭州时的一切！真的，你记得比我更多更清楚。

让我们看周恩沧兄关于"西天目山"的记述吧。

天目山

"……学校为了疏散起见，决定把新招的一年级生迁到西天目山。新生入学向来必须是光头的，剃了光头又到名山故刹里去，真有'落发山家'之慨！

"西天目山离杭州有九十多公里，师生们乘了黑色流线型的校车，不到三小时，便望见山脚，再爬五里山路，就到山上最大的禅源寺——浙大分校的校址。

"那时师生共计三百多，的确成了一家人，朝夕相处，同作同息，生活确实相当舒适。杭州校本部的人来了之后，每每称羡不已，我们也自以为得意。于是便有'天目学派'的名号。可惜在山不到三月，因为沪杭路上战事失利，有半数师生相继离去，到现有所谓'正统的天目学派'，在校内为数恐已不多了。

"'天目学者'的确也有所创造，那就是导师制，实在得全国风气之先。

"该地为浙西一大名胜，在杭徽公路未通以前，是浙皖交通捷径，平时过往人士已经不少，到了夏季，更为避暑胜地。那里的风景全是天然的，比起人工装饰的莫干山来，别有意味。禅源寺在山腰，教室在知客堂和其他空屋里。无论是白天或晚间，读书和念佛的声音老是混在一起。奇怪的是身处其中，非但不觉得这两种声音不调合，而且觉得很和谐，至少不会讨厌。老实说，要是这样住上三五年，我们的人生观也许会起变化。

"金山卫失陷后，杭州日渐吃紧，和尚也抓紧训练救护，跟学生们的军事训练一样起劲，大家举行一次山地行军，准备在没有办法时越山到安徽去。那时也有许多人主张'死守天目'，但终因没有武器，不能如愿。

"不久，天目山师生奉命迁建德。建德，小小的一个古城，充满着各色各样的人，我们到了那里，仿佛又下凡还了俗，心境也变了……"

建德

在十一月十二日晚，十八号校车载了一批批同学和行李，经过冷清幽暗的街市，到江干码头，上船睡了一晚凄凉万状，次日暮霭沉沉，啼鸦归林时，到富春江上游的一个山城——建德。

建德也有一个"西湖"，当然不及杭州的大。通进城，便是宋家湖；再过去，便是东湖了。男同学的宿舍是在南门内的万源当和东湖附近的一所民房。女生宿舍在西门内的中心小学里。后来"天目学派"狼狈南下，就住进严州中学。课室是分在万源当夏氏宗祠和孔庙。

关于这些，很难向你介绍。因为我不能写得像卖房子的契约或者地理课本，使你看了仍旧是茫然，而且更觉得头痛。总括一句，一切都是简陋、拥挤和零落。上课就得跑遍半个城，在路上碰碰都是同学。

建德的城据说弯弯曲曲像一朵梅花，风景很不错。徽江里的石滩尽我们洗澡后躺上晒太阳。北面有一座高大的乌龙山，雄视附近一切冈岭，雨后白云时常在半山里飘过，几疑为缥缈仙乡。《乌龙山上的白云》！那歌声，曾赢得不少人的叹息。傍晚，站在南门城墙上看徽江里的风帆，和对岸南高峰顶插在乌桕树叶里的"南高塔"。落日烧红了半边天，雄伟的山陵都不停地更换青紫橙的睡衣；向西望望"北高塔"，烟云绕住了塔尖。在月夜，东湖上的堤柳如烟，再映进波心，迷离惝恍，有如梦境！而坐在东门外青云桥的石栏上，听桥下流水淙淙，徽江涛声如沸，令人有飘飘然羽化而登仙之感。不幸杭州失陷，桐庐濒危，不得不辞此醇朴秀丽的山城，来一次千五百里的长征。

吉安

在我的照相册上，用白粉如此写着：

"一月困顿的旅程，白鹭洲收容了这些狼狈的羁客。那里有苍茫的夜色，蓊郁的树林，浩瀚的江水，缥缈的烟云。我们用带着泪眼的欢笑，过了阴历除夕。"

白鹭洲中分赣水，一苇可航；高楼掩映，林菁茂密，真是个读书的好所在。我常喜欢去赶那憩在沙洲上的苍鹰。在阴历年底，半夜爆竹声喧，再夹上一丝丝原始风味的唢呐和铜鼓的乐音，呜呜析析，使游子听了，辗转反侧，无法入梦。这时有些人还在林间徘徊叹息，有些人燃蜡烛对着书本发怔，因为大考就要到了。考过后，雇一辆汽车载我们到泰和。

泰和

我们校舍是在城西四公里的乡间，前后住了八个月。像是世外桃源，生活淡泊而安谧。除了毛启爽先生主持的《浙大日报》告诉我们前线还在血战外，几乎一切都是和平。

校舍中以华阳书院离城最远，其次萧氏新村，老村，最近是大原书院。

实际上，校舍以新村为中心，自然先从此地说起。在新村西南角的趣园，当我们刚到时，还是一片荒芜，里面的遐观楼，晨熹阁，都是蛛网尘封，阴森森的。后来大家修葺，遐观楼便成了我们的图书馆，晨熹阁和其他房屋成了课室和办公处。出园门向右转，过小桥，便是宿舍，并排三座高大的楼房，一列白粉墙。前面有一片广场，再隔一个长长的池塘，便是足球场了。宿舍东南是萧氏宗祠，做大礼堂兼大饭厅。再过去是教职员宿舍。

老村在新村的南面，校长和许多教职员住在那里。沿老村前面的公路向东走，便到赣江边的"浙大码头"。由此向城去，便经过大原书院，是总办公厅和大一同学的宿舍。假使由老村向西，便可到华阳书院，万山丛中一所敝败的院落。

我没有说起那边的风景。先从母校到泰和后新筑的防水大堤尽端的小山说起吧！小山上有很茂密的松林，夏天阵雨后，便有许多碗口大的菌长出来。从下面望上去，像无数执伞的仙子。在山麓，可以望到一个湖，湖里长满了红莲，"月上柳梢头"，划划船，跟里西湖有点像。堤上也是夏晚散步的地方，因为它寸草不生，名为"白堤"，但不能与杭州之铺有柏油者相比。在新村教职员宿舍背后，有一所"心田古寺"，寺前有棵"大树王"，浓荫亩许。下午，你不妨带本书，坐在树根上，没有人扰你；傍晚，你尽可欣赏夕阳渲染的天，衬着对山上的碉堡，有似童话里的景色。春季，菜花铺满了平畴，杜鹃凄楚地啼着。六月里，浙大码头对岸的游泳场开放了；下午，师长同学都去那边，微波拍着肩膀，仰观白云悠悠，在那时不怕太阳凶，反而怕下雨了。夏夜，最好有月亮，万千流萤曳着万千绿光，一切景物模糊有如梦中！四周蛙鼓乱鸣，反而愈觉奇静；偶然一声怪鸮的哀呼，会使你毛骨悚然。

宜山

宜山城是东西长而南北狭，城北是龙江，城南平地上有一条亘续三四里的石脊。立在北山顶上看下来，真有"铁练锁孤舟"之感。校舍是城内外各一半。二月五日上午，我们欣赏一次日本空军"高明"的新式的轰炸投弹技术表演。十八架双发动机全金属飞机，带给连爆竹都没有的母校标营宿舍以一百廿四个炸弹，大概他们全是特选"斗鸡眼"，炸弹全是落在人与房屋之间，其命中率为百分之三。轰炸时又以机枪扫射，像炒豆一样，结果只把篮球架打了几个洞。师生们全都安然无恙，该得把日本飞行员气死。

关于宜山的情形，还是把陶定中兄的文章抄几段吧！

"……上午草舍里的风光是值得一写的。枕横被掀，阳光从竹墙里筛过，撒了满床金珠，书本摊了一桌子，油灯被熏得乌黑黑地搁在一旁。鸟儿在竹梁上唱歌，青蛙睡在鞋子里懒洋洋地不肯醒来。老鼠才忙哩，带着一家人到处找寻昨晚辩论会中花生米的余屑，欣幸着今天有这么丰盛的早餐，而我们的主人一早就起来，好辛苦，现在还上着课没归呢！

当时学校里盛行一种集会——郊游，约几个同学到山明水秀的所在，划船爬山，聊天晒太阳，肚子饿了，埋锅造饭，大啖一饱，真是身心俱快。我们曾郊游小龙江新校址，从文庙出发，两旁夹峙的怪峰连连牵牵望不到底。通过许多入画的境域，很快地到了小龙江。瞧呀！枫红松青，翠竹成林，碧沉沉的江水，悠然舒卧其间，超凡与真实构成了所有的一切！新校舍在山麓，大部还未竣工。茅顶白墙，想起来多少精雅！……"

遵湄水

日本兵似乎老是跟我们开玩笑。在泰和，攻九江；到宜山，又打宾阳了。我们不得不"行行重行行"，一搬搬到遵义。

遵义是黔北最大的城市。城有新老两个，对峙在湘江的东西两岸，中正桥横在中间。校舍四处分散着。图书馆在半山江公祠里，所以很清淡。课室也复合乎疏散原则，由邮局旧址到何家巷，足足有一里多路。一下课，这条路上全是挟着笔记的同学来往流。如果你要找同学，最好事先写信约定时间，问明地点。否则往往捉迷藏般无从寻找。同学们因为物价高，伙食涨，天天嚷着贷金，教职员也是摸着空袋底发愁。一切事情难得鼓起兴致来，连郊游的人也少了。逢到天晴，吃过晚饭，大家都到湘江边去散步，望望满天夕照，水碓吐出半江泡沫，《安乐家》的歌声飘遍了整个空间。

湄潭在遵义东七十余公里处，有公路可通。到湄潭，过湄江，进并排的两个城门，是该地的唯一市场——十字口，就能望见一块高大的照壁上横写的"国立浙江大学"六个大字了。仿佛湄潭全城就是学校似的。校址是本地的文庙，无非是万仞宫墙、月池、大成殿之类，而教室宿舍就分布在里面。西面是浙大附中。此地风景比遵义好，有"百鸟归林""孤岛天堂"等十景。生活程度也低，所以在遵的人常想到那边去。永兴是湄潭的大镇，离湄有二十公里。校舍大部分在江西会馆里，一部分在关帝庙。会馆背后是一片操场，也是露天礼堂，所以下雨了就不上纪念周。生活程度比湄潭更低，那边三天有一次市集，同学们在这天都很高兴去赶场，回来房间里总铺满了胡桃壳。

（原载《浙江大学毕业同学会会刊》第二届年会特刊，第7—11页，1941年7月1日。副标题有改动，原文最后部分内容未收录）

义卖二日记

白　浪

不吝囊中金，但念将士身上寒
爱国不后人，争取我们胜利年

义卖在本校业已有多次之举行，但此次义卖，情形更为热烈，因本校师生深切了解后方人士应有的责任，不仅站在自己岗位上努力工作，有时更须协助前方将士共同杀敌。兹以岁在寒冬，气候严寒，前方将士在冰雪之中，犹忍寒杀敌，我后方民众岂能坐视，因本"有钱出钱，有力出力"之意，举行卅年（1941）元旦义卖，为前方将士募集寒衣捐款，此亦聊尽国民应尽之责任，未敢说对抗战伟业有何重大贡献。但此次义卖自发动以来，以至义卖结束期间，校内师生、同学、工友、校外各界人士莫不本爱国热忱，协力推动，或捐助名贵物品，或慨捐代金，或奔走劝募，或保管整理，或劝告宣扬，均至心诚意，出自衷怀，辛劳不计，实可钦佩。不但已做到"有钱出钱，有力出力"的标准，且已做到"有钱出钱并出力，有力出力并出钱"的地步。由于此种热忱，得使义卖有圆满的结果；使吾人想象到前方将士的含笑杀敌，与胜利年的确实到来。此次义卖前后二日，盛况空前，特草是荐，以为纪念。

义卖场外

在遵义的新城老城里的各条街道上，在城门洞里，在大街小巷的墙壁上，在十字路口，在商店的橱窗上，到处都贴有美丽的义卖广告。上面有美丽的图画；有动人的辞句。它告诉你义卖场所在地点，义卖场里的各种物品，吃的，用的，穿的，甚至玩的东西都有。每一张广告前，围着一堆人在看在念，在准备到义卖场里来解囊。丁字口、小十字、义卖场大门口都飞动着一幅横额，上面写着

"国立浙江大学为前方将士募集寒衣义卖"那些字，吸引了许多行人。

在义卖场口，一座彩牌竖在那里，翠青的松柏枝间，斗大的"义卖场"三个红字，门旁有一幅高大的图画，一个小丑歪戴了尖顶帽，拿着号角，在欢迎拥在门口观众入场。扩音机在门顶上呱呱地唱一些歌曲，或者是报告场内的情形。

是的，义卖并不是和商店一样的"卖"，义卖是有"捐助"的意义。街头的广告，门口的播音，并不是商人的"生意经"；它们的意义，是告诉大家："我们这儿在为前方将士募集寒衣，您先生请进来买一点东西，捐几个钱。"使大家想到前方将士，使大家不要忘记为国争光，保卫祖国的土地人民的前方将士。

义卖场内

跨进义卖场的大门，人是那么的拥挤，大家含着微笑，进去的人是匆匆的，出来的人都拿了一些东西，慢慢地走。那些东西是从义卖场里买来的。天井里也拥挤着人群。那边一架磅秤放在地上，一个一个地站上去称称他今年的身重，付两角钱，笑着走开了，也许他心里在想"今年比去年重了，真是新年发福"。可是桌上放着的义卖竹筐里已塞满了钞票了。

豫堂小学的教室，今天似乎特别狭小了，每间里都泛动着人头，飘扬着笑声。进场是从左边进去的，第一间是日用品部分，那里面长长的桌子上放着些日用的物件，有毛巾，有牙刷牙膏，还有许多许多其他的东西，说也说不尽。在人堆里挤过去，沿着走廊转个弯便上了楼，那也是一间大屋子，陈列着衣物和日用品，那里有九成新的衣服，有各式帽子，有皮鞋，有女子的旗袍，有男用长袜，有吕宋的雪茄烟等等，买的人看着，从皮夹里拿出钱来，慷慨放入义卖钱柜，微笑着拿所买的东西走了。

转过去，这里是第三间房间，虽不大，可是里面的物品都够人留恋的。你看壁上挂着的字画是那样的美丽，丰子恺先生的一张书画早给人以五十元的代价订售了。那些字画，都是教授们的精心作品。这里有许多从世界各部分带来的名贵物品，英皇加冕礼的纪念章，在匣子里闪闪发光，美国金币也在匣子里发光；一本有本校校长各院长的题字的签名簿，也给人以十五元代价预定了。这里还有其他许多没有看见过的东西，挤着那么多人在看，在慷慨地购买。

再转过去，那一间是书籍部了。这里有各种的书，有布面烫金的西书，有纸装线订的中书，有学校用书，有普通读物，有小说，有艺术，许多学生在那里选购，看看标价，合意了，付了钱给他盖上一个义卖纪念章，于是义卖竹筒内多了一些钱，前方将士也多一件寒衣，多一些暖，增一分杀敌的精神。

于是又转下了楼。这是第三间义卖场，这里面有文具、纸张、笔墨、簿子、稿子、自来水笔等，各式各样的墨水，各式各样的钢笔杆，还有竺校长题了字的石印的讲义匣。情形也热闹极了，以致义卖钱柜里塞满了钞票，一连换了两只了。担任招待的同学看着桌上陈列着的物品一件一件少下去，于是他们都笑了。

可是义卖场远没有完。走下楼梯从后门过去，便到本校何家巷饭厅，这里是义卖食品部。留声机在唱着歌曲，但是谁还有心来听音乐呢？一张张桌子旁都坐了人，在大嚼，在称赞。原来这里有广东食品，有江苏食品，有其他各省的食品，当然是同学们自己做的，样子不坏，吃吃也不坏。包子、馒头、肉骨头等等一碟一碟从蒸笼里拿出来，吃的人那么的多，忙得当招待的同学穿梭也似的走来走去。吃的人慷慨地吃，付钱时也够慷慨。照义卖场定章，一概不找回另费，拿过来的钞票在簿子上登记了，便向义卖钱柜里塞。

天井里小学生玩的滑梯顶上在开票——"义卖奖券"，这是龙泉分校升入校本部的同学发行的奖券，每券一元，券券有奖，头奖有绸衫、自来水笔等物；共卖去六百余条。在一日下午当众开票，开票的人在梯顶上高声报告中奖号数，下面的人群里回着笑容和掌声。得了奖的人，欢笑着去兑取奖品，没有中奖的人，也欢笑着去兑一包瓜子嗑嗑，倒也有趣。买奖券的目的原在捐钱，不中奖满不在乎。

义卖最热烈的一回事，是下午举行竞卖了。一排排的长凳围了半圆形，当中的桌上站着领卖的同学，把一样一样竞卖物品高扬在手里，介绍给坐在凳上拥挤的人群，当他提出物品的最低价格，要求竞买者加价时，于是热烈的竞买便开始了，物品的价格在每一个不同的竞买者口中增高，一阵阵掌声响彻了全场，直到竞买者以最高价格售去后，他的芳名、购得物品名及价格便高高地公布在栏杆上，再一阵热烈的掌声把场内的空气弄得更热烈一些，于是第二次竞买再开始。竞买物品中以竺校长捐助的象牙球价格最高，价格竟达一百元，足见当时竞买情形之热烈。

义卖场外的义卖

二日下午，义卖在遵义师范的篮球场上热烈展开，义卖篮球赛门票，有二元一元的两种，二元的有靠背籐椅坐，一元的也有长凳坐，参加的球队共五队，两队是浙大男队，一队是浙大女队，遵师、县中也各有一队参加。

首次比赛的是浙大高（男）队与遵师球队的比赛，第二次比赛的是浙大女队与县中女队，第三次比赛的是浙大大队与县中队。三场比赛均甚精彩，尤以第三场最为紧张，双方队员均活跃非常，堪称棋逢敌手。浙大大队中以刘奎斗君之射球百发百中，陶光业君之传递捉摸不定，赵梦环君之抢球百无一失，虞承藻、孙百城二君之后卫防守紧密，以及县中队联络传递，远距投篮均使观众钦佩。

比赛结果，浙大三队均占光；但比赛目的在义卖表演性质，胜败则在所不计也。

校外响应

此次义卖承校外各界协助者颇多，其中如医师之义诊，书店之捐助各种书册，食品铺捐助之各式点心以及陆军军官学校外语班之响应义卖等等，均有良好成绩，使本校此次义卖添色不少。

尾　声

二天义卖业已结束，结果不日可以公布，预料所得款项当近万元，此区区之数对前方将士多少有点慰藉。

再者，湄潭分校和永兴分校在元旦日也有同样义卖举行，目的也在募集前方将士寒衣代金，义卖情形也非常热烈，结果也必定十分圆满也。

（原载《国立浙江大学校刊》复刊第75期，1941年1月4日）

记龙泉分校

孙祖康[①]

山村中难得的校舍

龙泉是浙南的一座山城，东至云和丽水，西至福建浦城，有水路可通永嘉。距城约七华里，有一个乡村——坊下，这是一个居民不满一百家的村落，分校就设在这里。

谁也想不到，这个小村子里有一所高大的三层楼中西式的洋房，占地约六亩，屋主是当地的一个财主。听说这座房屋的建筑，主人是仿照杭州城站旅馆的式样设计的，然而他家里仅四五人，所以要造这样一座宽敞的住屋，要非他有远大的眼光，预备浙大这座最高学府来借光的话，实在再也想不出别的了。除了一部分房屋留自用外，其余都贷给大学，可以自由利用，这座难得的主要校舍，

---

① 孙祖康，曾任浙大龙泉分校文书股主任。

包括许多办公室、教室、实验室、宿舍、图书馆、膳厅、会议室等，又在后面空地上，建筑起厨房和浴室，虽然没有特建的适合，但以一般民房比较，也已难得而不平凡了。

天然的美丽环境

距校舍不到百码，辟了一个运动场，是由一块田亩改成的，在场的一端，竖立了一支旗杆，我们的美丽国旗就在这上面随风飘扬着。

在校舍和运动场中间，有一座小小的石桥，溪流潺潺沿着山麓弯曲的小路淌去，如瀑布似的日夜流着，汇入稻田，这条溪流，既洁净又能扫除污秽，在夏季里其功效更大！每当清晨或傍晚，校中的同学，三三两两的都沿着这一条溪流散步，或坐在绿茵的草地上，有的互相高歌，或吟诗念文，或温习功课，也有和大自然静静地密谈。在这抗战八年中，尚能保持这一块净土，这天然的美丽环境是值得赞美的。

小村落也繁荣起来了

自从分校在此开办以后，这座小村子也繁荣起来了！阔阔的人力车道可以直达城市，这里也有各种不同的什货小吃店、糖果店，供应学校数百员生的需要。最近，又新开了一家摩登"芳野"小吃店，布置设计相当漂亮，中西合璧，好像招待盟军的咖啡店，晚上开放无线电，报道新闻及中西歌乐，乡民围观甚众，乡村之夜是不寂寞了！

隐蔽在树林中的二部校舍

分校初办时，仅文理工农四院一年级及大学先修班，三十年度起，添办二年级和师范学院初级部（现已改名师范专修科），卅一年度起又添办师范学院，因为院系和年级增加，原有校舍自然不敷应用了，所以于卅年暑假时又在距坊下一里许的石坑垄村山坡上建筑校舍十余间，划作分校的二部，在树林隐蔽的山侧，又建筑二楼教员宿舍，树木苍翠，幽静沉寂，风片雨丝，颇有诗趣，前主任郑晓沧先生题名"风雨龙吟楼",四围丘陵环绕,幽色一片,梯田如磴,溪流如瀑,风景宜人,是富有吸引力的,使人们留恋不已!

现有院科系

分校现设有文学院中外两系,理学院数理系,工学院土木、化工、电机三系,农学院农经、农艺两系,师范学院原有国文、英文、数学三系,本年又增加理化、史地、教育三系,专修科设有国文、数学两科。全校教职员八十余位,旧生三百余人,本届录取新生三百九十余人。

胜利消息传到以后

八月十日晚上七时,胜利消息在电话里传到,很迅速地由一个人传遍了全校全村,无不欢忭若狂!多年来局促在这个牛角尖里,除了汉奸以外,谁不想国家打胜仗,早些打回老家去!可是胜利的消息来得迅速一些,大家似乎还很疑惑。同学们纷纷不顾黑夜进城,带来了胜利确实的消息,爆竹声劈劈啪啪响彻山角,振破了沉寂的夜,二部校舍门前的一棵枯萎老大的杉树,被点燃着了,大家围住高呼"胜利",熊熊火光,和每个青年的热血,是多么的热烈兴奋啊!东一角,西一堆,都讨论着如何迁校,如何回家,如何……以及一切的幻想!这一夜是历史上最煊煌的一页,也是浙大分校师生狂欢的一夜,但整个一夜都失眠了!

河山重光,准备迁回杭州

现在河山重光,杭州已经收复了,这座流浪在外的学府,将和总校迁杭州原地,这学期旧生已照常在龙泉上课,新生准备在回杭州召集入学,已派员在杭设立回校筹备处,这里已准备结束了!不久的将来,快要和这座山城分手,回到西子的旧怀,然而,在这里已经六年多了,一切的一切也有无限的回忆吧!

（原载《浙江大学校刊》复刊第135期,第5—7页,1945年11月15日）

后 记

本书即将付梓，四位编者备感兴奋。我们分别来自学校的各个部门，学术背景和工作经历也各不相同，是对浙江大学（包括前身学校）出版的老期刊的兴趣和对学校历史的共同关注把我们联系在了一起。如今，预定的共同目标虽然已经实现，但这段合作编书的时日将使我们永远难以忘怀。

本书的素材，即书中所提及的期刊主要收藏于以下单位：

浙江图书馆孤山馆舍古籍部、上海图书馆近代文献中心、南京图书馆、杭州图书馆专题文献中心、浙江大学图书馆（民国阅览室和数据库）、复旦大学图书馆、浙江省档案馆、浙江大学档案馆。

我们在查找期刊的过程中，得到上述收藏单位的工作人员的诸多帮助，在此向他们表达真诚的谢意。

在本书即将问世之际，我们要特别感谢浙江大学档案馆，因为没有档案馆各方面的大力支持，那些珍贵的期刊资料汇集和我们的手稿很可能是久久地尘封于某个角落，而无法与广大读者见面。

我们也要向浙江大学出版社编辑说一声"谢谢"，谢谢他们细致而认真的工作，谢谢他们以争分夺秒的精神使本书早日出版。

对其他在编撰过程给予我们帮助的人们，我们在此一并表示衷心的感谢。

由于本书收录的是一些年代已久的期刊，其中的一些文字表达方式或用语和当代人有一定的距离，但为了尊重原作，书中基本未加更动，对于由此而可能造成的不便请大家鉴谅。另要说明的是，个别作者因使用笔名或其他原因无法查考而未加介绍。

因成书时间较为仓促，加之我们水平有限，书中不妥之处，敬请读者不吝指正。

编　者

图书在版编目（CIP）数据

遗珍逸文：老浙大期刊集萃 / 许高渝等编著. —杭州：浙江大学出版社，2017. 8
ISBN 978-7-308-16858-8

Ⅰ. ①遗… Ⅱ. ①许… Ⅲ. ①浙江大学-期刊-汇编 Ⅳ. ①G649.285.51-55

中国版本图书馆 CIP 数据核字（2017）第 092574 号

遗珍逸文：老浙大期刊集萃

许高渝　徐有智　马景娣　胡志富　编著

责任编辑	张一弛
责任校对	田程雨　丁佳雯
封面设计	周　灵
出版发行	浙江大学出版社
	（杭州市天目山路 148 号 邮政编码 310007）
	（网址：http://www.zjupress.com）
排　　版	浙江时代出版服务有限公司
印　　刷	浙江海虹彩色印务有限公司
开　　本	710mm×960mm　1/16
印　　张	22
字　　数	262千
版 印 次	2017年8月第1版　2017年8月第1次印刷
书　　号	ISBN 978-7-308-16858-8
定　　价	78.00元